口絵1●ヴォルホフ川。右側奥がスターラヤ・ラドガ。(Else Roesdahl, D. M. Wilson (eds.), *From Viking to Crusader. The Scandinavians and Europe 800-1200*, New York, 1992, p. 82.)

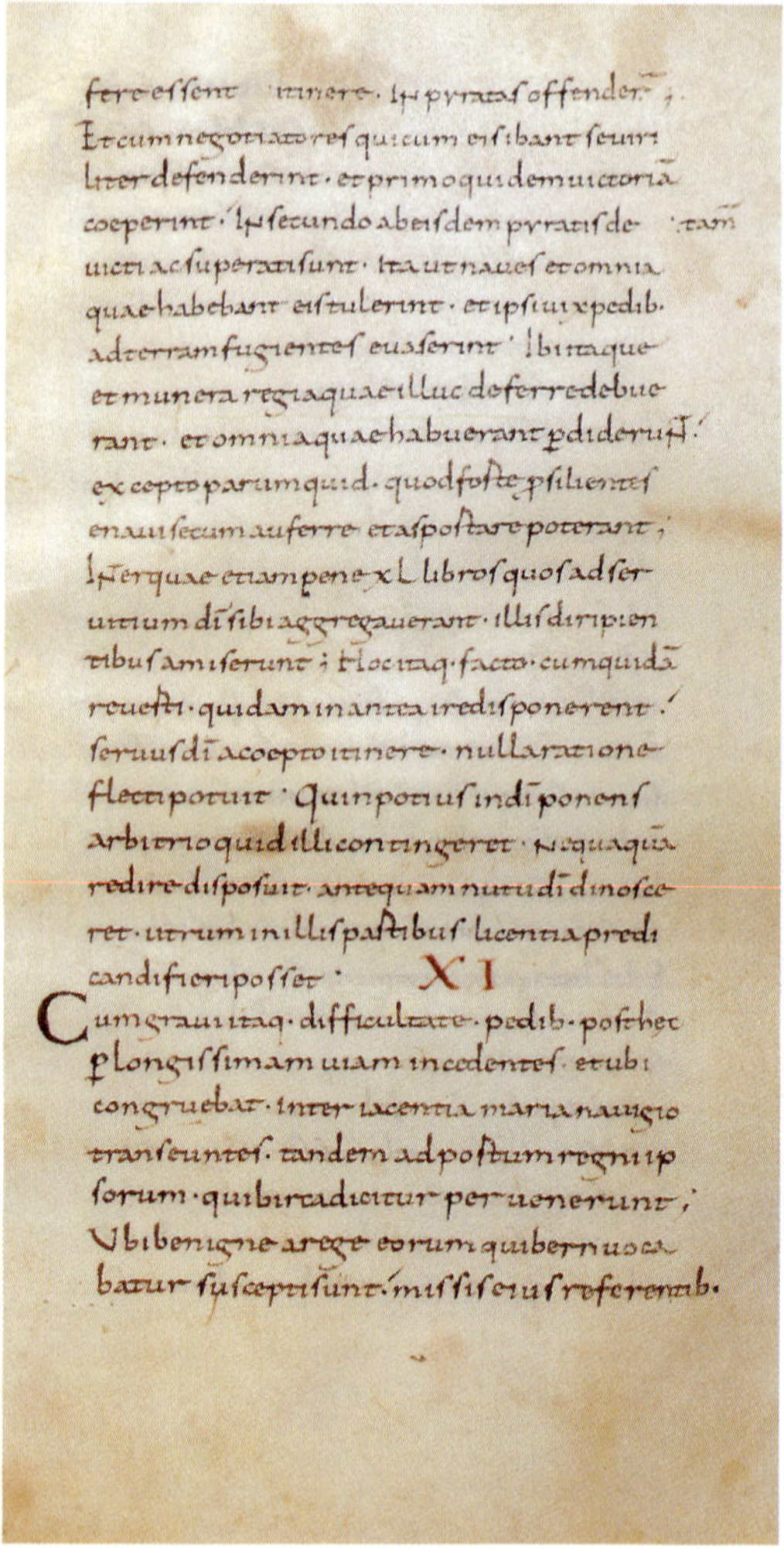
ferre essent itinere. In pyratas offenderunt;
Et cum negotiatores qui cum eis ibant se uiri-
liter defenderint. et primo quidem uictoriam
coeperint. In secundo ab eisdem pyratis de-
uicti ac superati sunt. Ita ut naues et omnia
quae habebant eis tulerint. et ipsi uix pedib.
ad terram fugientes euaserint. Ibi itaque
et munera regia quae illuc deferre debue-
rant. et omnia quae habuerant perdiderunt.
excepto parum quid. quod forte prosilientes
e naui secum auferre et asportare poterant;
Inter quae etiam pene XL libros quos ad ser-
uitium dei sibi aggregauerant. illis diripien-
tibus amiserunt; Hoc itaque facto cum quidam
reuersi. quidam in antea ire disponerent.
seruus dei a coepto itinere. nulla ratione
flecti potuit. Quin potius in dei ponens
arbitrio quid illi contingeret. nequaquam
redire disposuit. antequam nutu dei dinosce-
ret. utrum in illis partibus licentia predi-
candi fieri posset.
XI
Cum graui itaque difficultate pedib. post hec
per longissimam uiam incedentes. et ubi
congruebat. inter iacentia maria nauigio
transeuntes. tandem ad portum regni ip-
sorum. qui Birca dicitur peruenerunt;
Ubi benigne a rege eorum qui Bern uoca-
batur suscepti sunt. missis eius referentib.

口絵2●『聖アンスガール伝』。9-10 世紀のシュトゥットガルト写本。“in pyratas offenderunt”（一行は海賊に遭遇した）、tandem ad portum regni ipsorum qui Birca dicitur pervenerunt（ついにかれらはビルカとよばれる、［スヴェーア人の］王国の港町に到着した）という記述がみえる。（B. Ambrosiani et al. (eds.), *Birka Studies* 1, Stockholm, 1992, p. 13.）

口絵3●ヴァイキング船。1904年にノルウェーのオーセベルで発掘された。オスロのビュグドゥイ地区に「ヴァイキング船博物館」があり、そこでほかのヴァイキング船とともに展示されている。(Kåre Johannessen, *Danmarks vikingetid*, København, 2001, s. 43.)

口絵 4●ナチスの親衛隊によるポスター。1940 年 4 月、ドイツの侵攻に対してデンマークは即日降伏し、保護国となった。「デンマークのために！ボルシェヴィズムとたたかおう！」とある。デンマーク国旗（赤地に白十字）をおもわせる背景のうえに、ドイツ軍人と「ゲルマン人」であるヴァイキングが併置されている。ナチスはヴァイキングに関する研究にも積極的であった。（*Ibid.*, s. 100.）

口絵5●ビルカ出土（1991年）の埋蔵宝。10世紀。半分に切断されたものがふくまれている。中央にイスラム貨の特徴的な銘がみえる。内訳は、アッバース朝造幣のもの2個、サーマーン朝11個、ヴォルガ・ブルガール王国の模造貨（推定）5個、その他3個である。（Björn Ambrosiani (ed.), *Eastern Connections Part Two : Numismatics and Metrology*, Stockholm, 2004, p. 30.）

口絵6●ヘーゼビュー。都市域の周囲にめぐらされた半円形の土塁（高さ4～8メートル）がみえる。（Jørgen Jensen, *Danmarks Oldtid : Yngre Jernalder og Vikingetid 400–1050 e. Kr.*, København, 2004, s. 428.）

口絵 7 ●秤と球形分銅。(Göran Burenhult (red.), *Arkeologi i Norden 2*, Stockholm, 2000, s. 358.)

口絵8●ヘリエーの出土品。おそらく、6世紀に北インドでつくられた仏像（右）。8世紀の層からみつかった。左は、分銅群（上）、司教杖頭部（下）。（Jørgen Jensen, *op. cit.* s. 178.）（Wilhelm Holmqvist, *Birka and Helgö*, Stockholm, 1979, p. 55, 39.）

ヴァイキング時代◉目　次

はじめに

日本列島にすむひとびとが「ヴァイキング」(バイキング)ときいて、まずおもいうかべるものは何だろうか。それはおそらく「料理」であり、「海賊」であろう。一般的な日本語辞典でヴァイキングの語義として記載されているのもこの二つである。筆者同様、いわゆる「団塊ジュニア」前後の世代であれば、七七回にわたって放映され、くりかえし再放送もされた人気アニメ「小さなバイキングビッケ」(一九七四〜七五年、フジテレビ。原作はスウェーデンの児童文学)を最初におもいうかべるひとが多数かもしれない。海賊の一員でありながら暴力ぎらいで利発な少年ビッケの物語は、「海賊」「海洋民族」というひとつのヴァイキング像を印象的にえがいていた。いずれにせよ、「ヴァイキング」ということばをまったく知らないということは、日本ではほとんどありえないとおもわれる(これは世界的にみてきわめてめずらしい例かもしれない)。中世以前のヨーロッパという、二一世紀の日本社会とは隔絶した時代・地域の歴史事象に由来することばで、これほど人口に膾炙したものもめずらしいであろう(ちなみに、料理の形式としての「ヴァイキング」は日本の一ホテルにはじまる、日本語固有の語義である)。

本書はその「ヴァイキング」が現実に生きた時代について、考古学・歴史学の二〇〇五年までの最新の研究を紹介しながら論じている。第一章では、「ヴァイキング時代」を論じること自体がもってきた意味(歴史をかくことの意味)について、史学史(考古学や歴史学の歴史)をふりかえりながら考える。第二章では、ヴァイキングの活動のある一部分に注目し、その(ひとつの)足跡をたどる。「ヴァイキングの歴史」をあつかう書物では、国内外のどちらにおいても比較的とりあげられることがすくない「足跡」である。そこに、北欧の外へでかけたヴァイキングの(ひとつの)すがたがみえよう。第三章では、そのヴァイキングの「故郷」に視線をうつす。そこでは、スカンディナヴィアの外の世界との窓口にもなっていたビルカという「都市的」な集落について論じられる。第四章は、ヴァイキング社会のある側面、つまり「ものの交換・移動」に着目する。「ヴァイキングは単なる海賊ではなく、商人でもあった」ことが歴史教科書にも記載されるようになってひさしいが、「商業をおこなう」「商人である」とはどういうことなのかを考えなおすことを目的としている。第五章は、ヴァイキングの「王」たちが主題である。独特な性格をもった中世初期スカンディナヴィアにおける「王」のありかた、特質とその変化をたどることによって、「ヴァイキング」という存在が歴史の舞台からきえ、ヴァイキング時代が終焉をむかえた背景を再考し、ヴァイキングと文明の関係について俯瞰する。

ヴァイキング時代

第1章 「ヴァイキング時代」を考えるために

1 ヴァイキングの社会は「文明」か？

本書があつかうのは、ヨーロッパの北部、北海とバルト海にかこまれた部分を中心とする地域の歴史である。現在、この地域にはスカンディナヴィア半島を形成するノルウェーとスウェーデン、ユラン半島と島嶼部からなるデンマークという三つの王国があり、一般に「スカンディナヴィア」とよばれている。現代の国家領域でいうなら、このスカンディナヴィア三国とノルウェー海の西方にうかぶアイスランドにかつて生きたひとびととその社会がテーマである（北欧というときには、この四国にフィンランドがくわえられることもある）。かれらは歴史上「北方ゲルマン人」という集団に分類されており、ノルド語（古北欧語）とよばれるほぼ同一の言語をもちいていた。現在でも、一〇〇〇年以上まえの中世からそのかたちをほとんど変えていないアイスランド語をのぞけば、スカンディナヴィア諸語の音や表記は兄弟言語であることがひとめでわかる程度に似ている。現在、首都となっているオスロやストックホルムは北緯が約六〇度（北海道の網走は四四度）という小麦の栽培北限にちかいところに位置しており、アイスランドにいたってはその北端が北極圏に接している。そのため、気候は夏の三カ月をのぞけば寒冷であり、近代以前のくらしはきびしいものであった。人口は比較的すくなく、現在も最大のスウェーデンですら約八九〇万、北海道よりひとまわりおおきいだけのアイスランドは三〇万人にみたない。そのため、ひとびとは散居して牧畜・農業・漁労・狩猟をおこないながら、自給的生活をながいあいだおくっていた。

スカンディナヴィアはそうした大陸の「北のはて」であり、ほかでは代替不能な資源といった特別な誘因となる要素もないという地理的条件のために、近代にいたるまで、他地域の国家や集団によって征服されることも、軍事的侵攻をうけることもなかった。わずかに、ローマ人の地理学的関心の対象となった以外は、文明からわすれられた土地であった。しかし、西ヨーロッパから西ローマ帝国がきえ、各地にゲルマン人の諸国家がたてられたのちの八世紀、スカンディナヴィア人は集団で突然、東西ヨーロッパ各地にあらわれる。そして、その後の数百年間において、ヨーロッパの歴史に無視で

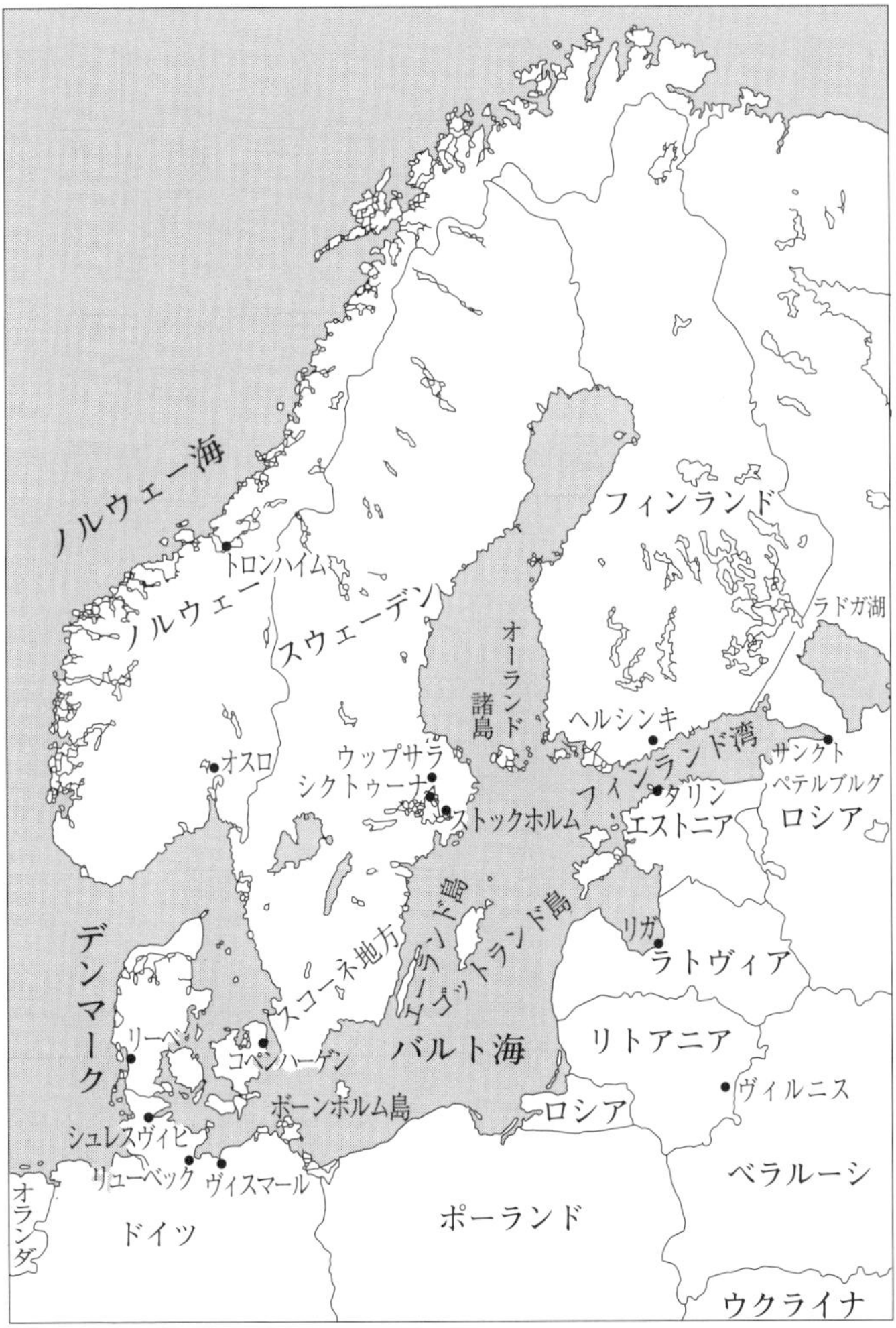
ノルウェー海
トロンハイム
ノルウェー
スウェーデン
フィンランド
ラドガ湖
オーランド諸島
ヘルシンキ
オスロ
ウップサラ
シクトゥーナ
ストックホルム
フィンランド湾
サンクト
ペテルブルグ
タリン
エストニア
ロシア
ゴットランド島
エーランド島
リガ
ラトヴィア
デンマーク
スコーネ地方
リーベ
コペンハーゲン
バルト海
リトアニア
ヴィルニス
ボーンホルム島
ロシア
シュレスヴィヒ
リューベック
ヴィスマール
ベラルーシ
オランダ
ドイツ
ポーランド
ウクライナ

図1●現代の北欧。

きない足跡をのこすことになる。現在ひろく「ヴァイキング」（現代スカンディナヴィア諸語のヴィーキングviking を英語よみしたものがひろまり、日本語にはいった）とよばれているのは、これらのひとびとである。つまり、歴史を叙述するための用語としての「ヴァイキング」とは、ある特定の時代にある種の活動に従事したスカンディナヴィア人をさすことばである。民族やスカンディナヴィア人一般を意味することばではない。

ヴァイキングが西欧に出現したころから、スカンディナヴィアではさまざまな変化がその社会内におこりつつあったことが考古学・歴史学上、確認されている。たとえば、ヴァイキングの第一の象徴物となっていることに問題はあるにせよ、いわゆる「ヴァイキング船」や独特な装飾様式の出現など、それまでになかった新しい文化的要素があらわれたことがあげられる。地域によっては人口が急速に増加して未耕地の開拓が積極的におこなわれ、埋葬習慣にも新しい特徴が顕在化する。こうした多面における独自な性格が並行して生起した現象を一体としてとらえるため、かつヴァイキングが時代をあらわす特徴であるとかんがえられているため、スカンディナヴィアの歴史研究・歴史叙述においては、この時代が一つの時代として区分されている。八世紀後半から一一世紀前半、西洋史では中世の初期、スカンディナヴィアでは鉄器時代後期にあたる時期がとくに「ヴァイキング時代」とよばれ、独自な時代区分をあたえられているのである。

ヴァイキングには残忍な「海賊」という平板な通俗的イメージが強固にはりついている。これは、

鉄器時代前期		鉄器時代後期	
一世紀～四〇〇年	四〇〇年～五五〇年	五五〇年～八世紀半ば	八世紀半ば～一一世紀半ば
ローマ鉄器時代	民族移動期	ヴェンデル時代	ヴァイキング時代
	前期ゲルマン鉄器時代	メロヴィング時代	
		後期ゲルマン鉄器時代	

スカンディナヴィア三国（右から順にスウェーデン、ノルウェー、デンマーク）の学界におけるおおよその時代区分。「ヴェンデル」はスウェーデン中部地方にある大規模な船葬墓群の遺跡名からとられている。

かれらがおもに西ヨーロッパ（そこではノルマン人、デーン人とよばれた）において展開した略奪行に端を発している。しかし、そうした略奪行はヴァイキングの歴史的な全体像をあらわすものではない。この点は「ヴァイキング」と題するおおくの概説書（巻末読書案内参照）において強調されている、あるいは主題そのものになっている。本書もその延長線上に位置しているが、視角はいくぶんことなる。

このヴァイキング時代を主とする時代・地域が世界各地の諸文明を主題とする本シリーズでとりあげられるのは、ヴァイキングが一個の文明を形成したからではない。たしかに、文明といういささか曖昧な概念は相当ひろい含意でつかわれており、たとえば、ヴァイキング研究の碩学D・M・ウィルソンらが一九七〇年に出版し、一〇年間をおいて再版もされている、代表的といってよいヴァイキング史の浩瀚な概説書は「偉大な文明 great civilizations」叢書の一冊に位置づけられている[1]。しかし、鉄器時代後期のスカンディナヴィアにいくら独自な社会・文化の発展をみとめるとしても、文明を定義づけようとする場合にあらわれる指標にはほとんどあてはまらず、それを文明とよぶことはむずかしい。たとえば、「都市ともよべるようなセンターを有し、そこでは中央政府が行政を司り、身分の分化がみられ、社会も明瞭に階層化され、職業の分化も発達している[2]」社会を文明と定義づけるにせよ、「文明の前提には高度の社会的・経済的不平等があり、権力者はおもに農業の剰余を生み管理することに基盤をおき、少数の支配階級と下位の階級との搾取関係が文明の基礎をなした」とみるにせよ[3]、のこされた史資料のあいだからかいまみることができる中世初期のスカンディナヴィア社会の姿とはおおきくことなる。独自の社会と文化を有することと、文明であることは別なのである。また、たとえば縄文時代の日本列島をさして「縄文文明」とよぶひとびとのように、もしかりにヴァイキング時代の社会を一個の文明とするなら、「縄文文明」といったことばとおなじひびき——ひたすら情緒的に歴史的意義を強調しようとするニュアンス——はさけがたい。したがって、ここで出発点とするのは、「ヴァイキング時代」のそのようなとらえかたではない。

それでは、本書の意図するところはどこにあるのか。多様な側面をもつヴァイキング時代をひとつの特徴できりとるならば、スカンディナヴィアをとりまく周辺世界への移動とそこで生じた接触ということをあげることができよう。人と物、情報が大規模かつ長期的に、特徴的な移動をくりかえしはじめることによってヴァイキング時代がはじまり、その動きが沈静化することによってヴァイキング時代はおわった、という見方である。ヴァイキング時代が終焉をむかえたのち、スカンディナヴィアの各地域は西ヨーロッパ社会をモデルとして、それまでとは異なる型の社会、中世国家の形成へとむかいはじめる。もちろん、物理的・歴史的な環境といった諸条件のちがいはおおきく、西欧の完全なコピーとなることはなかった。スカンディナヴィアに独自な要素も維持されつづけ、それが現代世界において異彩をはなっているといってもよいスカンディナヴィアの社会・国家の原型をかたちづくることになったとおもわれる。しかし、西欧を志向する社会変化は、現在もそうであるように、スカンディナヴィアを確実に西欧社会の一部としたのであり、その過程はいわば、隣接する西欧社会——先行する文明（のすくなくとも後継）、あるいは中世キリスト教文明——にスカンディナヴィアを包摂する過程であった。文字どおり「野蛮人（非文明人）Barbarian」とよばれた（北方）ゲルマン人の社会が文明化されていく端緒をひらいたのがヴァイキング時代であったと考えられるのである。したがって、本書の目的は、そのような文明化がどのようにしておこったのかをできるだけ多様な史資料によりながら、断片的であれ説明的に描写することにある。以下では「ヴァイキング」を外へと「おくりだした社会」が、そのこと自体によって変化をこうむり、「おくりだした先の社会」に同質化していく過程の再構成をこころみている。このような作業はオリジナルな諸文明を対象とする場合とはまた別の側面から、文明というものに光をあてるための一助になると信じている。

2 「ヴァイキング時代史」の困難さ——ヴァイキングとナショナリズム

しかし、このようなヴァイキング時代のとらえかたにも問題がないわけではないことを指摘しておかなければならない。「ヴァイキングの歴史」はみじかくみても一二〇〇年をこえる研究史をもっており、玉石混淆とはいえ、相当な蓄積がなされている。しかし、歴史現象としてのヴァイキングを研究するひとびとの視線はその過程でひとつのおおきな変化をとげた。ある時期、社会的にヴァイキングがおおきな注目と関心をあつめるようになり、学術的研究のためにそこに相当規模の社会資源がついやされるようになったきっかけは、おおくの地域同様、国民国家の形成に必要な「民族のルーツ」さがしにあったのである。つまり、ヴァイキング史研究の端緒はナショナリズムと直結している。そこで研究と叙述のテーマとされたのは、現在までスカンディナヴィアでつづく、デンマーク、スウェーデン、ノルウェーの三王国の形成、最初期の王たちの物語、東西への英雄的遠征からなるヴァイキング像であり、それらが「デンマーク、スウェーデン、ノルウェー人」の黄金時代として、現代のナショナリズムに「根拠」をあたえるため、くりかえし描写されることとなった。

スウェーデンの考古学者フレドリク・スヴァンベリは、ポストコロニアリズムの問題意識を基礎として「ヴァイキング史学史」に詳細な検討をくわえ、その問題点をあきらかにしている(4)。われわれが過去という他者とむかいあい、それを理解しようとするときにとる態度はどのようなものであるべきだろうか。もし過去をみるものが、みずからの利益・欲望・目的にそうかたちでのみ、恣意的に過去を再構成しようとするなら、それは植民者が植民地支配をおこない、同時に自身の行為を正当化するために、他者を一方的に表象し、他者に関する言説を生産することと同型の行為である。いわば、そうした態度は過去に対するオリエンタリズムなのであり、ナショナリズムに根拠をあたえることを目的としてヴァイキング時代像を造形することは、植民地主義の文化的実践にほかならない。しかし、一九世紀末から二〇世紀はじめに流行した露骨な社会ダーウィニズム、人種差別主義に立脚した人類学による他者理解が、きびしく批判されてきたにもかかわらず、植民地主義的言説と同種の視点をもつ過去の表象は再検証をのがれているのが現状である、とかれはいう。

「ヴァイキング時代」という用語が一般化したのは一八七〇年代はじめである。型式学的方法とよばれる遺物の研究法を開発したスウェーデンの考古学者オスカル・モンテリウスがはじめて鉄器時代後期をヴァイキング時代と区分することを考えた。そこでえがかれる歴史の主体はつねに「われわれの祖先」「鉄器時代後期のスウェーデン人」「わが民族」「ノルウェーのひとびと」であり、当時は影もかたちもない国民国家を基礎とした政治的わくぐみをいろどるものとして、文化史がもちいられた。

現代から遡及的に過去を記述する、つまり現代にいたる過程の必然性のみに注目してヴァイキング時代像が構成されたのである。スヴァンベリはこうしてつくられたヴァイキング時代像を「システム化されたヴァイキング時代」とよび、その特徴を列挙している。たとえば、以下のような点がそれにあたる。

- 過去に対する「連続性の幻想」をつよくおびている。変化することのない本質を有したとされるヴァイキング時代のひとびとは、技術的・政治的な意味においては変化するが、集団的アイデンティティにおいては変化しないと考えられる。つまり、現代の「われわれ」が直接過去にまで拡張される。過去の個人や共同体が、「われわれ」「われわれの祖先」、つまり「拡張されたわれわれ」としてのみ提示され、ほかにありえたアイデンティティは無視されるか、暗黙のうちに二義的なものとして背景にしりぞけられてしまう。
- 八〇〇年から一〇五〇年ころにかけて、おおかれすくなかれ均質な「ヴァイキング時代の文化」がスカンディナヴィアにあったとされ、歴史上の同質性のみが注目される。それ以外の多様な要素は忘却される。埋葬習慣のように、スカンディナヴィア内においても非常に多様な文化的要素は認知されるが、均質性の維持された常態からのささいな逸脱と解釈される。
- 多様性・異質性が忘却されるのは、そうしなければ「ヴァイキング時代像」を維持できないからである。多様性が認知されることがあっても、それは同質性へとむかう過程にみられる場合にのみ、許容・記述されるのであり、そうでなければ例外として忘却される。たとえば、スヴェーア人とイェータ人はともに、「現代国家スウェーデンの国境内」に存在した集団であるから、ともにスウェーデン人の下位区分にすぎないとされ、おおきな意味、歴史的役割をあたえられることはない。ユラン半島やボーンホルム島にみられる文化的特徴の独自性が言われることはあっても、それは両地域が現在、デンマーク王国に属している以上、デンマークというわくぐみのなかにおける下位の特徴ということになる。地域的な特性に注意がむけられることがあっても、それはつねに三王国か、スカンディナヴィアという領域をこえるものではないとされる。この見方では、ヴァイキング時代の植民にはじまるアイスランドをのぞいた「三つの国」と「三種のひとびと」がヴァイキング時代に存在したのであり、それがつねに歴史の主体、行為者となる。

こうしたヴァイキング時代像のもとで発掘・研究がすすめられ、象徴的な遺跡が国家的モニュメントとされることになった。たとえば、デンマークではイェリングの大墳丘墓群がそのひとつである（144頁図48）。一基は一八二〇年に偶然に発掘されたが、一八六一年におこなわれた二基目の発掘は国王によって主導された。その出土品は貧弱であったにもかかわらず、墳丘脇にあるルーン石碑（九六〇年ころ）の証言によって、国家的モニュメントとなった（碑文によれば、ハーラル青歯王（九八五年ころ死去）は「デンマーク全土とノルウェーをかちとり、デーン人をキリスト教徒にした」）。一九三四年に軍事目的とおもわれるトレレボー遺跡（大規模環状集落）が発見されると、これも英雄的な過去を象徴する国民的史跡とされた。それに対し、一九三五年に発掘されたラズビューの船葬墓は、非常にゆたかな副葬品をもつにもかかわらず、そのような地位をあたえられることはなかった。文字史料での言及がないことなどから、デンマークの諸王や政治史と関連づける、つまり「栄光の歴史」の一部にすることが困難だったためである。ノルウェーでは、ボッレ（一八五二年）からオーセベル（一九〇四年）にいたる大船葬墓が発掘されるとおおきな反響をよび、すぐにクリスチャニア（現オスロ）で展示された。そのため、ノルウェーの研究者によるヴァイキング史の叙述は記念碑的船葬墓とその多彩な出土品に集中することになった（スウェーデンの水中考古学者C・O・セーデルンドはこれをさして「ヴァイキング船症候群」とよんでいる）[5]。スウェーデンでは、本書でもくわしく言及するビョルケー島のビルカ発掘（一八七三〜九五年）がヴァイキング時代観につよい影響をあたえた。とくに、『聖アンスガール伝』のビルカ Birca が同島の集落跡に同定されると、「スウェーデン人のキリスト教化」にとって決定的に重要な場所との意味があたえられ、ビルカは国家的モニュメントとなった。ガムラ・ウップサラ（古ウップサラ）の大墳丘墓群でも一八四六年から一八七四年にかけて発掘がおこなわれた。その発掘ではヴァイキング時代の遺物が発見されなかったにもかかわらず、サガや西欧のラテン語史料の記述にもとづいて、ここでもモニュメント化がなされた。現在、その遺跡群は「スウェーデン王国のゆりかご」というコピーのもとに観光資源化されている。

ノルウェーの考古学者テリエ・エスティゴーによれば、スカンディナヴィアの考古学とナショナリズムは共存関係にあり、考古学の発展はナショナリズムの庇護のもとにはたされた側面がおおきい(6)。まず、考古学は、それがナショナリズムの要請によって、政治的に重要になったときにはじめて大学において制度化された。考古学が公的な局面にあらわれたのは、そのときがはじめてであった。そして、考古学が政治化・大衆化すると、「現在において過去がはたす機能」が、考古学という専門領域のそとで獲得・構築される傾向がつよめられた。その結果、現在が過去を一方的に制御(植民地化)する状況がつくられることになった。考古学の対象物は公的な局面において徐々に象徴へと転化され、ナショナルなシンボルとして完成される。

イェリングの遺跡群(デンマーク)、ビルカとガムラ・ウップサラ(スウェーデン)、船葬墓群(ノルウェー)はそれぞれの国の国民的史跡として、現在も丹念に整備・保存されているが、その経緯をみるなら、ヴァイキング時代の諸特徴(とされているもの)は、先史時代の遺物、同時代史料の研究によって演繹的に発見されたのではなく、まえもって準備されたナショナルな枠ぐみを参照しながら、ある暗黙の意図にそって選択的に記述されたことによって形成されたものといえよう。

二〇世紀初頭から第二次世界大戦の時期は、もっともあからさまな形でヴァイキング研究がナショナリズムとよりそった時代である。この時期、主要遺跡の発掘や、大部な研究書出版のピークがおとずれている。とくにナチス・ドイツに直接占領されたノルウェーやデンマークでは、ヴァイキング研究が奨励される一方で、「ヴァイキング時代」の表象はさまざまに利用された(口絵4)。ポスターには先史時代のシンボルが利用され、ナチスに親和的な政党や親衛隊の大会はヴァイキング時代の史跡ハフルスフィヨルドやボッレでひらかれた。ハフルスフィヨルドは、ノルウェー沿岸部が政治的に統一される契機となった海戦が八八五年におこなわれた場所であり、オスロフィヨルド東岸に位置するボッレは、王家に由来するとされている大墳丘墓・船葬墓がならぶ史跡である。戦後になると、そうした宣伝に利用された不快な記憶によって、ヴァイキング時代を英雄時代としてみるみかたはしずかに後退し、遺物や定住パターンなど、「中立的」にみえるものの研究が中心となった。しかし、「後退」は具体的・個別的な批判の言語化をともなわずに、あくまで「しずかに」なされた。そのため、ナショナルなわくぐみを遡及的にあてはめてヴァイキング時代を記述する傾向は、二〇世紀末の著名な歴史家による叙述においてですらいまだ散見されるのである(研究者ではない著者によって書かれた一般書にいたっては依然標準である)。これはスヴァンベリのいう植民地主義的ヴァイキング時代像が批判的検討にふされることがなく、よって脱植民地主義化されることもなく現在にいたった結果といえよう。ナショナリズムがおもにファシズムへの対抗軸として機能し、敗戦国となったわけでもない小国においては、世界大戦の終結もその契機とはなりえなかった。

こうした一九世紀にはじまるヴァイキング時代史の叙述スタイルにはある種の「伝統」ができあが

ってしまっており、いまヴァイキングの歴史を記述しようとするとき、容易に足をとられてしまう「わだち」のようになっている。たとえば、九世紀、フランク王国の年代記に登場するスカンディナヴィアの「王」たちがどのような存在であったのかといった問題が根本的に問われることはまれであり、後世、ユラン半島一帯の確たる支配者となった「デンマーク王」のありようが、ほとんど無意識のうちに遡及的に適用されてしまうのである。あるいは、「スウェーデン人」といったカテゴリーに通時的な実体をみとめることはできないにもかかわらず、「スウェーデン人は東方へむかった」というように記述されるのが一般的である（これには「縄文時代の日本人」といった、すどおりしてしまいやすい表現とおなじあやまりをみることができる）。「われわれの祖先」「祖国」といった表現がヴァイキング時代史の叙述からなくなっても、「スカンディナヴィア三国」という「われわれ」（うち）と「それ以外の地域」（そと）の区別、ヴァイキング時代を現代の三国と三国民へ直接に連続するものとしてみる視点は、いわば暗示的なナショナリズムとしてのこりつづけているのである。

ヴァイキング時代はほかの時代にはみられない刻印をもっている。そのため、ヴァイキング史の叙述にはそれに応じた注意が必要となるが、あらたにそれを叙述しようとするとき、過去の研究の蓄積のうえに立脚せざるをえないという前提が困難さをもたらす。地理的概念ひとつをとっても、「デンマーク」「ノルウェー」といった国境をともなう固有名詞をぬきに叙述しがたいこともあるからである。また、先にのべたように、「ヴァイキング」自体には十分に歴史的な実体がみとめられるし、その史的役割にかんがみて、ヴァイキング時代なる時代区分をおこなうことそのものを否定する必要はないとおもわれる。したがって、本書では、スカンディナヴィアの歴史における非常にゆるやかなカテゴリーとしてのみ、ヴァイキングとその活動をとらえることとし、スカンディナヴィア全体、または三国それぞれのナショナルな枠を前提とした「ヴァイキング」のイメージというわだちに足をとられないよう注意をはらいながら、多様性を例外としてしりぞけないよう「ヴァイキング時代」の断片を描写することで満足したい。実際、「ヴァイキングの世界」を包括的・全体史的に記述しようとすれば、おおくの概説書にみられるように、地名・人名などの固有名詞、事件と事項の列挙にならざるをえなくなるとおもわれるが、それは本書に期待されている役割からはずれよう。また、さきにのべたような理由から、それには相当な無理がともなわざるをえない。本書でとりあげられるヴァイキングの活動やスカンディナヴィア社会はあるかぎられた一部分にすぎないが、それをとおして、ヴァイキング時代とはどういう時代であったのか、いかなる過程をへてスカンディナヴィアはヨーロッパ、すなわち文明の一部となったのかという問いを考えるてがかりを提供できればとおもう。

第2章　移動の時代——銀がたどった道

1　「ヴァイキング」とは

ヴァイキング時代を特徴づけるものとして、まず最初に想起されるのはその船による移動と略奪であろう。高等学校の検定教科書においても、ヴァイキングの活動は「封建社会の成立」のまえの部分に、そのひろがりをしめす地図とともに項目としてたてられ、そこでは商業、略奪、移動先での建国に言及されるのが定番となっている。マジャール人、スラヴ人の西方への移動をふくむ「第二次民族移動」の一部をなすものとしてくくられることもある。しかし、そうしたひとびとの大規模なうごきの痕跡、それらの移動がどのような性質のものであったのかをつたえてくれる史料や遺物はそれほど十分にあるわけではない。たとえば、西ヨーロッパでヴァイキングによるとおもわれる略奪行為——とくに修道院にたいしておこなわれた略奪——は、年代記などに多数記録されているが、それとて、十分な情報をあたえてくれるものではない（133頁、グラフ）。当然ながら「略奪をおこなった側」のひとびとについてはそうである。

「ヴァイキング」（Viking）という呼称は、もともとスカンディナヴィアでもちいられていたノルド語の「ヴィーキング」（víkingr）を英語よみしたもので、西ヨーロッパで一方的略奪にさらされたひとびとが、「略奪者」をさしてもちいていたことばではない。もともとの意味については諸説があるが、現在は語源不明というのが定説となっている。ヴァイキングということばは、ヴァイキング時代がおわったあとの一二世紀以降にかかれた文献には数おおくあらわれる。しかし、ヴァイキング時代に生きたひとびとによってつかわれていたことをしめすもの、つまり文字による同時代史料は二点のルーン碑文しかない。ルーン碑文とは、ローマ字アルファベットがラテン語の書記言語としての導入とともにひろまる以前、スカンディナヴィアもふくむゲルマン世界でひろくもちいられた文字を石碑にきざんだものである。もちろん正書法はなく、そのために現在では意味の理解が困難な碑文もすくなくない。ヴァイキング時代はまだ文字の使用が社会内に十分浸透しておらず、最初はノルド語、のちにラテン語による記録がふえるのは西ヨーロッパ同様、キリスト教普及によって聖職者階級が成立してから以降のことである。

この二つのルーン碑文の内容をみてみよう。現在、コペンハーゲンの国立博物館に所蔵されている、たかさが二・五メートルをこえるルーン石碑（九五〇年頃。碑文番号DR二一六）には、その石碑がフレーデという人物のためにたてられたこと、かれはひとびとにおそれられたこと、スヴィショーズ（スヴェーア／スウェーデン中部地方）で死んだこと、フリーキの従士団で一番であったことがきざまれ、さいごに「みなヴァイキング」（aliR uikikaR）とのことばがやや唐突ぎみにつけくわえられている。普通に理解すれば、この従士団が軍事的な要素をもつヴァイキング活動をおこなっていたということであろう。

もう一点は現ストックホルム市の西郊外に位置するブルー・ヘラズ（ヘラズは中世の地域単位）にある有名なルーン石碑（碑文番号U六一七）である。そこには、つぎのようにきざまれている。

> ホルムイェルの娘、シグレーズとイェートのきょうだいであるインレーグ。彼女はこの橋を建設させ、この石碑を夫である、ホーコン・ヤールの息子アッスルのために立てさせた。かれはイェーテルとともに、ヴァイキングに対する守護者であった。神がかれの魂を助けるよう。

ここではヴァイキング（uikika）は共同体の外からくる外敵としてあらわれている。

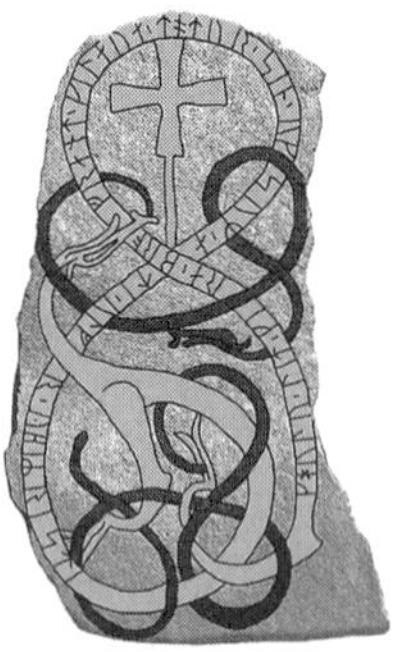

図2●ウップサラ大学（スウェーデン）の庭におかれたルーン石碑。ある女性が娘の魂のために橋を建設したことが、石碑の彫刻者の名とともにのべられている。こうした石碑は5世紀からスカンディナヴィア全域で立てられるようになった。その内容は故人をしのぶものがおおいが、相続に言及するものなど、多様である。全部で約4000例（うちスウェーデンに3000基以上）知られているが、毎年あたらしい発見がつづいている。(Eija Lietoff (ed.), *Rune Stones. A colourful memory*, 1999, Uppsala, p. 73f.)

ヴァイキングについてのおなじような言及は、これらの碑文からおそらく二百年以上のちに記録されたサガ（アイスランドに発達した散文学）にもみられる。たとえば、『エギルのサガ』（第四九章）には、神殿のなかで殺人をおかしたために、ノルウェーの法のもとでは生きていられなくなったエイヴィンドという人物についてのエピソードがある。王妃グンヒルドの兄弟であったエイヴィンドは、王と王妃によってデンマークのハーラル青歯王（〜九八五年ころ）のもとへおおきなロングシップ（ヴァイキング船）とともにおくられ、ハーラル青歯王によってヴァイキングからの守護の任（til landvarnar fyrir víkingum）につかされたのである。また『ヘイムスクリングラ』中の「ハーラル苛烈王のサガ」では、ハーラル苛烈王（在位一〇四六〜六六年）と決裂したホーコン・イヴァルソンという人物が友人であるデンマーク王スヴェン・エストリズセン（在位一〇四七〜七四年）のもとへむかい、そこでデンマーク王国にたびたび侵入する「ヴァイキング」（ここではヴェンド人、クール人などバルト海東部からやってくるおおくのひとびと）に対する守備をまかされたとある（landvarnarmaðr fyrir víkingum）。

ほかにも、ヴァイキング時代よりのちに記録されたノルド語の文献では、「ヴァイキング」ということばはたびたびつかわれている。その用法については、デンマークのルーン碑文のように人をあらわすものと、「ヴァイキング（行におもむく）」という行為をあらわす用法の二種があり、そのうち行為をあらわす用法のほうが大多数をしめている。そのことは「ヴァイキング＝海賊という特殊な社会的存在＝専業集団があったわけではないこと」によっている[1]。

2 「金の時代」から「銀の時代」へ

ヴァイキング時代にはいるはるか以前から、スカンディナヴィアは大陸世界との接触を間接的にではあるがもっていた。一般に、スカンディナヴィアの歴史においては、一世紀〜四〇〇年ころの時代は「ローマ鉄器時代」、四〇〇年ころ〜五〇〇年ころは「民族移動期」、その後、ヴァイキング時代の直前にあたる五五〇年ころ〜八世紀半ばはヴェンデル時代（メロヴィング時代・前期ゲルマン鉄器時代）と時代区分されているが、大陸との交流の痕跡は鉄器時代前期には十分確認される。この時代は、ローマ人タキトゥスによるラテン語のわずかな記録（『ゲルマニア』）と、断片的なルーン文字（20頁参照）によるものをのぞけば、文字による記録が皆無であるから、その状況はさまざまな遺物からうかがいしるしかない。そうした遺物のなかで目につくのが多様な奢侈品で、これまでこの時代に由来する無数の金・ガラス・青銅製品が発見されている。時代がくだるにつれ、こうした遺物は大陸にちかいユラン半島周辺だけではなく、スカンディナヴィア半島中部にも到達するようになる。

たとえば、七キログラムをこえる、スウェーデンで最大の金製品埋蔵が確認されているのもこの時期で、ローマ帝国崩壊後の北欧は「金の時代」にはいったといわれている（そのおおくはストックホルム歴史博物館の「金の部屋」などで目にすることができる）。大陸のゲルマン諸族間を流通していた多様な金製品の一部が略奪・交換などを通じてスカンディナヴィアへも達したのであろう。フン族の首領（王）アッティラ（在位四三四ころ〜四五三年）は軍事的圧迫からの「解放金」として、東ローマ皇帝テオドシウス二世から約二トンにも相当する金を受けとったといわれるが、北ヨーロッパでみつかる金の源の一つはそうした金の一部とおもわれる。北欧へもたらされたソリドゥス貨（四世紀以降に鋳造されたローマ／ビザンツ金貨）は非常におおく、スウェーデンだけで六世紀以前のものが約六〇〇個出土している。

こうした「金の時代」とは対照的に、八世紀半ば以降のヴァイキング時代に由来する遺物群に特徴的なのは、そこに大量の銀製品がふくまれていることである。そのことから、ヴァイキング時代は北欧の「銀の時代」とよばれている。これまで、スカンディナヴィアでは千数百カ所で銀の埋蔵宝が確認されている。そのおおくは、バルト海にうかぶエーランド島、ゴットランド島に集中しているが、スウェーデン南部のスコーネ地方、メーラル湖沿岸地域（現ストックホルム周辺）からも相当数が出土している（34頁図5）。意図せず紛失されたものもふくめ、このような銀の「埋蔵」はスカンディナヴィアにかぎられた現象ではなく、同時代のバルト海南岸地域、ロシア、ブリテン諸島でもみられる。埋蔵宝の内容は非常にさまざまで、貨幣、首輪・腕輪・指輪・ペンダントなどの装飾品、棒状の銀塊、これらをこまかく切断したもの、加工したものなどがみられる（28頁図3）。

現代ヨーロッパの原型がみえはじめるヨーロッパ中世初期について知ろうとするとき、あちこちに顔をだす「ヴァイキング」とは、歴史的にはいったいどういう存在であって、「ヴァイキング時代」とはどういう時代なのかという問いは、おおきすぎて、とらえどころのないようにもおもわれる。ここでは、それを考えるための手がかりとして、まずこれらの銀に注目することにしたい。

問いは次のような問題におきかえられる。ヴァイキング時代が「銀の時代」となったのはなぜだろうか。大量の銀がスカンディナヴィアにはこばれ（スカンディナヴィアに銀鉱はない）、それが埋蔵され、現在までつたわった背景にはどのような事情があったのであろうか。ヴァイキング時代が「銀の時代」であることには、どういう意味があるのだろうか。ヴァイキング時代のスカンディナヴィアに共通する「銀の時代」という特徴は、ヴァイキング時代という時代の特性、歴史的位置を知るためのとっかかりを提供してくれるはずである。

3 埋蔵宝という資料

埋蔵宝として隠匿のため地中にうめられ、その後忘却されるか、偶発的におこった紛失、事故の結果として遺跡の文化層（遺物包含層）にとどまった銀のなかで中心をなしているのは銀貨である。スカンディナヴィアでは、ヴァイキング時代をへて「国家」が形成されるまでは本格的に貨幣鋳造がおこなわれたことは例外的にしかなく、出土する銀貨はほとんどすべてスカンディナヴィアの外からもたらされたものである。イスラム世界の諸王朝やアングロサクソン諸王国、大陸のゲルマン諸国、ビザンツ帝国などがヴァイキング時代にスカンディナヴィアでみられた銀貨の造幣地であった。

そこでまず、貨幣が歴史資料としてもつ性質・特徴について概観しておこう。現在の貨幣同様、これらの貨幣には銘と文様があり、さまざまな情報を提供してくれる。たとえば、その銘文からクーフィックともよばれるディルハム銀貨には、通常、イスラム暦による鋳造年が刻印されており、破損・切断の程度がいちじるしくないかぎり、基本的に造幣年や発行者（王朝）を特定することができる。西欧の貨幣には、普通、造幣年ではなく、造幣者、発行権者の名がみられる。しかし、同名異人のこともあり、ディルハム貨ほどには正確な造幣年をあたえてくれない。ただ、アングロサクソンの貨幣は、九七三年ころのエドガー王（在位九五九〜九七五年）による貨幣制度改革によって、一〇一六年にはじまるクヌーズ大王（在位一〇一八〜一〇三五年）の時代以前は六年ごとに、それ以降は二、三年ごとにあらたな貨幣が発行された。ふるい貨幣は王権によって無効とされて回収の対象となった。あとでのべるように、スカンディナヴィアで発見されるアングロサクソン貨のほとんどは一〇世紀末以降につくられているから、アングロサクソン貨についても、比較的みじかい期間に造幣年を限定することができる（戸上一『イングランド初期貨幣史の研究』刀水書房）。アングロサクソン貨とおなじように、スカンディナヴィアで出土する「ドイツ」の貨幣も一〇世紀後半以降の造幣になる。この時代、

図3●ゴットランド島ヴェシンデ出土の埋蔵宝（11世紀はじめ）。貨幣、貨幣の断片、特徴ある装飾がほどこされた腕輪、首輪などからなる。（Gustaf Trotzig, *Vikingar*, Stockholm, 1995, s. 78.）

現在のドイツにあたる地域では、フランク王国のカール大帝（在位七六八〜八一四年）によって実現された貨幣の統一はくずれてしまっており、各地の領主、都市が独自に貨幣を発行していた。これらについても、刻印から発行者の名、その年代を知ることができるが、イスラム貨、アングロサクソン貨ほどには正確な情報をえられない。

このようにして貨幣自体から知られる年代は、「造幣された年」をしめすだけであって、それがスカンディナヴィアにもたらされた、または埋蔵された年代を意味するわけではない。ある埋蔵宝にふくまれる貨幣のうち、もっともあたらしい貨幣のつくられた年が、その埋蔵宝が形成されたのは「その年代よりさかのぼることはない」という一方の「限界年」をあらわすだけである。たとえば、ある埋蔵宝にふくまれる貨幣のうち、もっともあたらしい貨幣の造幣年が九〇〇年であれば、その埋蔵宝は九〇〇年以降に形成・埋蔵されたことになる。するとつぎに、ある埋蔵宝が形成されてから埋蔵されるまで、どれくらいの時間がたっていたかということが問題になる。限界年が九〇〇年であったとしても、埋蔵されたのが九五〇年ころであれば、その埋蔵宝は一〇世紀なかばの資料としてあつかわなければならなくなるからである。ある埋蔵宝がいつごろの年代に属するかはこの点の評価によっておおきく変わるが、一般的には、「限界年」と「埋蔵された年代」のあいだにそれほどのへだたりがあるとはかんがえられていない。なぜなら、ヴァイキング時代を通じて、スカンディナヴィアにはあたらしい貨幣がほとんどとぎれることなく流入していたのであるから、埋蔵される以前、つまり依然、流通経路上にある貨幣群には、つぎつぎにあたらしい貨幣が混入したはずだからである。また、埋蔵宝は遺跡とは別個に独立して発見されることがめずらしくないが、限界年だけを利用した年代比定がおこなわれるのはそのような場合にかぎられる。しかし、遺跡の発掘にともなって発見され、独自に年代比定が可能な文化層から出土した場合には、一個の貨幣であっても「いつそこに存在したか」を知ることができる。

これらの年代を材料に、出土貨幣は年代別・種類別に分類がなされ、その年代ごとの比率、その比率のうつりかわりがあきらかにされている。金属探知器が遺跡における調査でもちいられるようになってから、貨幣もふくむ貴金属の遺物が発見される頻度はたかくなっている（ただし、同時に貴金属をねらった盗掘という問題も深刻化している）。しかし、興味ぶかいことに、そのようにして蓄積されつつある出土貨幣は、その出土傾向が年代をへてもほとんど変化していない。貨幣を歴史資料としてもちいようとするとき、まず問題となるのはそのサンプルとしての有効性である。当時スカンディナヴィアに存在した貨幣のすべてが発見されているわけではもちろんないし、埋蔵されたすべての埋蔵宝、紛失されたすべての貨幣が発見されているわけでもない。偶然に相当程度支配されているとおもわれるさまざまな事情のもとで、発見した一般市民によって博物館、研究機関にひきわたされ、あるいは研究者によって発掘され、その情報の公刊されている貨幣のみが研究に供され、データとなっているのである。さらに盗掘や発見後の紛失、所在の不明化もめずらしいことではない。そうした事情にもかかわらず、存在の知られるようになった出土貨幣の傾向が、総量の増加にもかかわらず変化していないということは、そこにランダム・サンプリングされたのにちかい状態が生じているからであろう。たとえば、網羅的に研究されているノルウェーに関してみると、一九世紀前半から二〇世紀後半まで、貨幣の出土総数は三〇倍以上にふえているにもかかわらず、その内容、つまり各種貨幣の比率、年代別分布は、おおきくは変化していないのである。(2) これは、出土貨幣が良質な歴史資料としての属性をそなえていることを示唆している。

出土貨幣の状況を概観してみよう。スカンディナヴィアにはじめてイスラム貨があらわれるのは、八世紀後半である。ノルウェーでは、ヴァイキング時代の幕開けとされてきた「リンディスファーン島襲撃」(七九三年)以前の八世紀末から流入がはじまっていたようである。前述のように、「埋蔵された年代」であると直接にはみなせないが、八世紀初頭のイスラム貨すら出土している。八世紀に建設された、スウェーデン中部の都市的集落ビルカでは、八世紀の二番目にふるい文化層から、七七八/九年の貨幣が出土している。しかし、九〇〇年以前のものは数例のみである。その量は年をへるごとに増加していき、スカンディナヴィアで出土する貨幣のほとんどすべてがイスラム貨によってしめられる時期がつづく。アメリカの古銭学者T・ヌーナンの集計によれば、バルト海沿岸地域で総計一二万五〇〇〇個から一三万個のイスラム貨が出土しており、その年代のピークは九四〇年代(約一万一〇〇〇個)、九五〇年代(約二万五〇〇〇個)、九六〇年代(約九五〇〇個)、九七〇年代(約一万五

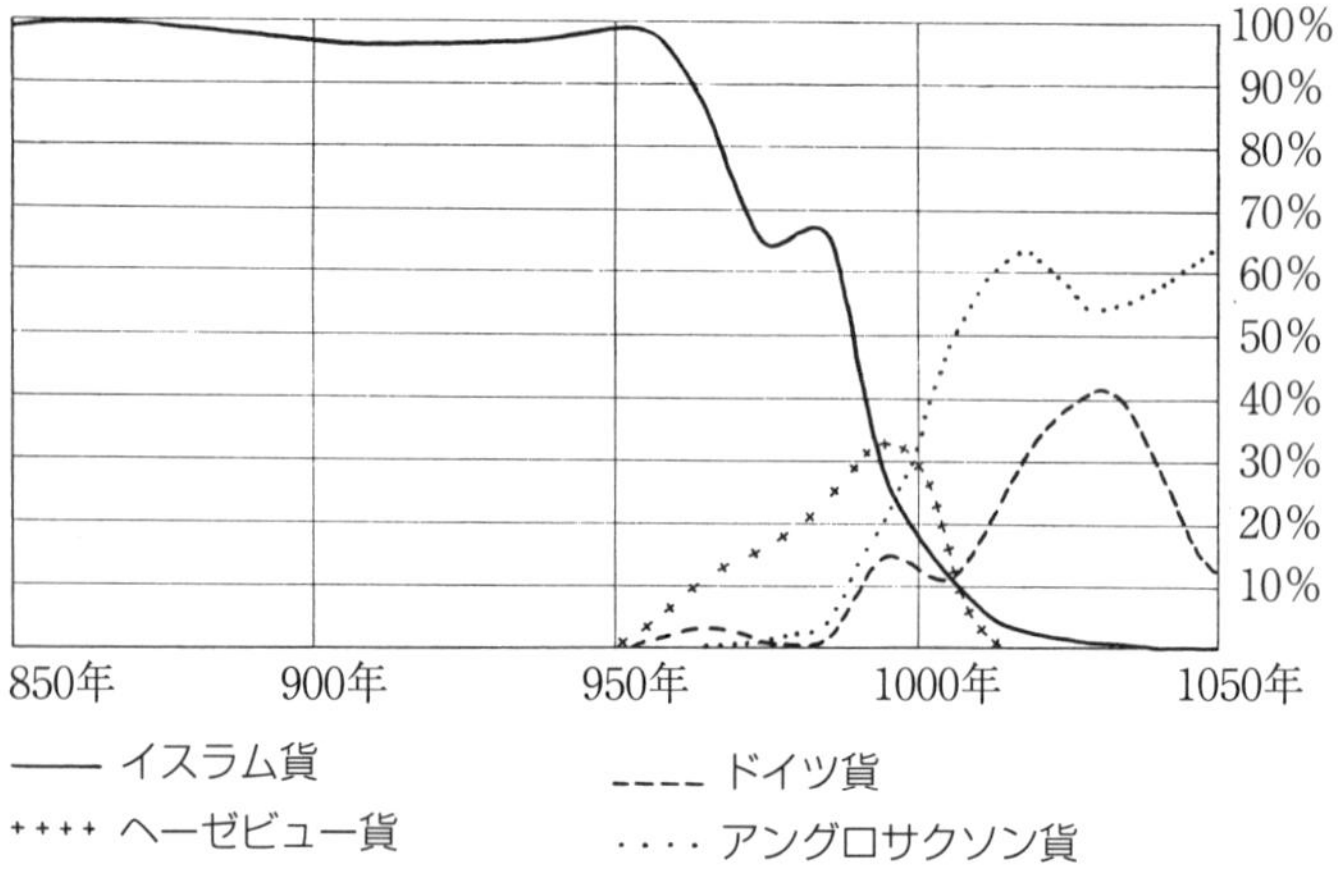

図4●出土貨幣群にしめる各種貨幣の相対比率（シュレスヴィヒ、デンマーク）。スカンディナヴィア全域で同様の傾向が観察される。(H. Jankuhn, *Haithabu*, Neumünster, 1986, S. 180.)

〇〇〇個）にある。他に一〇世紀中としか年代をしぼれないものが約一万三〇〇〇個ある。しかし、九七五年前後を境として、その比率は急減する。九八〇年代には五二〇個、九九〇年代には約三〇〇個となり、一〇一〇年代には、スカンディナヴィアでは約一八〇個のみとなる。それといれかわるようにしてアングロサクソン、ドイツの貨幣が増加し、イスラム貨はヴァイキング時代末期の一一世紀中にはごく一部をしめるのみとなる（図4）。

当初はすこしずつバルト海沿岸地域へ流入していたイスラム貨の量は、一〇世紀後半にかけて膨大なものとなる。イスラム貨の流入が急減すると、それといれかわるようにしてアングロサクソンなどの西欧貨幣が出現し、それはヴァイキング時代末期までつづく。出土貨幣にみられるこの変化・推移はなにを意味しているのだろうか。こうしたスカンディナヴィアへの銀の流入は当該の社会・経済に影響をあたえずにはおかなかったとかんがえられるが、それはいかなる側面においてであろうか。大量の銀が比較的短期間に北欧へ流入したことの背景にヴァイキングの活動があったことに疑問の余地はないであろう。しかし、それはどのようにしてであったのだろうか。これらがつぎの課題となる問いである。

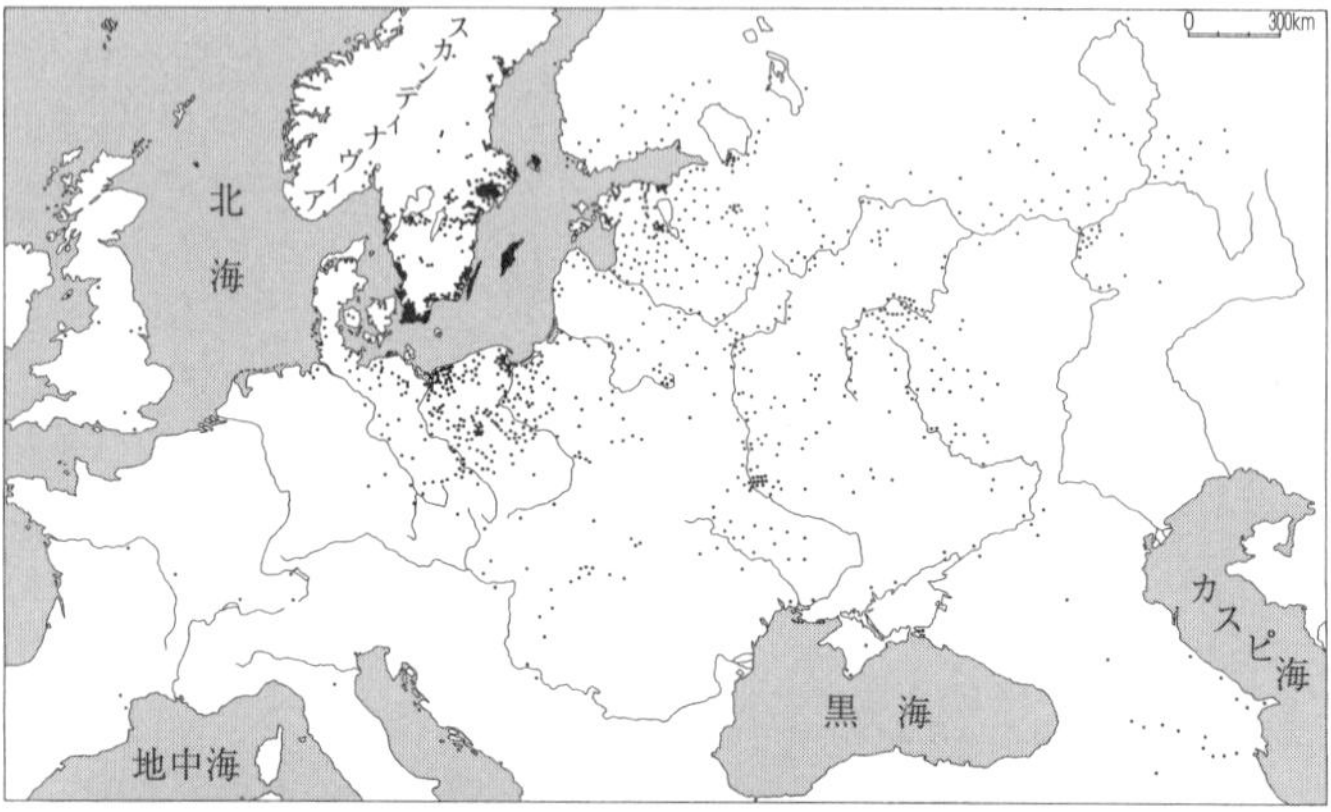

図5● （上）イスラム貨の出土地点。スカンディナヴィアへの集中がきわだっている。(Ingmar Jansson, "Wikingerzeitlicher orientalischer Import in Skandinavien", *Bericht der Römisch-Germanischen Kommission*, 69, 1988, S. 570)

図6● （下）イスラム貨。(Göran Burenhult (red.), *op. cit.*, s. 420, 496.)

出　土　地　域	780～1010年代	～900年	900年～
バルト海南東部沿岸	6.9%	4.0%	7.4%
ポーランド	23.7%	10.8%	27.2%
ドイツ	10.3%	14.8%	8.0%
デンマーク	4.6%	0.6%	3.8%
ノルウェー	0.3%	0.1%	0.4%
スウェーデン本土	13.6%	31.8%	11.3%
ゴットランド島	39.2%	31.3%	41.6%
フィンランド	1.2%	6.5%	0.3%
計	99.8%	99.9%	100.0%

表1●バルト海沿岸におけるイスラム貨出土地域の年代別比率。(T. Noonan, "The Vikings in the East", *Birka Studies 3*, Stockholm, 1994, p. 224.)

4 銀をめぐる問題

スカンディナヴィアで大量に発見される銀の背景にはなにがあるのかという問いは、スカンディナヴィアにおいてのみならず、ひろく関心をあつめてきた問題である。はやりすたりは、さまざまな研究分野同様、ヴァイキング時代史の研究にもみられるが、この問題は二〇世紀をとおして現在まで継続的に研究されてきているテーマである。それだけなぞが複雑で、魅力的ということであろう。

この「銀の背景」に関する問題は、おおきく三つにわけることができる。一つは、銀の流入をひきおこしたとおもわれるヴァイキングの活動はどのようなものであったのかということである。スカンディナヴィアへ大量の銀を運搬しつづけたのはスカンディナヴィア人でしかありえないが、かれらはその銀をどうやって獲得したのだろうか。二つめは、なぜヴァイキング時代に、八世紀後半という時期に突如としてそのような銀を獲得するための活動にのりだしたのかという問題である。また、なぜかれらは銀の獲得にむかう必要があったのだろうか。さらに三点目の問題は、そうして獲得された銀が、なぜ大量に地中にのこされたのかということである。銀を利用した社会はスカンディナヴィアだけではないが、蓄積した外来の銀を土中にのこしているヴァイキング時代のような例は、すくなくともヨーロッパでは一般的ではない。

スカンディナヴィアへとはこばれた大量の銀、とくにイスラム貨幣は、もともとどのようにして獲得されたのかという問題については、文字史料が過少なこともあり、おおきくわけて二つの学説間でやや平行気味の論争がおこなわれてきた。一つの見方は、バルト海東岸・ロシアなど、イスラム世界からの貨幣が獲得可能な地域に対してヴァイキングによる略奪がおこなわれるか、あるいは軍事的強制を背景とした貢納賦課など商業以外の要素によって、銀がヴァイキングの手にわたり、それがスカンディナヴィアへはこばれたとかんがえる立場である。もう一つは、スカンディナヴィア人がバルト海以東において交易活動を展開し、つまり商品の交換によって銀を獲得したとかんがえる見方である。一〇世紀末以降にスカンディナヴィアへと流入した西欧の貨幣については、デーンゲルト（アングロサクソンの諸王がヴァイキングとの戦いをさけるために支払った）、あるいは都市の解放金など、その由来が比較的明確であるため、そのような論争上の対立はみられない（この問題については、以下でふたたび言及する）。

いずれにせよ、銀がバルト海を北へとわたることになった背景には、バルト海沿岸地域におけるスカンディナヴィア人もふくむひとびとの「交流」があった。しかし、バルト海を媒介としてひとと物が頻繁に移動するようになったのは、ヴァイキング時代にはいってからというわけではない。たとえば、つぎにみる現ラトヴィアのグロビニャとよばれている遺跡群では、スカンディナヴィア人の遺物や墓が発見されているが、その年代はヴァイキング時代の直前、六〇〇年から八〇〇年ごろにかけてである。まず、スウェーデン考古学ではヴェンデル時代と区分されているこの時期の状況について、グロビニャを例に概観し、つぎに大量のイスラム銀貨の流入を可能としたヴァイキング時代の「移動」についてみていくことにしよう。

5 ヴァイキング時代前夜の「移動」

グロビニャ遺跡群

グロビニャに散在する遺跡群は一九二九〜三〇年代はじめというはやい時期に、スウェーデンの考古学者ビルイェル・ネルマンによって発掘されている。[3] ネルマンはここで大規模な墓域を三カ所、部分的に発掘している。これらの墓域でみられた埋葬様式は火葬した灰を穴にうめるというものであった。一カ所は男性墓が多数をしめ、出土した遺物の大部分がスカンディナヴィアの様式をもっている。なかには、現在のスウェーデン中部地方（スヴェーア）のものと同定できるものもあった。べつの一カ所からもおおくのスカンディナヴィアの遺物がみつかったが、ほとんどはゴットランド島の様式をもつものであった。ネルマンは前者を、この地域を政治的・軍事的に支配したスヴェーア人の駐屯部

図 7●バルト海沿岸地域の都市的集落。

隊の墓域とかんがえ、後者をゴットランド商人の定住地に付属するものとした。前者の墓域には少数の女性墓がみとめられたが、ゴットランド特有の様式をもつ遺物がおおく副葬されていたため、スヴェーアの戦士がゴットランド人女性をめとったと解釈された。

三つの墓域はすべて七世紀の同時期に開始し、ヴァイキング時代への移行期にかけて使用された。「ゴットランド様式」の墓域からはヴァイキング時代はじめの墓も出土している。墓域のあいだをながれる川沿いに位置する砦の試掘では、それが墓域と時代をおなじくするだけではなく、墓域よりもおそい時期まで使用されつづけたことがしめされ、また墓域に接する農地からみつかった土器片は、そこに墓域と同時代の集落があったことを示唆している。これらの情報にもとづいてみちびきだされたネルマンの結論にしたがえば、「スウェーデンのコロニー」としてグロビニャは位置づけられることになる。のちに紹介する『聖アンスガール伝』や「王のサガ」、「アイスランド人のサガ」などの叙述史料には、ヴァイキング時代にスカンディナヴィア人がおこなった略奪、軍事遠征の対象地域として、グロビニャ周辺地域（クールランド）がたびたび登場する。そうした叙述史料の記述は、ヴァイキング時代直前の時期に関するネルマン説とあいまって、軍事的要素を前面にだした征服者としてのスカンディナヴィア人という、バルト海東岸以東におけるヴァイキング活動のイメージを規定する役割をはたしてきた。

しかし、第二次世界大戦後に再調査がおこなわれ、もっとも最近では一九八〇年代にV・ペトレンコらによってさらに発掘がすすめられたことによって、ネルマン説は批判的に再検討されることになった。(4) ネルマンが調査したのは、戦士の墓が多数をしめた墓域で二七基、もう一カ所で六基のみであった。前者ではさらに四五基が調査された結果、男性が多数をしめるとはいえないことがあきらかになった。同時にみつかった遺物も、ゴットランドの様式のもの、スカンディナヴィア共通の様式のもの、さらにはバルト系のものがひろく混在しており、これを異なる集団の出身者による結婚によって生じた現象としてのみ説明するのはいかにも無理がある。戦後の発掘でとくに注目されたのは、戦士の墓がおおくみられる墓域でみつかった、ゴットランド島に特有の絵画石碑である（図9）。これはバルト海の東で、ヴェンデル期に属するものとしては唯一の例であり、同地とバルト海東岸とのはやくからの関係を象徴している。

ネルマンの調査によって、ゴットランド商人によって形成されたと考えられた墓域で、実際に調査されたのは約一〇〇基であったが、ネルマンは、そこにもともと最少でも一〇〇〇基の墓があったとみつもっている。一九三〇年代に、約四三〇基の墳丘墓が確認可能であった「スヴェーア戦士の墓域」には、ペトレンコによると、もともと最低二〇〇〇基の墳丘墓があったとされる。しかし、両者ともに、いまとなっては検証不能であり、当初いくつの墓があったのか正確にはわからない。墓の数に関するこうした推定は根拠が確実なわけでもなく、わりびいて評価しなければならないが、グロビニャに、スカンディナヴィアでは一般的ではない種類の大墓域があったことはまちがいないとおもわ

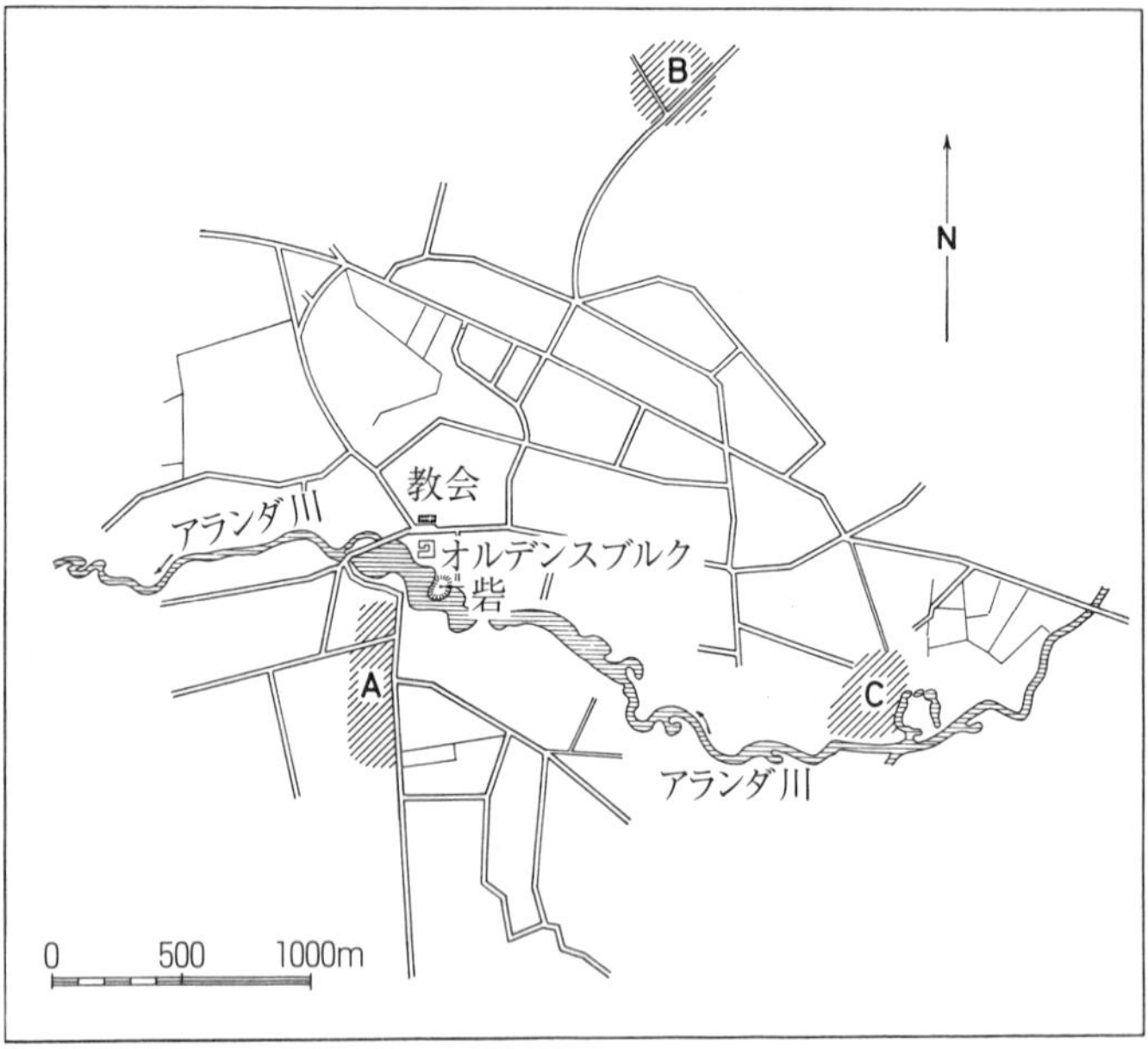

図8●グロビニャの墓域。A：ゴットランド系の平面墓域、B，C：スウェーデン中部地方由来の墳丘墓域。
（H. Jankuhn, *op. cit.* S. 89.）

図9●グロビニャで発見されたゴットランドの絵画石碑。(V. Petrenko, J. Urtans, *The Archaeological Monuments of Grobiņa*, Stockholm, 1995, p. 11.)

れる。鉄器時代、現バルト三国にあたる地域では、スカンディナヴィアと異なって、大規模な墓域はそれほどめずらしくはないとされるが、それを勘案してもグロビニャの墓域は巨大である。ネルマンなどの研究者はグロビニャの大墓域をスカンディナヴィアのものと比較し、その墓域を人口の密集した交易地に付属するものと解釈した。ただし、墓域相互ははなれており、それぞれ別々の定住地の住民に由来するものと考えられている。

グロビニャに関して重要なのは、ネルマンが調査したのとはべつに、さらに四カ所の墓域が戦後発見されたことである。そのうち、くわしく報告されているのは一カ所のみである。それは典型的なクール人による平地墓域で、三二基が調査された。後世に破壊をうけた墓からは、大量の遺物がばらばらに発見されている。これらは土葬墓であり、遺物も純粋なバルト人のものであった。調査された墓のほとんどは五、六世紀に属するが、墓域自体はすくなくとも九世紀までつづいた。この墓域発掘の成果がしめすのは、この地域にはスカンディナヴィア人のほかにクール人も混住しており、そこでは原住者であるクール人が多数をしめていたことである。また、クール人は独自の集団を形成し、墓域を独立して維持しつづけたが、スカンディナヴィア人やいくつかのバルト系の集団は定住地と墓域を共有していたことがうかがわれる。したがって、この地域が恒常的に植民地としてスヴェーア人の軍事的支配下におかれていたというネルマンの想定を支持するのは困難である。こういったスカンディナヴィア人のありかたは、あとでみるロシアにおける状況とも符合している。

6 「移動」の痕跡

グロビニャ以外にも、スカンディナヴィア人がオーランド諸島、フィンランド、現バルト三国からロシア内陸のペルミ地方までひろがる地域と接触をもっていたことは、遺物から確認されている。しかし、八世紀後半、ヴァイキング時代にはいると、それまでとはまったくくらべものにならない規模でスカンディナヴィア人がこの地域にのこした痕跡があらわれるようになる。遺物にみえるヴァイキングの活動範囲は、徐々に東へひろがっていき、すでに八世紀中、スカンディナヴィア人はヴォルホフ川流域、イリメニ湖、とくにスターラヤ・ラドガに頻繁に姿をあらわしていた。九世紀にはいると、北西から徐々に南東へ、黒海、カスピ海までつづく河川網にそって移動していったことが遺構・遺物にみてとれる。ヴェンデル時代以前からの関係を基礎として、イスラム世界からの銀をスカンディナヴィアへと流入させた回路が形成されたのである（87頁図30）。

スターラヤ・ラドガ遺跡

八世紀半ばから、ラドガ湖にそそぐヴォルホフ川で最初に急流がつづくすこし手前の地点に、遠隔地からの到来者があつまるようになった。(5) 今日、後世に建設された町ノーヴァヤ・ラドガ（新ラド

図10●ロシア水系。1994年夏、再建された全長9メートルのヴァイキング船「アイフル」で当時の航海技術による実験航海がおこなわれた。そのときには、シクトゥーナ（スウェーデン中部）からノヴゴロド（ロシア北部）まで41昼夜を要した。

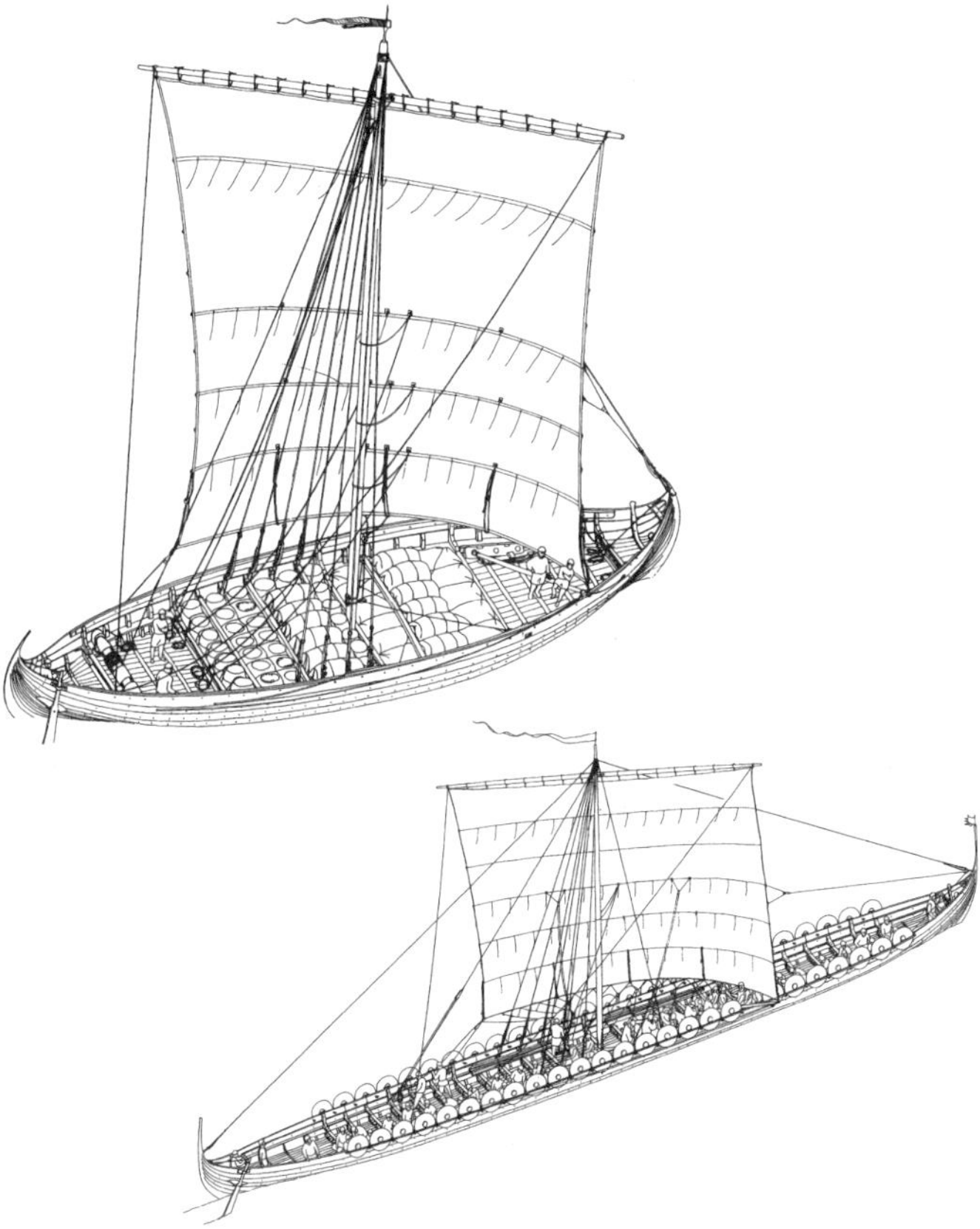

図11●ヴァイキング船。幅のひろいクノル船（上）は運搬や植民にもちいれられ、迅速な移動が必要な戦闘にはロングシップ（下）がつかわれた。拠点的な農場のちかくには、冬のあいだ、船を格納するための船小屋があった。たとえば、ノルウェーのハーマルで発見された船小屋跡は約 24 × 5 メートルのおおきさがあり、ノルウェー・ヴェストフォル地方の墳丘墓（10 世紀）から発掘されたゴクスタ船（23 × 5. 2 メートル）とほぼおなじである。ゴクスタ船の場合、オールは両側にそれぞれ 16 あり、最大 32 人の漕ぎ手を要した。（Jón Viðar Sigurðsson, *Norsk historie 800-1300*, Oslo, 1999, s. 57.）

ガ）に対応させてスターラヤ・ラドガ（古ラドガ）とよばれている場所は、その建設の当初から南・南東へと旅をつづけるための拠点としてつかわれていた（図10）。スターラヤ・ラドガの遺跡群では定住域が発掘されており、この地でいとなまれていたこまかい生活の状況や、スカンディナヴィア人が現地のフィン系住民と混在してくらしていたことがわかっている。ヴァイキング時代初期、スラヴ人はまだこの地域にはあらわれていない。

ここでは相当に大規模な発掘がおこなわれているが、それでも定住域の約五パーセントが調査されたのみであり、遺跡全体の構造はまだ不明確である（図12）。遺跡自体の規模はちいさく、定住地がひらかれた当初の面積は〇・二五〜〇・五ヘクタールにとどまる。スターラヤ・ラドガにおけるスカンディナヴィア人の痕跡となっているのは、ある様式の建造物、手工業製品、イスラム貨もふくむ種々の遺物である。ヴァイキング時代に属するスカンディナヴィア人の墓は、スターラヤ・ラドガそのものでは発見されていない。八世紀後半にどの程度の規模でスカンディナヴィア人が存在したのかは不明であるが、かれらは中央に炉床をもち、二部屋にくぎられたおおきな家屋にくらしていた。これらの大型木造建築物は複数あり、スカンディナヴィア様式を現地の様式に適応させることによってつくられたとおもわれる。この形式は一〇世紀末までつづく。ほぼ同時期に、それらの家屋にならんで、炉床を隅にもつ正方形の小家屋（四×四メートル）があらわれる（図13）。これは北方森林地帯にみられるフィン人に特徴的な建築様式である。また、スターラヤ・ラドガの最下層（年輪年代による

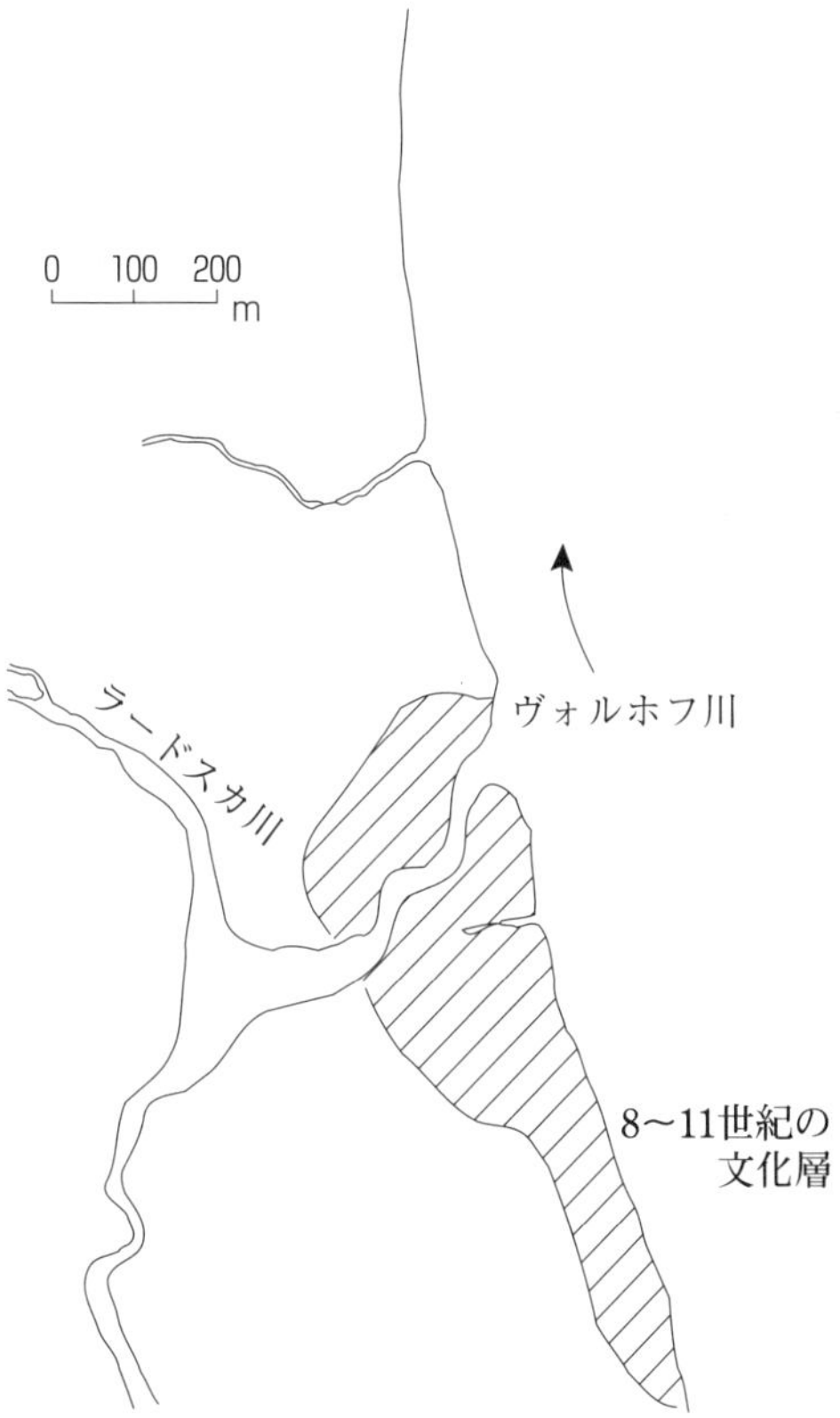

図12●スターラヤ・ラドガ。

と七五〇〜八四〇年ころ）からは、ヴェンデル時代型の卵形ブローチが出土しており、スターラヤ・ラドガの形成にはその最初期からスカンディナヴィア人が関与していたことをしめしている（卵形ブローチについては91頁参照）。

川の土手ぞいには、簡素な小屋がたてられた区画があり、ここをおとずれた職人や商人が利用したとおもわれる。スターラヤ・ラドガの周辺からは、ソプカとよばれる大型の墳丘をのぞいて、初期の墓はみつかっていない。そのため、さまざまなエスニック集団がここの共同体においてどのような役割をになっていたのかがわかりづらくなっているが、スターラヤ・ラドガとその周辺地域は、ともに現地のフィン人が南方から移動してきて、交易網の刺激をうけた結果、発展したと考えられる。

スターラヤ・ラドガは九世紀にはいると拡大をはじめ、ラードスカ川左岸にも定住地がひろげられたが、その住人が主たる活動としたのは、交易と手工業であった。スターラヤ・ラドガとその周辺地域からは、八世紀後半から九世紀のイスラム貨が比較的まとまって出土しており、円柱形の鉛製分銅もみられる。また、ガラスのビーズも、北ヨーロッパ起源のビーズとハザールを経由してきた東方のビーズ、現地での生産をしめす原材料がまざって大量にみつかっており、スターラヤ・ラドガの流通上の重要性をよくあらわしている（図16、17）。これらは、商品の一部であったとおもわれる。ゼムリャノエ・ゴロジシチェ（周囲に土堤をもつ都市域跡）の発掘域二〇〇〇平方メートル強からは約一万二〇〇〇個の出土がえられており、これほど大量のビーズが一遺跡から発見される例は、ロシアでは

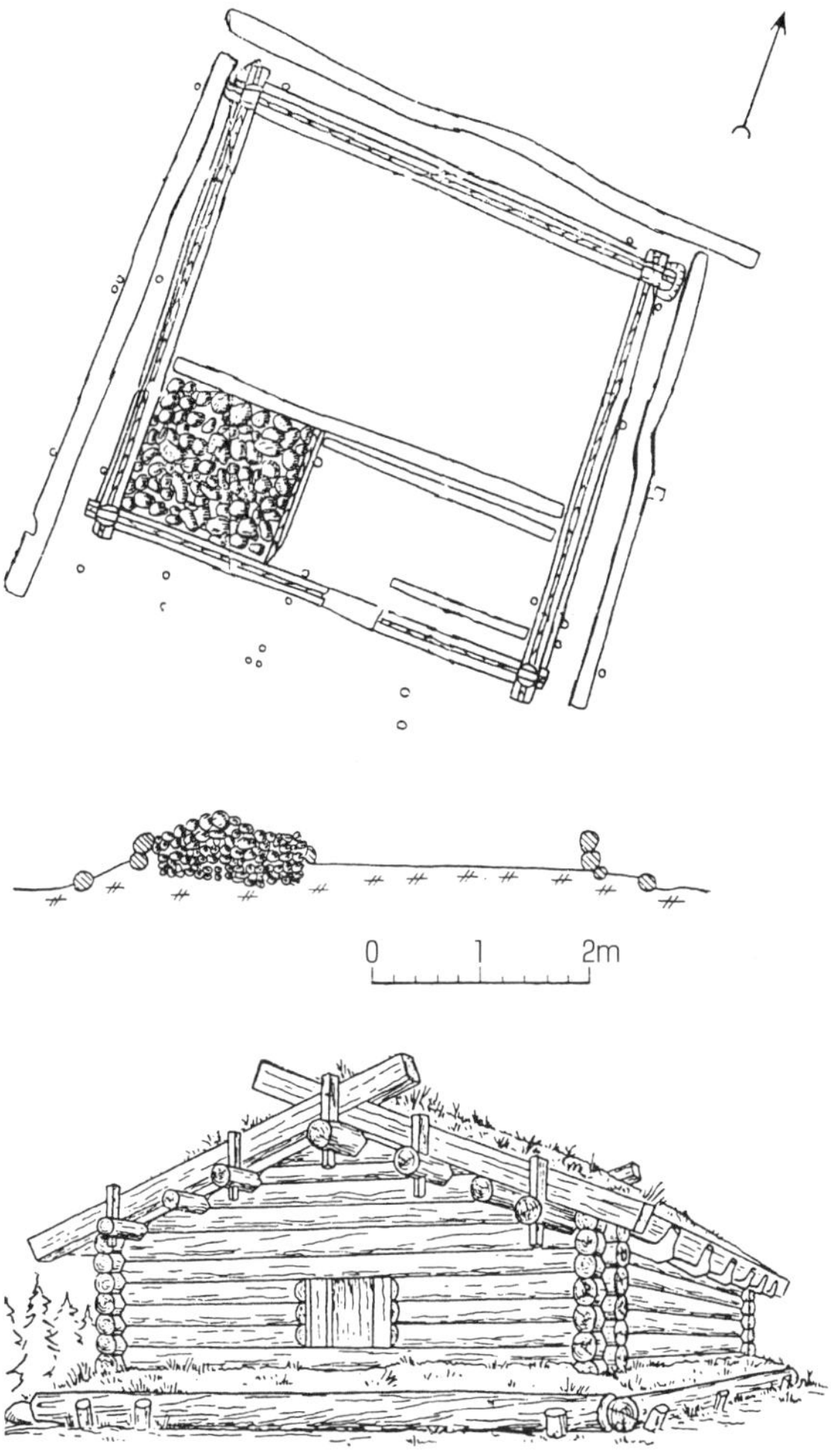

図13●スターラヤ・ラドガで発掘された家屋（750-830年ころ）。南西の隅に炉がある。（Anatoly Kirpichnikov et al., *Vikingernes Rusland - Staraja Ladoga og Novgorod,* Roskilde, 1993, s. 18.）

図14●スターラヤ・ラドガ近くの墳丘墓。左手をながれるのはヴォルホフ川。
(Anatoly N. Kirpichnikov et al., *Staraya Ladoga*, Sankt-Peterburg, 2002, p. 8.)

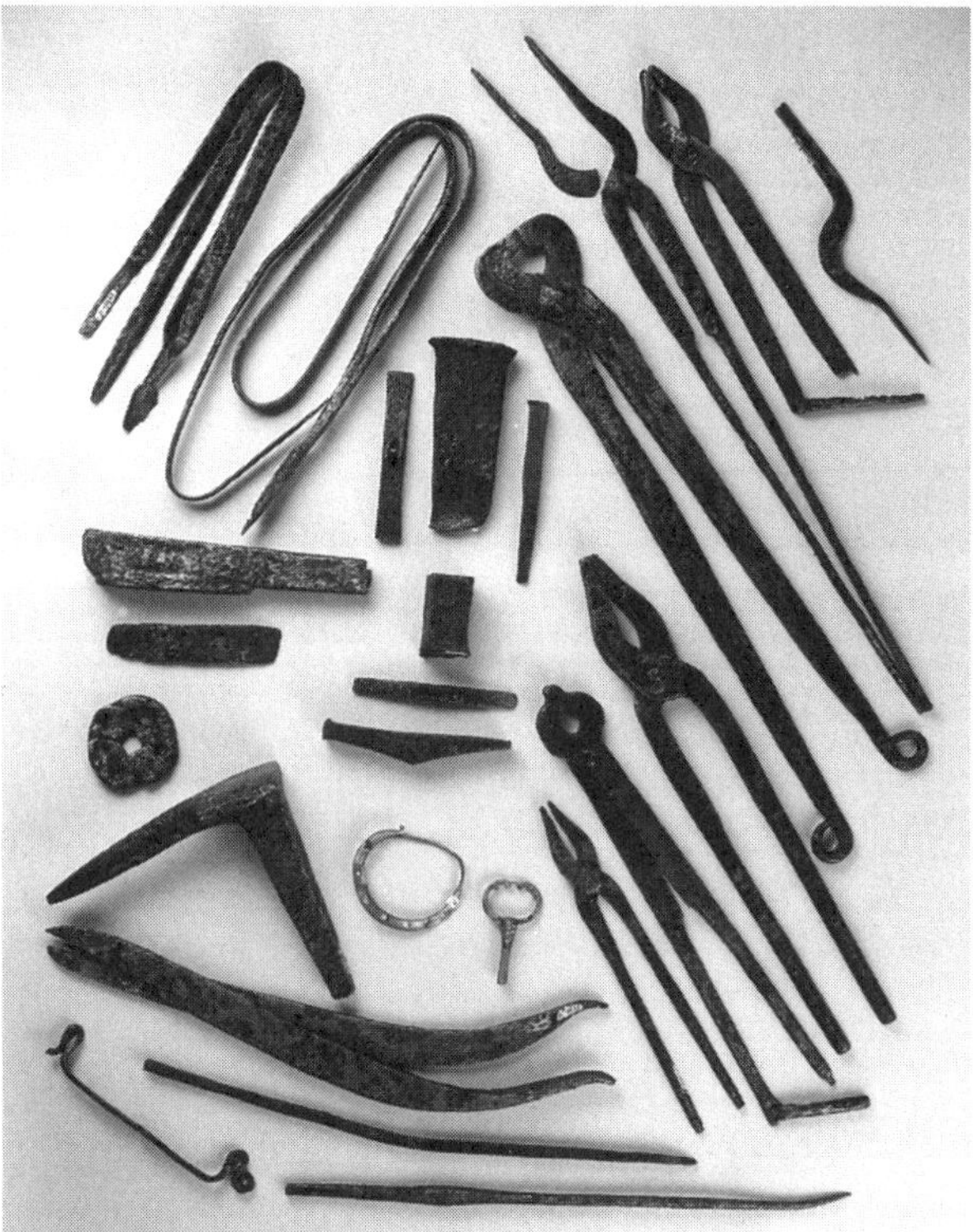

図15●スターラヤ・ラドガの出土品。鍛冶道具がまとまってみつかった。
(Else Roesdahl, D. M. Wilson (eds.), *From Viking to Crusader. The Scandinavians and Europe 800-1200,* New York, 1992, p. 197.)

ほかにない。八、九世紀の層から出土する複雑な加工をへたビーズは、以下でとりあげるドニエプル川、オカ川、ヴォルガ川流域からは知られておらず、外来のスカンディナヴィア人の到来に由来するとおもわれる。

最近の発掘によって、最初のイスラム貨は七七〇年ころに到達したことがわかっている。貨幣に関しては、サンクト・ペテルブルグからそれほどとおくはないペテルゴフで発見された埋蔵宝が興味ぶかい資料となっている(5頁図1)。この埋蔵宝は造幣年によると八〇四年ころのものであるが、たくさんの貨幣にみられる「らくがき」をその特徴としている。四、五種類にものぼるアルファベットによる多様な「らくがき」は、非常にはやい時期からルーン、ギリシア、アラブ、トルコ文字の使用者が、イスラム世界に接続したユーラシアの交易網に参加していたことをうかがわせる。

スターラヤ・ラドガは定住開始の当初から、ヴォルホフ川の急流をくだったあたりの地域で経済的・政治的・社会的中心となっていた。その経済的な重要性は考古資料によって確認される。しかし、地域での政治的な中心地であったかどうかは、九世紀後半以前についてはあきらかではない。

スターラヤ・ラドガの経済的・政治的重要性は九世紀を通じて確実にましたとみられる。定住域はヴォルホフの支流ラードスカ川河口の北岸にそってかなり拡大し、全体の面積は八世紀末の約五ヘクタールから一〇世紀はじめには一〇〜一二ヘクタールまでになった。建造物の密度も継続的に増加した。八六〇年代、定住地全体は一度やけおちており、その後の数十年間はあまり定住がみられなかっ

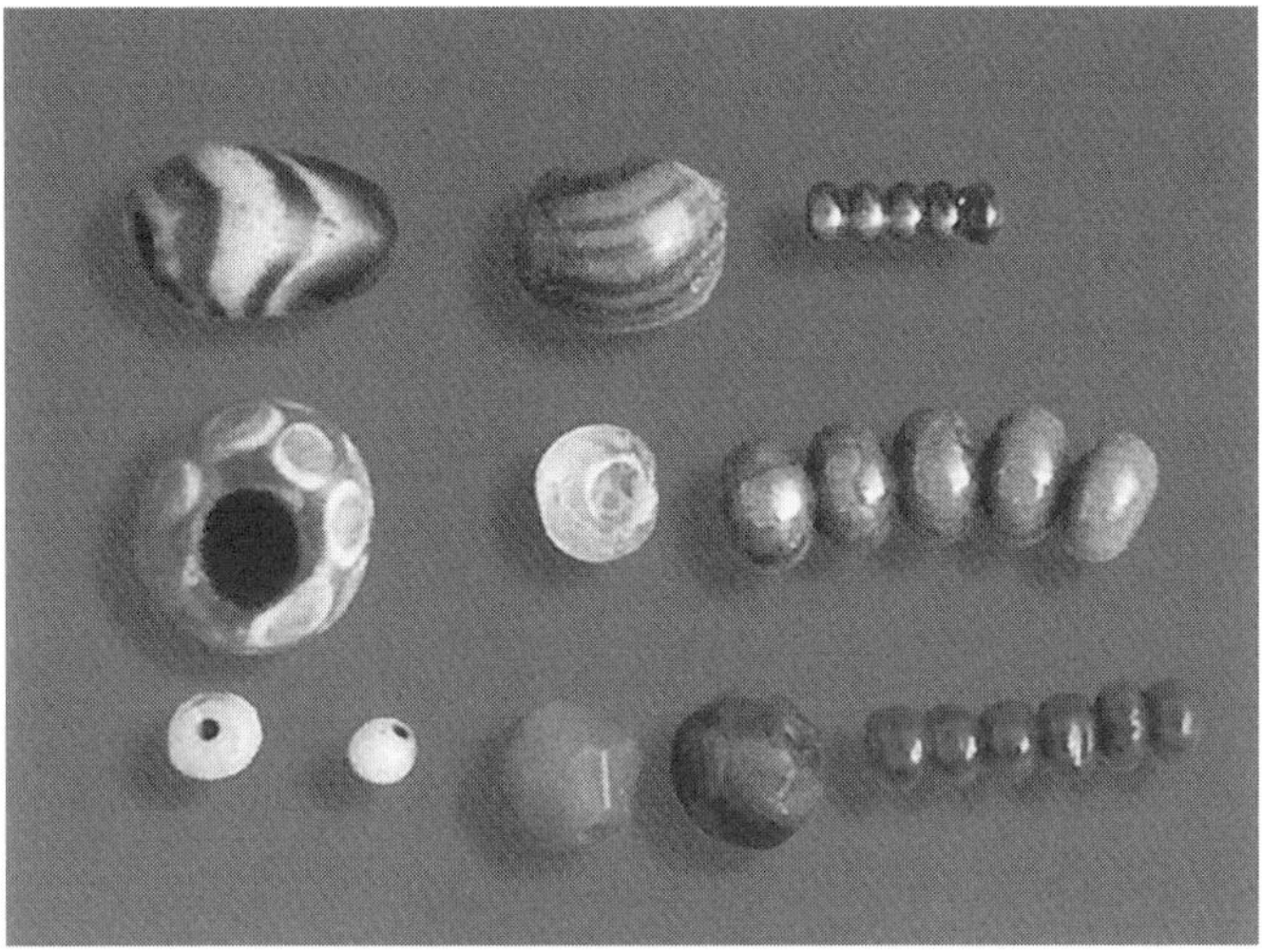

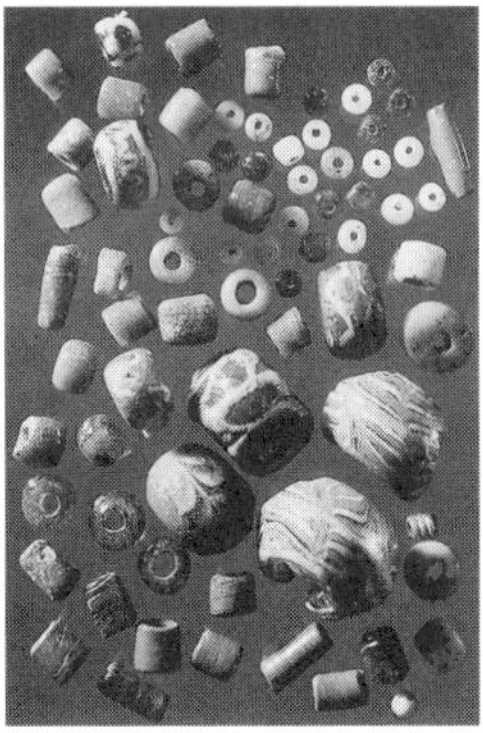

図16●（上）スターラヤ・ラドガ出土のビーズとガラス。10世紀。（Anatoly N. Kirpichnikov et al., *op. cit.*, 2002, p. 11.）

図17●（下）710年ごろにはじまる、リーベ（デンマーク）の集落跡から出土したさまざまなビーズ。（Stig Jensen, *The Vikings of Ribe*, Ribe, 1991, p. 39.）

た時期である。しかし、その重要性は回復されたとみえ、ラードスカ川河口南岸には防備壁をともなう区域がもうけられた。スターラヤ・ラドガを重要な交易定住地として分類しうるような特徴は上述のようにおおくあるが、それに政治的・軍事的機能がつけくわわったことのあらわれとおもわれる。

リュリコヴォ・ゴロジシチェ遺跡

九世紀後半になると、東ヨーロッパの森林地帯におけるスカンディナヴィア人の様子に急激な変化があったことがうかがわれる。活動の地理的範囲は一気に拡大し、その性質は多様化する。スターラヤ・ラドガに代表される初期の段階と異なって、内陸の森林地帯にもスカンディナヴィア人の定住がみられるようになったのである。東スラヴ人の定住地との接触がはじめておこったのはこの時期である。こうした変化は、東ヨーロッパで九世紀後半の埋蔵宝の数が非常におおいことと対応しており、銀の移動をともなう活動が八七五年ころまで拡大しつづけたことの反映であるとおもわれる。しかし、その後の数十年間、埋蔵宝はほとんどなくなってしまう。これは交易などの減少を反映するのか、それとも別の原因によるのかはわからない。イスラム貨は、ロシアにはほとんど流入しなくなり、「銀の危機」とよばれる状態がはじめておこる。八九〇年代になると、状況がふたたび変化し、九〇〇年ころになると、バルト海・ロシアの「経済」は中央アジアに成立したサーマーン朝（八七五～九九九年）の銀が流入し始めたことによってふたたび活発になった。

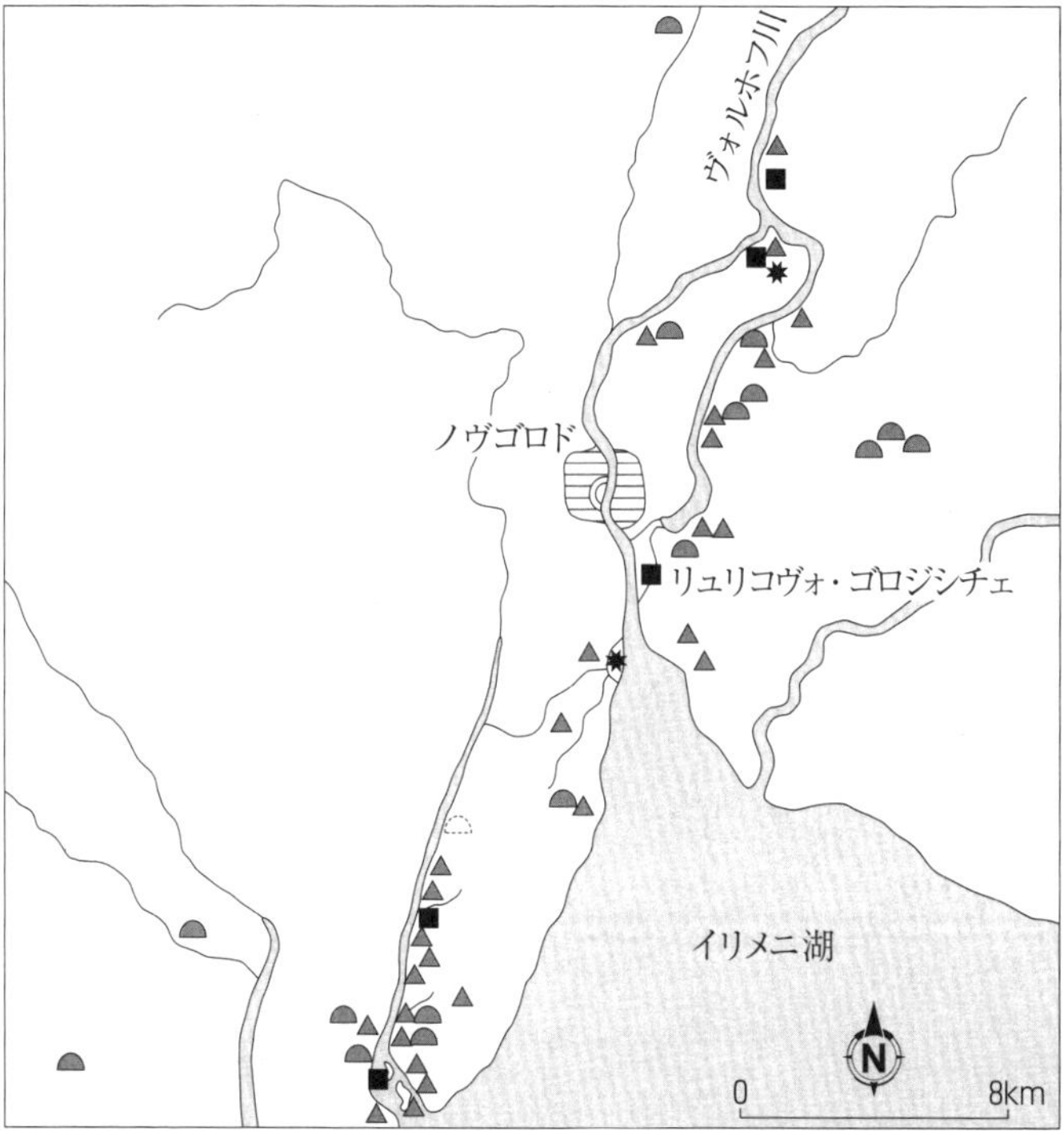

図18●イリメニ湖北岸。■防備集落　▲防備をともなわない集落　◓ソプカ（墳丘墓）　✸聖域。
(Evgenij Nosov, "Rjurikovo Gorodišče et Novgorod", M. Kazanski et al (réds.), *Les centre proto-urbains russe entre Scandinavie, Byzance et Orient*, Paris, 2000, p. 146.)

こうした変化がみられた九世紀後半は、ラドガ湖南東部へそそぐ河川ぞいにはじめて定住の痕跡があらわれる時期でもある。なかでも重要なのが、ヴォルホフ川の南端に、最初からあきらかにスターラヤ・ラドガに対応する中心拠点として、九世紀半ばころ出現したリュリコヴォ・ゴロジシチェである（図19）。ここは、ヴォルホフ川東岸土手にある丘に位置しており、季節によっては水位の上昇によって島（北欧語でholmr）となる場所である。[6] 一〇世紀半ばころ、リュリコヴォ・ゴロジシチェの北約二キロメートル、ヴォルホフ川西岸に、のちに都市ノヴゴロドの核となる集落が建設される。ここでは、一〇世紀よりさかのぼる定住地の痕跡がまったく発見されていない。のちに紹介する『すぎし年月の物語』というロシア最古の史料は、ロシアで「王朝」をひらいたとされるリューリクについて述べた八六二年の項で、かれが「海の向こう」からノヴゴロドに到来したとかたっている（88頁参照）。しかし、九世紀にノヴゴロドが存在しなかった以上、この記述は時代錯誤であり、この事件が事実であるとすれば、リューリクがやってきたのはゴロジシチェであろう。またノヴゴロドは、スカンディナヴィア人によってホールムガルズル（Hólmgarðr 島の町）とよばれたが、これはもともと、九世紀にスカンディナヴィア人が建設し、近代になってリュリコヴォ・ゴロジシチェと名づけられた場所の地名からの転用とおもわれる。

ゴロジシチェが位置するイリメニ湖北側の地域はおおきく東西にわけることができる。西側にはおおくの定住地が存在し、それらは一部が八世紀にまでさかのぼる、ソプカ文化（ある種の墳丘墓を特

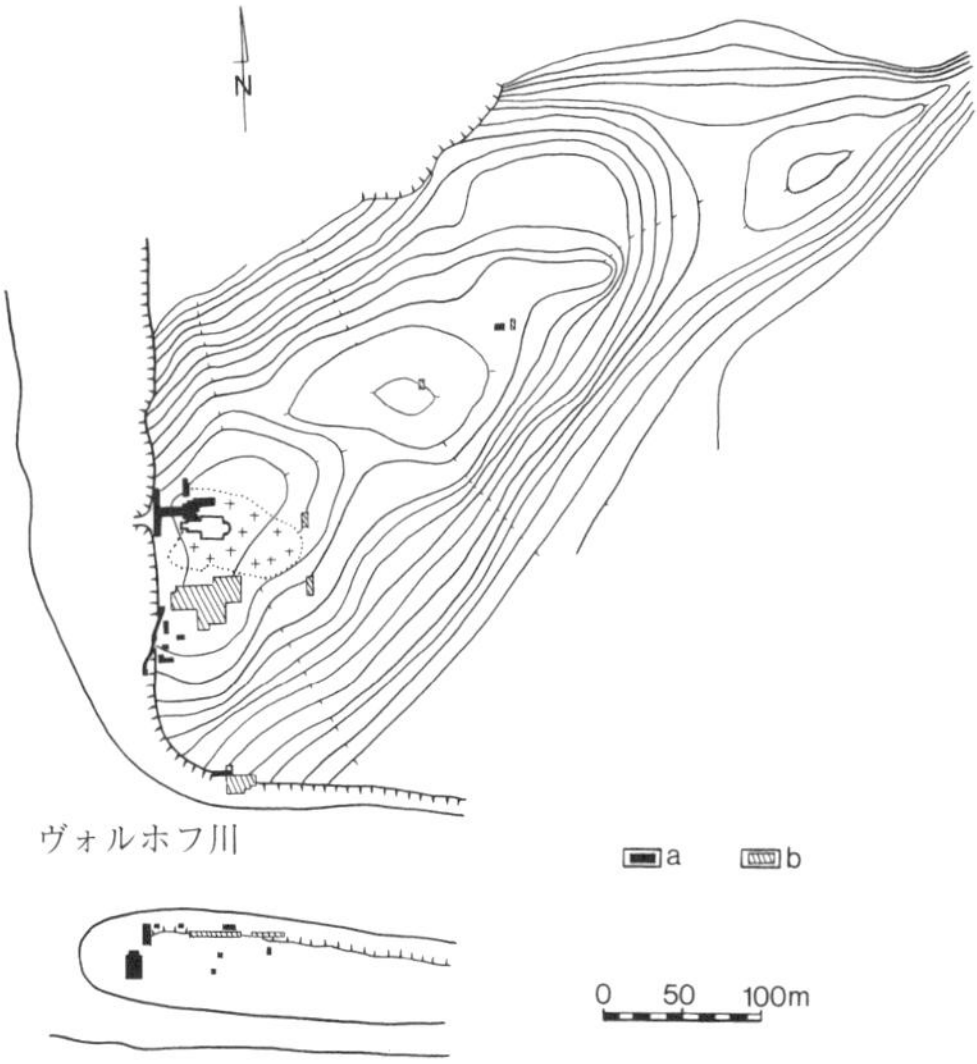

図19●リュリコヴォ・ゴロジシチェ。a：1901-70 年、b：1975-85 年の発掘域。(Anatoly Kirpichnikov et al., *op. cit.*, 1993, s. 32f.)

徴とする）の農業集落である。これらの定住地では、スカンディナヴィア系の遺物はほとんどみつかっていない。そうした地域のなかで、特異な位置にあるのが、ヴォルホフ川の三角州の東側地域、つまりゴロジシチェとよばれている場所である（一九世紀にリューリクの名と関連づけられ、リュリコヴォ・ゴロジシチェとよばれるようになった）。

ここはスターラヤ・ラドガと異なって、建設の当初から部分的に軍事上の防備をほどこされ、その区域は一〜一・二ヘクタールあった。それをとりかこむようにひろがる定住地は五〜六ヘクタールある。イリメニ湖北の地域は、ソプカ文化に属するフィン・ウゴル人がひろく定住していたが、ソプカをともなう現地農業集落は、通常一〜二ヘクタールの面積しかないことをかんがえると、この定住地は相当大規模である。九世紀になるとさまざまなスラヴ系集団がこの地域に流入しはじめ、一〇、一一世紀には地域住民の一部として完全に定着する。

ゴロジシチェの遺跡群が位置する場所は第二次世界大戦中に利用され、また爆撃されたことよって破壊がいちじるしいが、遺物と構造物の両方において、スターラヤ・ラドガに酷似していることが確認されている。定住人口の相当部分はオリエントから北欧へいたる交易路とかかわりをもっていたようである。同時代の墓は調査されるにいたっていないが、近接する後世のノヴゴロドが建設されたことによって、初期の墓域は破壊されたとおもわれる。

遺物から判断するかぎり、ここは一〇世紀を通じて、スカンディナヴィア人の有力者集団が定住していた場所である。一一世紀はじめになると、ゴロジシチェは中心地としての機能をうしなう。この時期、活動の痕跡がみられなくなるのである。ヤロスラフ賢公（九七八年ころ〜一〇五四年）が居をかまえたノヴゴロドに権力の中心地がうつったことと関係するのであろう。

ゴロジシチェは、ヴォルホフ川を介した南北の水路がまじわる、きわめて戦略的な場所に位置している。東岸の約一〇ヘクタールある岬のうえ、丘陵上にあるが、川へむかう坂は急勾配が造成され、北側と東側は四・五メートルある溝と、おそらくそこからほりだした土がもられた土手でくぎられている。二〇〇〇年におこなわれた発掘では、木造の防備壁が発見された。約四ヘクタールをしめる、丘陵上の防備施設をともなう区域は社会的な支配階層（ルーシ）の居住地であったとおもわれる。それ以外の部分は、手工業者、造船職人の居住地、家畜用の囲い地からなっていた。遺物の量と質からは、スカンディナヴィア文化のつよい影響下にあったルーシ社会像がうかびあがる。それは戦士や交易者といった特定の集団だけによって構成されていたのではない社会であった。ここでえられた遺物のおおくは、スウェーデン最大の都市的集落ビルカ（第3章参照）の出土品中に類似物をみつけることができる。これらの多種にわたる遺物群はゴロジシチェ住人の出自を直接にしめしており、ここはスヴェーア人の拠点集落であったと考えられる。

丘陵部分からの遺物には、ここにくらしたひとびとの物質的ゆたかさ、社会的地位のたかさがあきらかである。たとえば、目をひく出土物に、八六〇年代以降のイスラム貨をふくむ埋蔵宝二つや、ビ

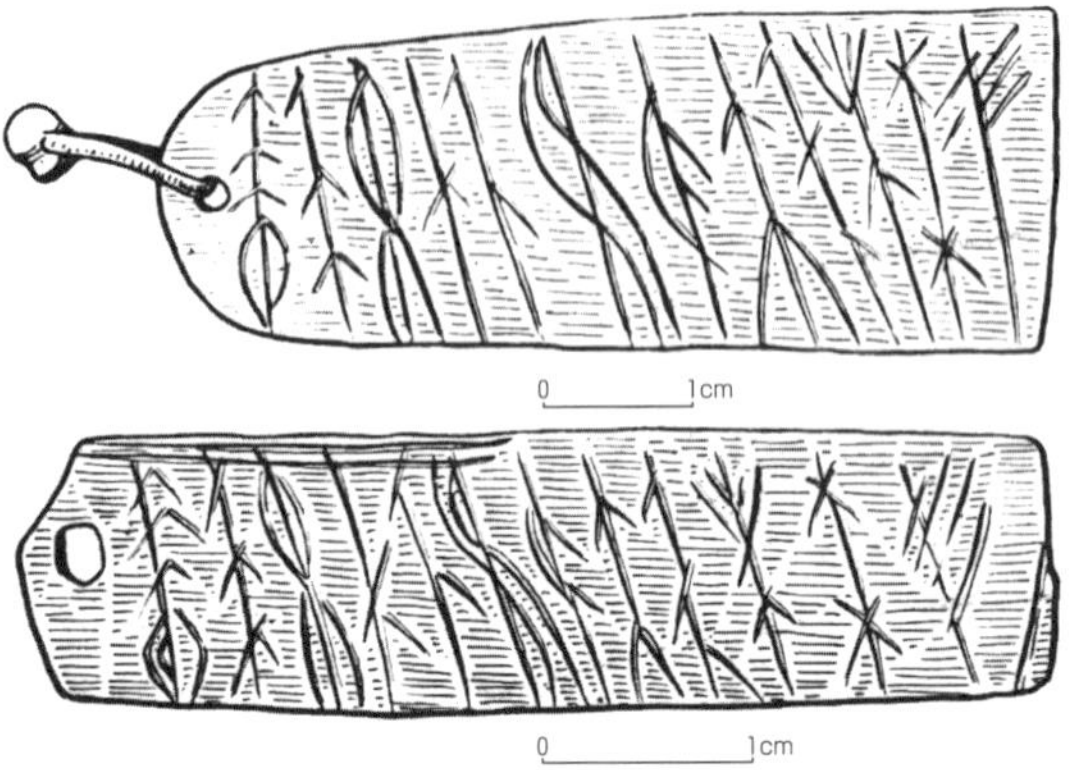

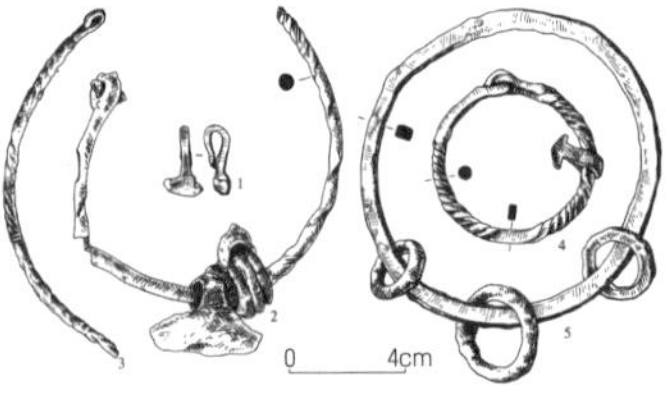

図20●（上）リュリコヴォ・ゴロジシチェ出土の青銅製ペンダント（護符）。ルーン文字で、ソール神への祈願がきざまれている。ソールは雷鳴と稲妻、風雨、晴天、豊穣を支配する神とされ、ひろく農民に信仰された。ソールの名は「雷鳴」に由来するが、そのなごりは現代ゲルマン諸語の「木曜日」にみられる（スカンディナヴィアでは torsdag、ドイツでは Donnerstag、イギリスでは Thursday）。ルーン文字はヴァイキング時代のスカンディナヴィアでひろくつかわれたが、その使用はみじかい碑文などにかぎられ、本格的な文字による記録がおこなわれることはなかった。(Evgenij Nosov, *op. cit.*, p. 163)

図21●（左下）ゴロジシチェ出土の「ソールの槌」(9-10 世紀)。(Evgenij Nosov, *op. cit.*, p. 164)

図22●（右下）銀でつくられた「ソールの槌」。1000 年ごろ。スウェーデン・スコーネ地方。(Else Roesdahl et al. (eds.), *op. cit.*, p. 190.)

ザンツ皇帝テオフィロス（在位八二九〜八四二年）の銅貨、バシレイオス一世（在位八六七〜八八六年）のミリアレシア銀貨がある。装飾品、装身具は男性・女性用ともにみられ、スターラヤ・ラドガとおなじく、最初期の遺物のなかに女性用のブローチがふくまれている。ほかに、櫛、馬具、ゲーム用品、武器、さらにはルーン文字のほられた物品など、スカンディナヴィア人の居住地に典型的な遺物があり、これらの年代は九世紀後半から一〇世紀末までである。スターラヤ・ラドガの遺跡群同様、定住最初期の遺物はわずかであるが、九世紀末以降に増加し、一〇世紀中についてはおおくの出土がえられている。ゴロジシチェちかくのヴォルホフ川から採取された沈泥からは、スカンディナヴィアなどから一六例、スターラヤ・ラドガから一例の出土があるヴァルスタ型のブローチがみつかった。この初期型ブローチは西欧の様式から発達したもので、ビルカにおいて鋳型が発見されている。また、精巧な装飾のほどこされた馬勒も出土しているが、これはスカンディナヴィアにおける出土例と比較するなら、所有者の社会階層のたかさをしめしている（平均的な墓から馬や馬具が発見されることはまれである）。スカンディナヴィアでは、ノルウェーのボッレにある王墓や、ゴクスタの船葬墓、スウェーデン・ウップランド地方のビルカ、ヴァルスイェーデなどの副葬品に類似物がみられる。とりわけ、ビルカのむかいのアーデルスエー島にある「スコピントゥル」とよばれている大墳丘墓では、きわめて豪華な副葬品とともに類似の馬具が出土しており、アーデルスエーの「王」的な存在とゴロジシチェのあいだの関係が推測される（第5章参照）。

このように、九世紀後半から一〇世紀末までの約一五〇年間にわたって、リュリコヴォ・ゴロジシチェは、ヴォルホフ川上流地域におけるルーシの重要拠点であったことを遺物と遺構にうかがうことができる。ここは、この地域でスカンディナヴィアの物質文化をしめすさまざまな遺物が唯一集中している場所である。しかし、さらに視野をひろげると、ゴロジシチェの定住地は孤立して存在していたわけではなかった。

ロヴァチ川沿岸

イリメニ湖から交通路は東と南東へつづいていたが、リガ湾へとそそぐ西ドヴィナ川、ドニエプル川上流域にむかうロヴァチ川沿岸にもスカンディナヴィア人の痕跡がのこっている（図23）。たとえば、ロヴァチ川上流の町ヴェリーキエ・ルキ近郊にあるゴロドクは、地域の経済的、さらにはおそらく政治的中心地でもあった。ここでの最初期の遺物は九世紀後半に属し、スカンディナヴィアの留め金がみられる。また、現在のエストニア・ロシア間国境にちかいペイプス湖（チュド・プスコフ湖）南西、湖にながれこむヴェリーカヤ川河岸に位置するプスコフは、湖とナルヴァ川を経由してフィンランド湾へじかにぬけるルートの途上にあった（46頁図10）。この地域でもフィン・ウゴル人が住民の中心であったが、九世紀末にスカンディナヴィア人と西スラヴ人が流入してきたことによって状況が変化する。砦が建設され、定住地、墳丘墓域がつくられるようになったのである。スラヴ人の存在は、波状装飾が特徴的な高品位の土器や、砦の建設法にあきらかである。スカンディナヴィア人も同様に、定住地と墓に明確な痕跡をのこしている。たとえば、骨でつくった櫛、青銅製装飾品、ブローチ、お守り、秤と分銅、武具、ゲーム用品、縦型織機の重しなど、さまざまな遺物がみられる（223頁図67）。木製のおもちゃの剣もある。出土貨幣は九一四～三四年、九四〇～五五年のイスラム貨、九一四年と九四四年につくられたビザンツ金貨が知られている。墳丘墓群には土葬墓と火葬墓の両方があり、スカンディナヴィア由来の副葬品が出土している。女性を被葬者とする火葬墓の一つには、卵形ブローチ一組が、ある男性墓には矢じり、ナイフ、砥石、円形ブローチが副葬されていた。ある破壊された火葬墓からは、馬具の一部が二つ発見されたが、ともにボッレ様式（ヴァイキング時代初期）の装飾がほどこされていた。とくにこの遺物は、プスコフにも支配階層に属するスカンディナヴィア人がいたことの根拠となるものである。同様のことは、男性を被葬者とする二基の土葬木槨墓についてもいえる。一基からはビルカの遺物に知られる型の鉄製ブローチがえられている。支配階層に属するひとびとの存在は、銀・金の埋蔵宝にもうかがわれる。これらは定住地ではなく、プスコフ南東で孤立して発見されているが、そこには、スカンディナヴィアにおける埋蔵宝に一般的な首輪、ブローチなどがふくまれている。六〇〇〇個のイスラム・西欧の貨幣をふくむある埋蔵宝には、ノルウェー、デンマークで発達した型のブローチがみられた。

プスコフからさらに南下すると、西ドヴィナ川にいきあたる。その沿岸に位置するポロツクにも九

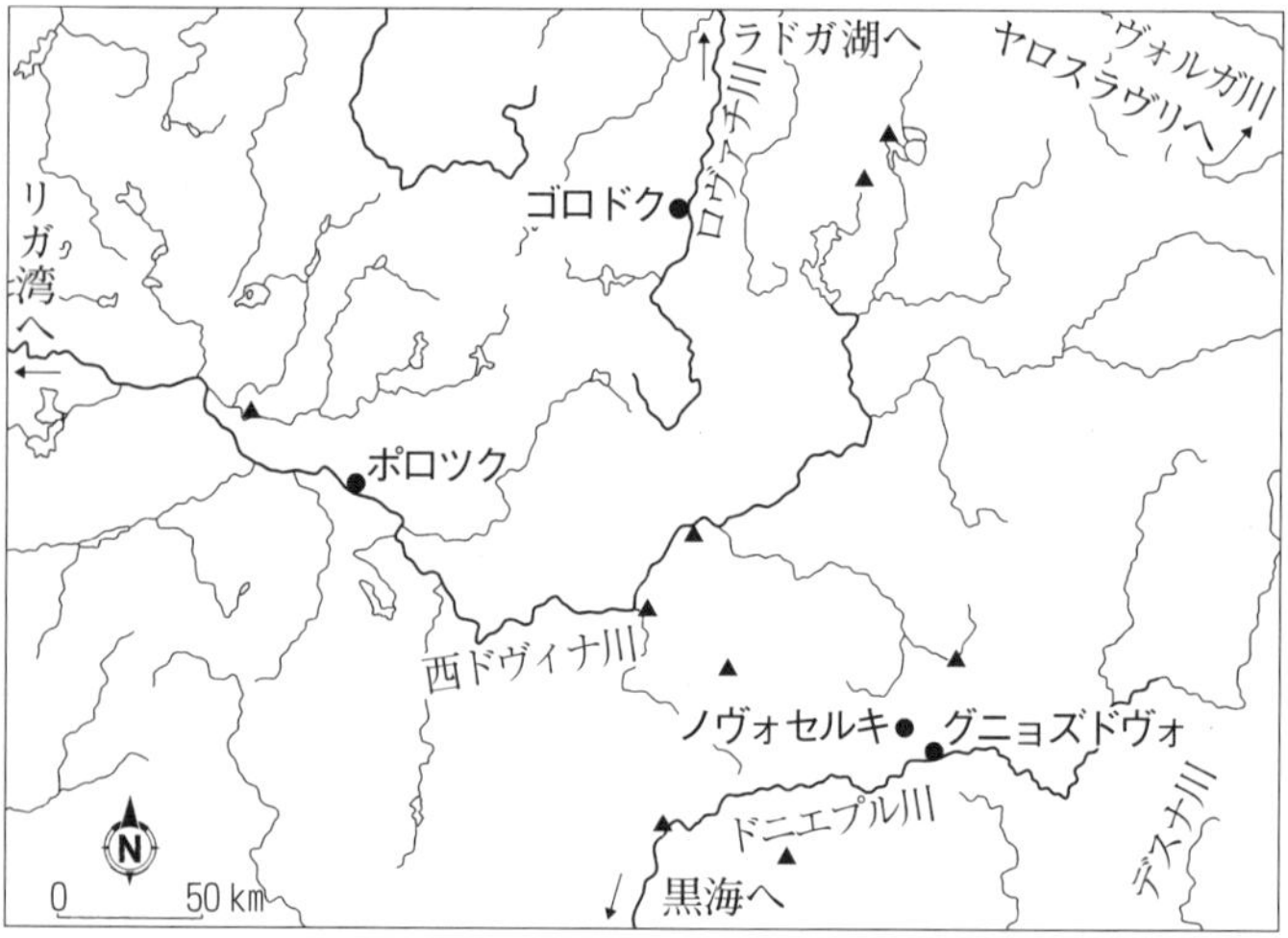

図23●ロヴァチ川・西ドヴィナ川上流域。▲イスラム貨の出土地点。(Johan Callmer, "From west to east. The penetration of Scandinavians into eastern Europe ca. 500-900", M. Kazanski et al (ed.), *op. cit.* p. 78.)

世紀に地域的な拠点の成立がみられる。約一ヘクタールの防備区域とその周辺の〇・五ヘクタールにわたって定住地が形成された。ここではイスラム貨からなるおおくの埋蔵宝が発見されているが、それらは九世紀後半に属し、西ドヴィナ川にそった経路がこの時期にもった重要性を示唆している。

巨大な定住地——グニョズドヴォ遺跡

西ドヴィナ川からさらに数十キロメートル南にはなれた地点をながれているのが、黒海へとそそぐドニエプル川である（図23）。ドニエプル川にそって、スカンディナヴィア人の痕跡をしめす地域的な拠点集落がいくつかあるが、そのうち、規模のおおきさがきわだつのが、スモレンスクの西一三キロメートルに位置する村グニョズドヴォの遺跡である(7)。ここでは、ヴァイキング時代の定住地とクルガン（墳丘墓）の墓域の両方において豊富で多様な遺物がみつかっており、同時期のほかの遺跡を圧倒している。

グニョズドヴォの遺跡群は、ドニエプル川の二本の支流である、スヴィネツ川とオルシャ川のあいだの約二キロメートルにわたってひろがっている（図24）。これらの川の河口にはそれぞれ砦がある。スヴィネツ川河口には約一六ヘクタールの定住地跡がのこされているが、オルシャ川河口のほうは現在、破壊されてしまっている。周辺には墳丘墓域が八カ所あるが、後世になって破壊され、また初期の発掘報告が十分になされていないために、もともとあった墳丘墓の数は明確にわからない。三〇〇

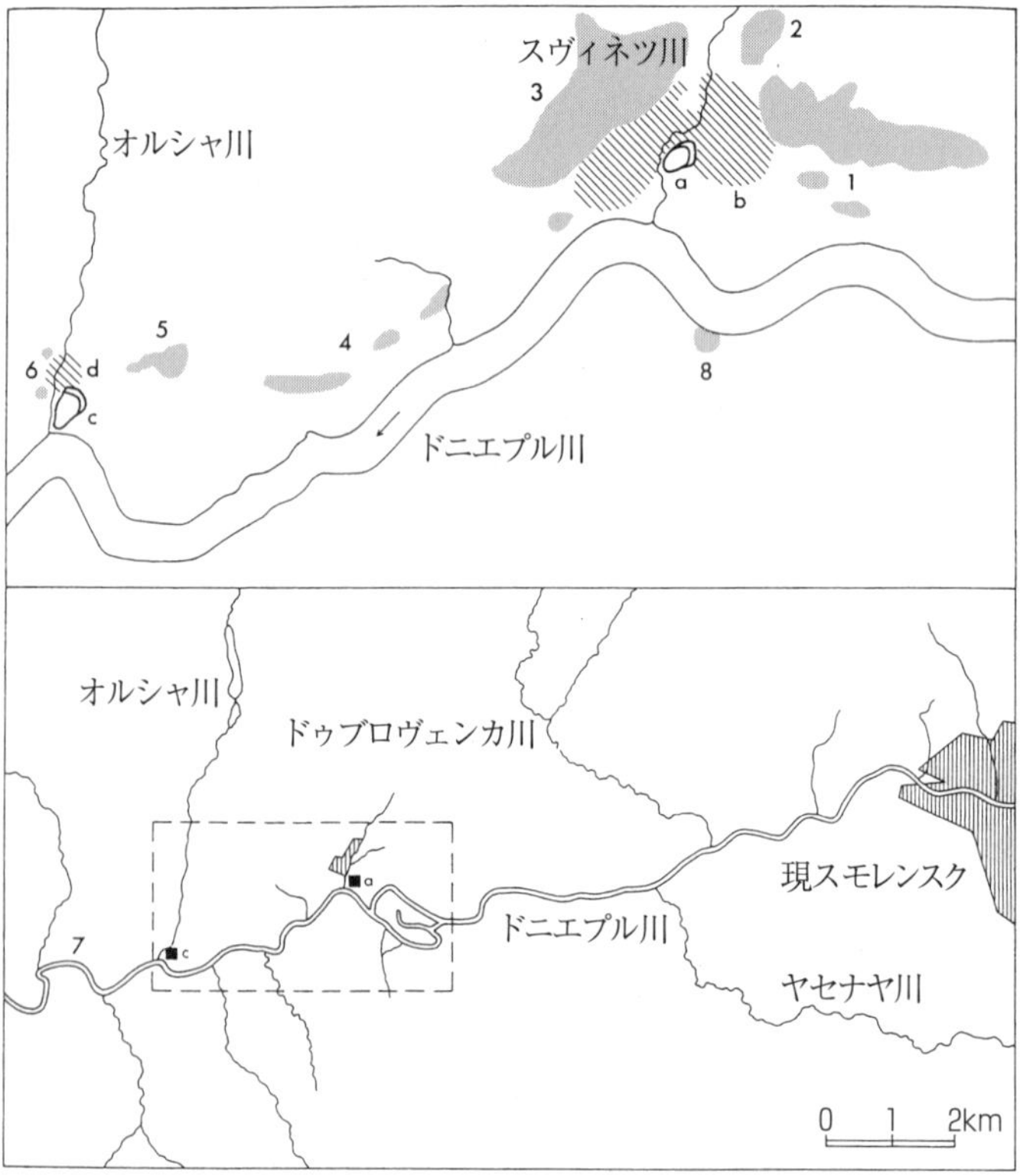

図24●グニョズドヴォの遺跡群。

▒ 墓域（1〜7） 1: 森林地区墓群、2: グルシチェンコフスカヤ墓群、3: 中央墓群、4: 沿ドニエプル墓群、5: オリシャンスカヤ墓群、6: ザオリシャンスカヤ墓群、7: ニヴリャンスカヤ墓群、8: 左岸墓群。

▧ 定住地（b, d）

a: ツェントラリノエ・ゴロジシチェ（砦）、c: オリシャンスコエ・ゴロジシチェ（砦）

（Eduard Mühle, "Gnezdovo - das alte Smolensk? Zur Deutung eines Siedlungskomplexes des ausgehenden 9. bis beginnenden 11. Jahrhunderts", *Bericht der Römisch-Germanischen Kommission*, 69, 1988, S. 366.）

〇〜五〇〇〇基といわれているが、六〇〇〇基という推計もある。遺跡群の東半分、スヴィネツ川ぞいの砦・集落周辺には七カ所の墓域がある。スヴィネツ川左岸には「森林地区墓群」(一三四〇〜一六四三基)、「グルシチェンコフスカヤ墓群」(三二〇〜三五六基)、右岸に「中央墓群」(七六九〜一一〇一基)、「沿ドニエプル墓群」がある。スヴィネツ川ぞいの中心部の南、ドニエプルを対岸へわたった場所には「左岸墓群」(一〇九基)がある。

スヴィネツ川の南西約五〇〇メートルのドニエプル沿岸に、東西にわかれて存在するのが「ドニエプル墓群」(一八四基)である。これらの墓域は中心集落の一つにすんでいたひとびとに由来するとかんがえられているが、未発見の小規模集落が小墓域に対応して存在したとみられる。グニョズドヴォの墳丘墓のおおくは火葬墓であるが、その場でやかれたのではないものもある。おおくの墳丘はおそらく「死者のための記念碑」あるいは「祭祀場」として築造されており、墓のうえに築かれたものではない。しかし、いくつかの墓域では火葬墓または土葬木槨墓のうえにつくられた大墳丘が集中してみられる。この二つは、ルーシ(スカンディナヴィア文化の要素をもつ住民)の支配階層に特徴的な埋葬様式である。グニョズドヴォの墓はほとんどすべて一〇世紀半ばに属しており、この時期がこの定住地の最盛期である。スヴィネツ川の中心集落は約四ヘクタールから一六ヘクタールまで拡大した。川の土手上の急斜面に砦と堀が建設された九三〇年代には、すでに定住地は拡大しはじめていたことがわかっている。一一〇〇個のイスラム貨からなる七つの埋蔵宝と単独で出土した個別発見貨二八二個の分析から、グニョズドヴォにおける定住地の開始期は九〇〇年ごろに比定されており、グニョズドヴォは比較的短期間に成長したことがうかがわれる（図26）。

グニョズドヴォにおけるスカンディナヴィア人の痕跡が顕著になるのはこの定住地の拡大期からであり、工芸品、埋葬様式、装飾品、装身具、金銀製品の埋蔵などにスカンディナヴィア人の特徴がみられる。一〇世紀中の数十年間に、スカンディナヴィアから、とくにスウェーデン中部地方から到来したひとびとが、もとは小規模定住地であった場所を交易や砦をともなう中心拠点へとかえた様子がうかがわれる。この場所には約三世代にわたってルーシの共同体が存在し、スカンディナヴィア人の活動拠点となった。上述のような何千もの墳丘墓がある墓域の規模は、グニョズドヴォの定住人口規模のおおきさをものがたっている。手工業の工房では必要なものがすべて生産された。ナイフ、船の鉄製部品、スカンディナヴィア様式の装飾品などである。

現在まで、約二五〇の工芸品がスカンディナヴィア人に由来するものとして同定されているが、ここにふくまれていないものもおおいとおもわれる。スカンディナヴィア人女性に特徴的な装飾品である卵形ブローチは、比較的おおく、五三例が知られている。この量は、三一六例の出土があるビルカにはおよばないが、それぞれ五〇例の出土があるスカンディナヴィア最大の都市的集落ヘーゼビューや、ノルウェーのカウパングに匹敵する。墳丘墓からの出土物は、概してノルウェー、デンマーク、スウェーデン中部地域の墳丘墓に副葬されているものとよくにている。

図25●グニョズドヴォ出土の銀製ネックレス。10世紀。スカンディナヴィアの装飾様式がよくあらわれている。(Else Roesdahl et al. (eds.), *op. cit.* p. 78.)

埋葬習慣に関しては、とくに大型墳丘墓において火葬に船をもちいていることが重要である。「鎧ばり工法」という、ながい板をすこしずつかさねてとめる方式でつくられたヴァイキング時代の船には多数の鉄鋲がつかわれており（口絵3）、鋲の存在は船の存在（造船、修繕、廃棄）をしめす指標となるのである。墓と定住地から出土した鋲の分析からは、それらがスウェーデン東部とスカンディナヴィア南部にみられるタイプの船のものであることがわかっている。これらは、北欧からドニエプル川上流まで実際に船がきていたか、グニョズドヴォで、造船・補修のために鋲がつくられたことをしめしている。

こうした副葬品と火葬に関連した埋葬儀礼の痕跡は、「ルーシの首長」の埋葬について、アラブ人イブン・ファドラーンがのこした『ヴォルガ・ブルガール旅行記』とよく一致している。かれは、九二一年から翌年にかけて、アッバース朝カリフがブルガール王におくった使節団の一員として、カスピ海とアラル海のあいだを北上し、ヴォルガ河畔でブルガール王との折衝などをおこなった人物である。この「報告書」では、ルーシの葬送儀礼として、被葬者を女奴隷、船などとともにやき、その上に墳丘を築く様式の火葬墓がつくられる様子について述べられている。「ルーシ」の一人は、「火で一瞬のうちにやくことによって、死者はあっという間に天国にいける」とかたったとされる。かれが目撃したものがスカンディナヴィア系住人の葬礼であったかどうかは確かめようがないが、その内容はスカンディナヴィア人の習慣や、グニョズドヴォなどの遺物・遺構があたえてくれる情報ときわめて

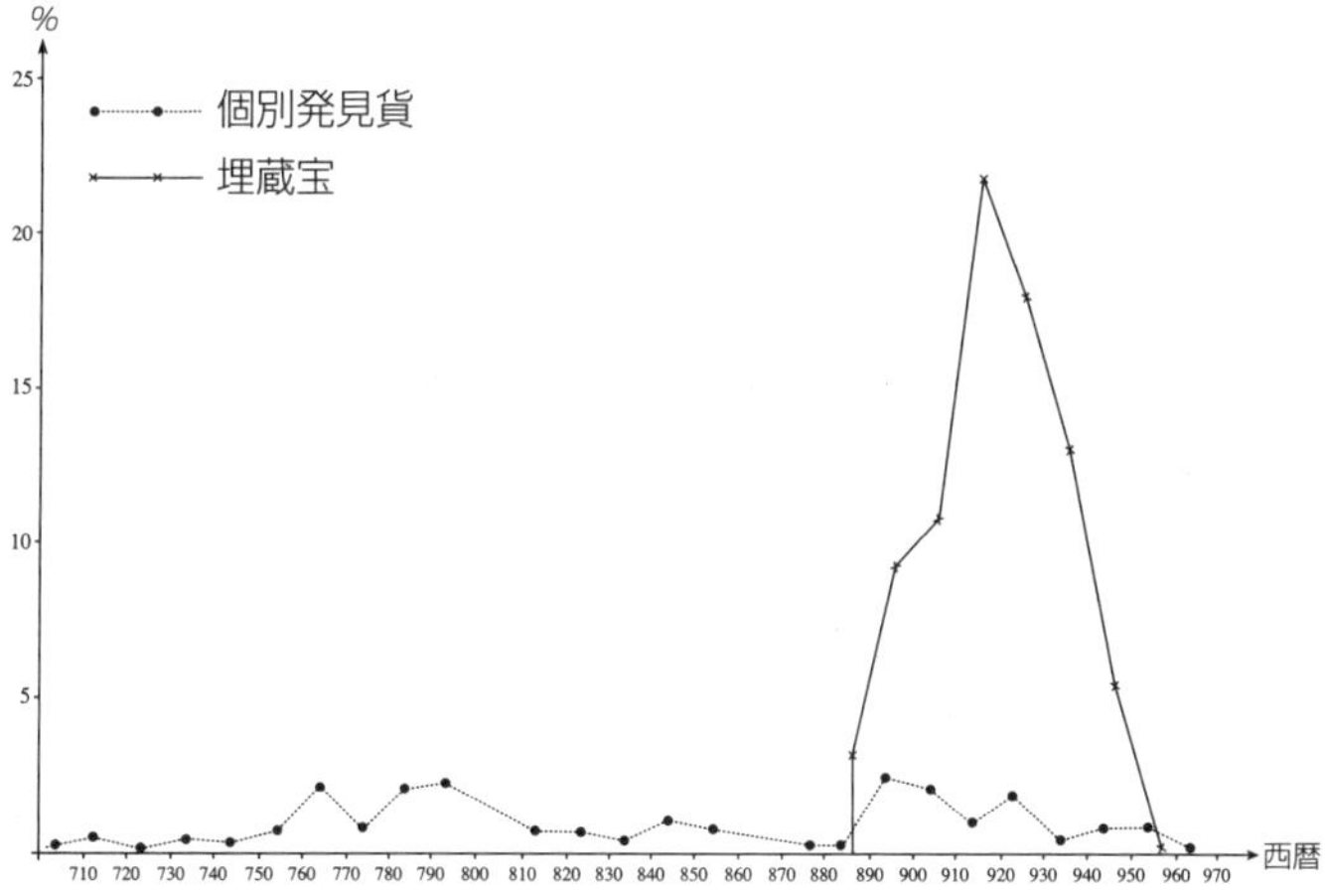

図26●グニョズドヴォ出土貨の年代別比率。
（T. Puškina, "La trouvailles monétaires de Gnezdovo : un marqueur des relations commerciales", M. Kazanski et al. (réds.), *op. cit.*, p. 218.）

整合的である。また、火葬についての説明は、「死者はその所有物といっしょに薪のうえでやかれるべきである。かれは薪のうえにあった財物と、生前、地中にかくしたものをもって、ヴァルハラ（戦士の館）にたどりつくであろう」（「イングリンガサガ」第八章）という、「オージンの法」とよばれるスカンディナヴィアの伝承にもそっている。ただし、ゴットランド島やデンマークでは、ヴァイキング時代初期に土葬がおこなわれるようになっており、スウェーデン中部地域では、火葬がつづけられたのは一〇世紀末ころまでである。したがって、埋葬様式にもかなりの幅があることに留意する必要はある。

こうした工芸品と埋葬様式といった要素は、グニョズドヴォにスカンディナヴィア人がのこした痕跡のすべてである。スターラヤ・ラドガにおいてとは対照的に、ここでは定住地における北欧的様式の建造物がまったくのこって（検出されて）いないのである。しかし、遺物は十分に多様であり、グニョズドヴォにおけるスカンディナヴィア人の生活をよくしめしている。つまり、ここが単なるヴォルガ川、ドニエプル中流域、コンスタンティノープルへいたるための通過点・寄港地であったと考えることはできない。ここには、スカンディナヴィアを去って、あらたな定住先をもとめたスカンディナヴィア人の集団がおり、かれらはまったくあたらしい環境のもとで「ルーシ」となったのである。

グニョズドヴォの墓域では、一〇〇〇基以上が発掘されている。確実なスカンディナヴィア由来の遺物をふくむ墓は六〇基のみであるが、火葬による副葬品などの消失や、記念碑として建造されたいわば「空墓」のなかにスカンディナヴィア人のものがありうることを考慮にいれる必要がある。墓の大多数は、根拠となりうる遺物の不足や、発掘記録のいいかげんさのために、年代が不明である。したがって、北欧的な特徴が確実にみとめられる墓の数は、グニョズドヴォにおけるスカンディナヴィア人の定住規模を正確にはあらわしていないとおもわれる。

墓域における何千もの墳丘墓のなかには、大墳丘墓（二メートル以上の高さで、直径二〇メートル以上）がいくつか存在する。スウェーデン考古学においては、「大墳丘墓」と「王墓」をそれぞれ直径二〇〜二九メートル、三〇メートル以上と便宜的に区分し、被葬者の社会的な属性とは関係なく、よびわけている。直径二〇メートルに達しない墳丘が、スウェーデンのヴァイキング時代の墓域ではもっともおおい。ビルカにある墳丘墓五四四基の直径をみると、九三・八パーセントが一〇メートル以下であり、一〇メートル以上のものは数例のみ、二〇メートルをこえるものは皆無である。グニョズドヴォの墓域では、火葬の小型墳丘墓が中心であり、大型墳丘墓はたいてい群をなしているか、小墳丘墓の中で一基だけめだつようにしてつくられている。最大規模のものは中央墓群、オリシャンスカヤ墓群、ドニエプル墓群の西部分に集中しており、すべて発掘されている。

これらのなかでもっとも注目されるのが、中央墓群にある最大級の火葬墳丘墓四基である。川の土手というたかい位置、記念碑的な規模、周囲にほられた溝、ゆたかな副葬品、火葬に際しての船の使用といった要素のすべては、被葬者の例外的なたかい地位と属性をしめしている。つまり、「中央集落」の防備された区域に居をかまえた、スカンディナヴィア人の支配階層に属する人物である。

中央墓群の西側部分にある大墳丘墓はほかのものとちがったかたちをしている。頂が平になっていて、その直径は三二メートル、底辺の直径は三八メートルある。塚のまわりには幅七・五メートル、深さ約二メートルの堀がめぐらされている。火葬の跡をのこす層からは二三四個の鉄鋲が出土した。これは、全長七〜一〇メートルの船が埋葬時にもやされたことを意味している。この層のそばには、馬、牛、豚、羊のやかれていない獣骨があった。やかれた骨（人間と馬、鳥、羊）は四つの土器におさめられ、底の平な鉄釜のちかくにおかれていた。鉄釜の中には雄羊（角のついた頭と羊毛）がのこっていた。その被葬者は女性だったとおもわれ、典型的なノルウェー様式の卵形・円形ブローチが副葬品にみられる。これと類似のブローチは、デンマーク・シェラン島レイレと、スウェーデン・ウップランド地方アルシケにあるトゥーナの船葬墓でみつかっている。レイレでは、王の居館、祭祀場にあった工房からでており、このブローチの所有者の社会階層をしめしている。ゆたかな副葬品をともなったトゥーナなどの船葬墓はスウェーデンにおいて中世初期の一時期のみに集中してみられ、現在ではまだその解釈がさだまっていない。たとえば、イングランドのサットン・フーの船葬墓群と酷似する特徴をどう理解するかなど、謎がおおい。しかし、船葬墓の被葬者が属した集団が一般的な農民階層でなかったことはたしかである。

こうしたグニョズドヴォの遺構・遺物は、ヴァイキング時代、ドニエプル川の岸辺に、ある大規模なスカンディナヴィア人の共同体があったことを明確にしめしている。ここに定住地が築かれたのは、バルト海から東ヨーロッパ内陸部へとつづく交通路をたどったスカンディナヴィア人の活動の結果によるものであろう。九世紀末か九〇〇年ころ、スヴィネツ川ぞいに最初の定住地が建設された。ここは当初小規模であったが九三〇年代以降に拡大しはじめ、当初の三倍の規模にまで成長をとげる。定住地の拡大と同時に、その一部には防備がほどこされた。定住地の拡大はスヴィネツ川周辺の地域にとどまらず、川沿いに五キロメートル以上もはなれた、ドニエプル支流オルシャ川にまで達した。ここに第二の大規模定住地が展開することになる。

グニョズドヴォがはたした役割は、東ヨーロッパにおけるスカンディナヴィア人の活動範囲が拡大するにしたがっておおきくなっていった。一〇世紀半ばころ、スヴェーアの有力者と関連のあるひとびとがここに移動してきて定住したとおもわれる。スヴェーアとの関係は、墳墓の様式、埋葬習慣、さまざまな遺物が、都市的集落ビルカやアーデルスエー島の支配階層の文化と酷似していることに明瞭にあらわれている。「ルーシ」の支配階層に属するひとびとは、記念碑的な墳丘や、塚におおわれた木槨に埋葬され、「ルーシ」の一部となったとおもわれるスカンディナヴィア人は、特有の服装、装飾品、埋葬儀礼によって、その社会的地位を顕示していたのであろう。しかし、それらの遺物、習慣は、完全に細部にまでわたってまで同時代スカンディナヴィアにおけるものと一致しているわけではない。グニョズドヴォに生活の場をもち、ここで生をおえたスカンディナヴィア人たちは、文化的アイデンティティを維持しつつも、東欧の諸文化からさまざまな要素を摂取することによってあたらしい文化的特徴をおびることになったのである。

同様の傾向は、グニョズドヴォの北西約五キロメートル、ドニエプル川の支流ぞいにあるノヴォセルキでも観察される。ここでは墳丘墓群が部分的に発掘されており、初期の墓は九世紀末に属することが知られている。これらの墓では、「民族的」な属性をしめすものとなるような特徴が混交していることが注目され、すでに九世紀末にかなりふかい水準での交流があったことをしめしている。この時期、ドニエプル川・ドヴィナ川にはさまれた地域では、北へむかうスラヴ人の植民が継続しており、そこでは旧来の埋葬様式が依然主流であった。少数集団であるスカンディナヴィア人は、このような環境へはいりこんだのである。

こうした状況を総合的にみるなら、グニョズドヴォの遺跡群がおかれていた位置や機能はどのように理解されるであろうか。ロシアの学界における通説は、貢納をあつめ、従士団をおくための軍事的な辺境居留地であるという解釈である。しかし、その規模と多様さは単なる居留地以上の性格を示唆しており、ここは、発達した農業生産を背景にもつ、政治権力、手工業、長距離交易の拠点であったとかんがえられる。とくに墓にみられる「貴族的」といってもよい特徴はノヴゴロド近郊のリュリコヴォ・ゴロジシチェと似ているが、定住地の規模や多彩な活動を勘案するなら、グニョズドヴォはスウェーデンのビルカに比肩する、都市的な性格をつよくもった存在であったとみるのが妥当であろう。

7　グニョズドヴォからキエフへ

ドニエプル川中流域にみられるスカンディナヴィア人の痕跡については、まだ詳細に知ることができるほどの資料はえられていない。しかし、その影響はいくつかの場所にかぎられていたようである。そのうち、もっとも重要なのがキエフである。キエフで発見されている遺物のほとんどは一〇世紀に属している。キエフの定住地の構造は九世紀末におおきく変化しているが、それはこの地域におこった政治的な変動と関連していると考えられている。九世紀末、高台上にあった定住域が急速に拡大して、丘陵下（ポディル地区）にまでひろがり、キエフは都市的な様相をみせるようになる。遺構・遺物にみられる特徴はスラヴ人の要素が中心となってはいるが、文化的には多様性がみとめられる。たとえば、ポディル地区における木造家屋の様式には、「ルーシ」によってもたらされた北方の特徴があらわれているとする研究者もいる（ただし、スターラヤ・ラドガなどに比較できる家屋跡がないなど、確証はえられていない）。キエフの周辺地域には、同時代の集落がほとんどなく、都市的集落としてのキエフと、農業生産をになったはずの後背地との関係はよくわからない。キエフからドニエプルをくだったところにある小集落モナスティロクでは、九〇〇年頃のスカンディナヴィアの櫛が一つみつかっており、スカンディナヴィア人の手工業品がキエフの外にまでとどいていたらしいことがうかがわ

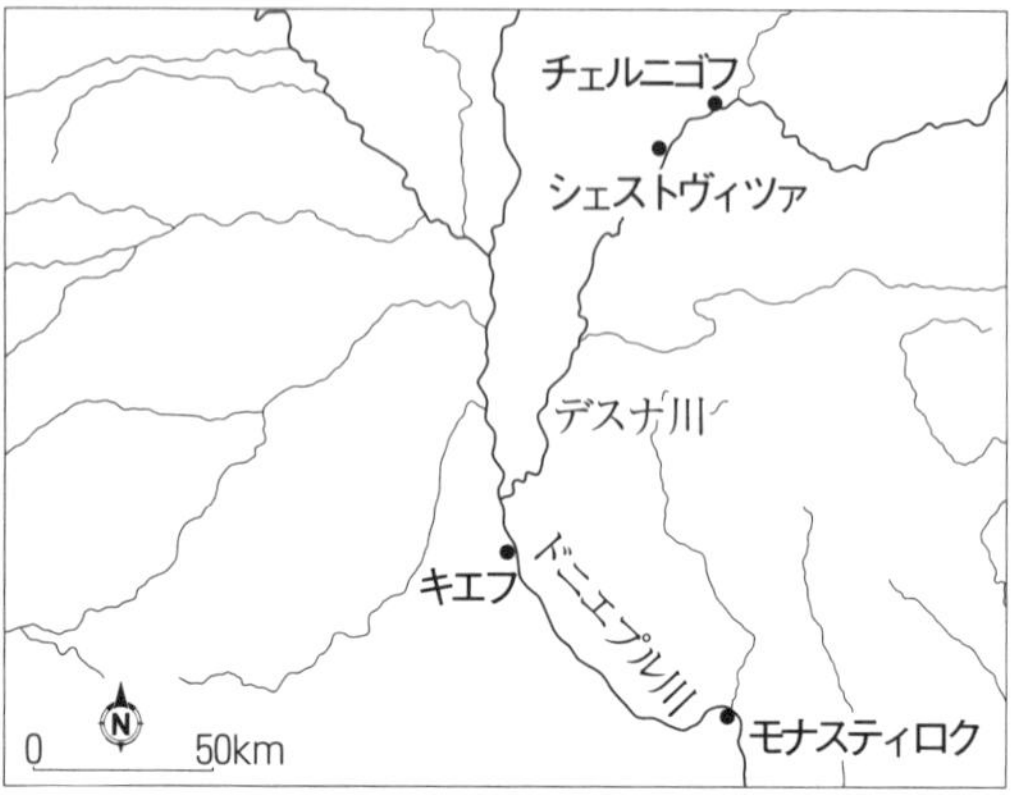

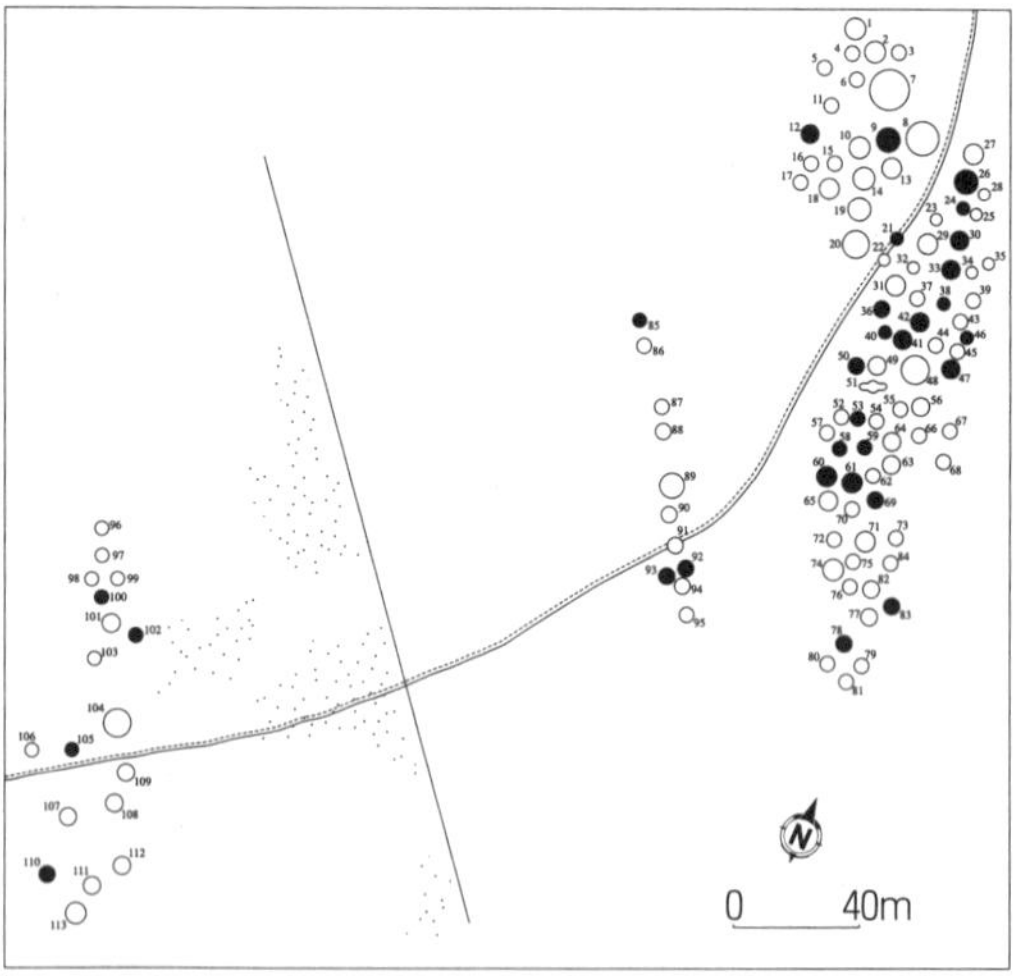

図27●（上）ドニエプル川中流域（9世紀）。（J. Callmer, op. cit., p. 79.）
図28●（下）シェストヴィツァの墓域。1-113はクルガン（単葬墳丘墓）。●にスカンディナヴィア系の遺物がみられた。（Fedir Androščuk, "Černigov et Šestovica, Birka et Hovgården : le modèle urbain scandinave vu de l'est", M. Kazanski et al. (réds.), *op. cit.*, p. 261.）

れる程度である。

デスナ川の中下流域は九世紀末、一〇世紀はじめにルーシによって政治的に統合されていたとおもわれ、キエフの東にあたる地域は、一〇世紀にルーシの政治的中心地の一つであったようである。たとえば、シェストヴィツァの墓域には、最初期のものは九世紀末にまでさかのぼる火葬墳丘墓がおおくあり、スカンディナヴィアの遺物が豊富に出土している（図28）。ここはスカンディナヴィア人の戦士・交易者のための寄港地であったとかんがえられているが、九六〇年ころに火事によって破壊されている。チェルニゴフにおいても、初期の墳丘墓からスカンディナヴィア系の遺物がおおく出土しており、祭祀の拠点か、支配者の在所があったとおもわれる。両者間には、「都市的集落」と「政治権力の拠点」という機能分担があったとおもわれるが、これはスウェーデンのビルカとアーデルスエー島のホーヴゴーデンのあいだにみられる同様の関係を想起させる（第5章）。この類似自体、この地域で活動したスカンディナヴィア人の影響ではないかともいわれている(8)。

8 略奪と交易

八世紀後半のスターラヤ・ラドガにはじまるスカンディナヴィア人の痕跡は、河川網にそって南・

東へとひろがっていき、一〇世紀になるとキエフ周辺のドニエプル中流域にも拠点が成立する。その過程は先に概観したとおりである。これらのルートが「銀」をバルト海へとはこぶための経路として機能したことは、水系沿いの遺跡から発見されるイスラム王朝やビザンツの貨幣、埋蔵宝にあきらかであろう。しかし、これらの「銀の移動」はいったいどのような活動に媒介されることよって可能となったのだろうか。

この問題については、これまでおおきくわけて二つの見方がとられてきた。すでに言及したように、一つはこれらの銀が主として商業以外の要因、たとえば略奪、身代金、傭兵となったスカンディナヴィア人への報酬支払といったかたちで獲得されたとみるものである。たとえば、ドイツ・ヴェストファーレン地方にあったコルヴィー修道院の修道士で、現在のスウェーデンを中心とする地域へはじめてキリスト教の布教をおこなったアンスガール（八〇一～六五年）の生涯について、リンベルト（～八八八年）が八七五年ころに記録した『聖アンスガールの生涯』という聖人伝がある。そこではアンスガールの事績以外にも布教をおこなった地域についてのこまかい叙述がみられ、貴重な同時代史料となっている。その第三〇章は、クールランド（現在のラトヴィア沿岸部）とクール人に関する記述にあてられている。それによれば、クールランドにあるゼーブルグ（上述のグロビニャとおもわれる）は九世紀半ば、スヴェーア人に征服された。さらにそこから五日間の行軍ののち、スヴェーア人の軍隊はアプリア（現在のアプーレ）という町でクール人とたたかったとされる（39頁図7）。

「サガ」にもバルト海東岸以東の地域についての言及がある。サガとは、アイスランドで発達した、歴史を題材とする散文学の総称であり、ラテン・アルファベット伝来後の一二世紀以降にかきとめられたものが現代につたわっている（そうした特徴のため、聖人伝とはいえ同時代資料である『アンスガール伝』などとくらべ、史料として単独で利用することはむずかしい）。そうしたサガのうち、たとえば「王のサガ」とよばれるジャンルに属する「聖オーラヴのサガ」をみると、ウップサラの王が毎年夏になると軍勢をあつめてさまざまな地域へ遠征をおこない、フィンランド、カレリア、エストニア、クールランドやさらに東方の地域を支配下においた（つまり貢納を課した）ことがかたられている。ほかに、ほかのサガとくらべ史料的価値がたかいといわれる「エギルのサガ」においても、アイスランドからクールランドまで遠征し、略奪をおこなったというエピソードがみられる。また、カスピ海、黒海沿岸地域では、ヴァイキングとおもわれる集団による略奪のあったことが記録にのこっている。

しかし、こうした略奪や征服活動が東方におけるヴァイキング活動の中心をなしていたという見方は、古銭学者ヌーナンによってつよく批判されている。「略奪者としてのヴァイキング像」は、なによりも八、九世紀に西ヨーロッパで展開された修道院・都市襲撃というヴァイキング活動をその背景としている。それらの襲撃は、フランス、イングランドなどの海岸部または内陸へとのびている水系沿岸に位置する目標に対して、喫水の浅いヴァイキング船によって急襲し、すぐさま退避するという方法でおこなわれた（47頁図11）。しかし、ロシア内陸部の動脈であるヴォルガ川、ドニエプル川などでは、西欧の河川や北海においてとおなじようにすばやく移動することは困難であった。一〇世紀半ばのビザンツ史料によれば、毎年六月に氷がとけたあと、ドニエプル川をくだるスカンディナヴィア人は、七カ所の急流をさけるため、急流のある地点で船を陸上運搬し、そこへ攻撃をしかけるペチェネグ人（黒海北岸ステップにいたトルコ系遊牧民）をしりぞけなければならなかった。しかも、これらの急流は、ギリシア語でかかれた史料中であるにもかかわらず、北欧語で景観を描写した名称によって言及されており、スカンディナヴィア人の活動とロシア水系上の通過点にあたえられた地名に関係があることをしめしている（J・G・キャンベル編『ヴァイキングの世界』）。また、ヴァイキング時代、ゴットランド島で主要な港の一つであったブーゲヴィーケンで発見された、一〇世紀末のルーン石碑には、それらの急流名の一つが言及されており、先のビザンツ史料がつたえる内容をうらづけている（図29）。

一〇世紀バグダードの地理学者マスーディーの手になるアラビア語史料でも、九一二年ころにカスピ海であった「ヴァイキング」（ルーシ）の略奪行は、いったん成功をおさめたものの、逃避行に失敗したためイスラム教徒の軍隊に包囲され、失敗におわったというエピソードがかたられている。これは長距離移動をしようとおもえば、船をかかえて水系間の原生林を陸上移動しなければならなかったこの地域の状況からすれば、めずらしいことではなかったとおもわれる。

さらに、ヌーナンは、ロシアの諸公やビザンツ皇帝の傭兵となったスカンディナヴィア人が、その

図29-1●（上）ドニエプル川の急流への言及があるルーン石碑。ゴットランド島ブーゲ。急流や水系間では陸上移動が必要であった。（Gustaf Trotzig, *op. cit.*, s. 69.）

図29-2●（下）船をかついで移動する様子。オラウス・マグヌス『北方民族文化誌』（1555年）第11巻「氷上の戦い」第7章「モスコヴィート人の略奪の仕方」の挿絵（谷口幸男訳、渓水社、1991年、591頁）。

みかえりにうけとった貨幣が、スカンディナヴィアにおける埋蔵宝の背景にあるとするみかたもしりぞける。たしかに、史料中には傭兵となったヴァイキングの存在がはっきりと確認可能である。しかし、東欧・北欧では、かれらが報酬としてうけとったはずのビザンツ貨幣は、きわめてわずかしか発見されないのである。貨幣は溶解され、手工芸品の原材料とされることもおおかったなど、貨幣が今日に伝来しなかった理由はいくつか考えられるが、とりわけビザンツ貨幣だけがすくない理由はみいだせない。したがって、もともとスカンディナヴィアへはこばれたビザンツ貨幣自体が少量であったと考えざるをえず、すなわち傭兵となったヴァイキングの活動と、多量の埋蔵宝のあいだに関連をみることはできないのである。これらの論点を勘案すると、銀がスカンディナヴィアへもたらされた主たる要因としては、とりあえずは商業の役割を第一に想定しなければならないであろう。しかし、「ヴァイキングによる商業」という理解は、この時代の商業のありかたを具体的に考えようとすると多分に問題をふくんでいることがただちにあきらかとなる。この点については、第4章でふたたびとりあげることにしよう。

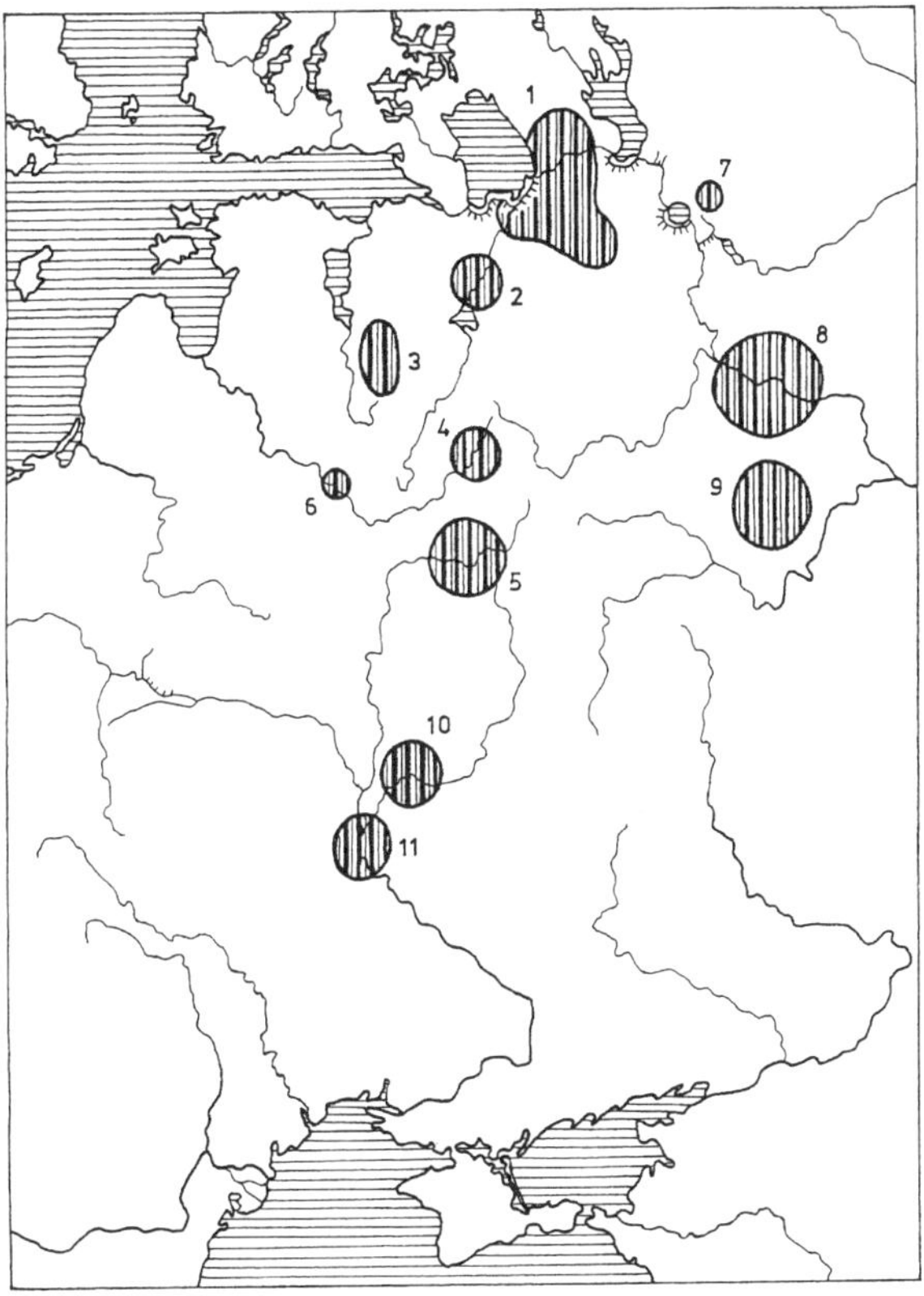

図30●スカンディナヴィア人の遺物・遺構が集中している地域（10-11世紀）。
1：スターラヤ・ラドガ、ラドガ湖南東地域、2：ノヴゴロド周辺地域、3：プスコフ周辺地域、4：西ドヴィナ川上流域、5：グニョズドヴォ周辺地域、6：ポロツク、7：ベローゼロ周辺地域、8：ヤロスラヴリ地方のヴォルガ川沿岸、9：ウラジーミル、スズダリ、10：チェルニゴフ周辺地域、11：キエフ。（Renate Rolle, "Archäologische Bemerkungen zum Warägerhandel", *Bericht der Römisch-Germanischen Kommission*, 69, 1988, S. 491）

9　ヴァリャーグ問題——古代ロシア国家の建設者？

ロシアにおいてヴァイキングはどのような活動に従事したのかという問題は、一八世紀半ばから二〇世紀後半まで議論されてきた「ルーシ問題」とも関係している。この議論の核にあるのが、キエフの修道僧ネストルによって、一二世紀はじめに編まれたといわれている『すぎし年月の物語』の評価である。もともとのタイトルが知られておらず、冒頭の一文「これは、……すぎし年月の物語である」から『すぎし年月の物語』とよびならわされているこの年代記では、ロシアに到来したスカンディナヴィア人を「ヴァリャーグ（ヴァリャギ）」または「ルーシ」とよんでおり、それらのスカンディナヴィア人とロシアにおける国家の由来に関係があると述べられているのである。

『すぎし年月の物語』によると、八五九年、「海の向こうのヴァリャギ（ヴァリャーグ／スカンディナヴィア人）がチュヂ（フィン・ウゴル人）とスロヴェネ（東スラヴ人）、メリャ（フィン・ウゴル人）とすべてのクリヴィチ（東スラヴ人）に貢物を課した」が、八六二年、ひとびとは「ヴァリャギを海の向こうに追い払い、彼らに貢物を納めず、自分たちで自分たちの統治を始めた」。しかし、内紛がおこったために「私たちを統治し、法によって裁くような公を、自分たちのために探し求め」るため、「ヴァリャギのルシ」のもとにいき、「私たちの国の全体は大きく豊かですが、その中には秩序がありません。公となって私たちを統治するために来て下さい」と、スカンディナヴィア人のリューリク兄弟をまねいたとされる(邦訳『ロシア原初年代記』名古屋大学出版会)。この記述をそのままうけとるならば、キエフ・ルーシとよばれるロシアの最初期の国家が、スカンディナヴィア人の招致とその支配によってはじまったという理解がえられる。『すぎし年月の物語』を字義どおりうけとめ、スカンディナヴィア人(なかでも「スウェーデン人」)がヴァリャーグであると考えた研究者は「ノルマニスト」とよばれ、ロシアにおける国家形成、文化的・政治的発展にスカンディナヴィア人がはたした役割はかれらによって高く評価された。それに対し、「反ノルマニスト」は、神話的記述や矛盾もみられる『すぎし年月の物語』の信頼性を疑問視し、ヴァイキング時代の史料としての価値を否定する。この立場では、キエフ・ルーシの成立はスカンディナヴィア人の招致・到来という外来の要因ではなく、内的な社会発展の結果とされる。

二〇世紀はじめに、スウェーデンの考古学者T・J・アルネがフランス語でかかれた博士論文『スウェーデンとオリエント』(一九一四年)などにおいて、ロシアで発見されるスカンディナヴィアの遺物を紹介すると、この議論はその主要な舞台を考古学へとうつした。アルネらは、「スカンディナヴィアの遺物の存在」をそのまま「ヴァイキング活動の痕跡」とするきわめて素朴な解釈によって、ヴァイキングはロシアの水系にそって商業活動を展開し、その過程上でロシアに政治的支配階層を形成するにいたったという理解を軸にヴァイキング史を記述した。こうした見解に対しては、『ヴァイキング時代のノルマン人とラドガ地方』（一九三〇年）をドイツ語で著したラウドニカスによって当然ともいえる批判がおこなわれた。その内容は、スカンディナヴィアの遺物がみつかる副葬品の豊富な墓からは、フィン系の遺物も同時に出土するのであり、それはスカンディナヴィア人と交易をおこなったフィン人の痕跡ではないかという、アルネの単純にすぎる方法への批判であった。しかし、第二次世界大戦へとむかう時代の影響下で、スカンディナヴィア人が東方においてはたした、英雄的な歴史的役割に否定的なラウドニカスの研究は否定・忘却されることになった。スウェーデン考古学界の中心にあったネルマンらは、スカンディナヴィア人によってロシアに国家が建設されたのは、偶発的ではない意図的なはたらきかけの結果であるとし、商業活動、商業路の支配もスカンディナヴィア人による軍事的征服のための戦略の一環とみなされつづけたのである。

こうして、一九三〇年代以降の数十年間は、ロシアとスカンディナヴィアの研究者のあいだで見解がおおきく分かれることになった。ネルマンのような、もっぱらナショナルな感情の鼓舞を意図した主張は戦後みられなくなった。しかし、たとえばスウェーデンの代表的考古学者H・アルブマンは、『すぎし年月の物語』を信頼できる史料ではないとしてしりぞけつつも、ヴァリャーグをスカンディナヴィア人商人の組織と解釈して、中世の商人ギルドに相当する集団を想定している。そこでは、スカンディナヴィア人が国家形成以外においてはたした役割が依然強調され、それがヴァイキング史叙述の基本的なわくぐみの一部として維持されたのである。

10 卵形ブローチが示すもの

『すぎし年月の物語』をはじめとする史料の決定的な解釈がえられず、新史料発見のみこみもない状況にあっては、情報をふやしつつある考古学の成果を参照するしかないのが現状である。二〇世紀末になって、バルト三国、ロシア、スカンディナヴィア学界間での交流がようやくおこなわれるようになり、また、なによりも「内的な社会発展と剰余生産物の蓄積」を議論の出発点とするといったロシア学界の傾向にも変化がみられるようになった。そうした中で、議論の前提となる事実認識も何点か確実に共有されるようになっている。第一に、バルト海、ヴォルガ川、ドニエプル川などの水系がヴァイキング時代のスカンディナヴィア人にとって重要な意味をもっており、スカンディナヴィアの遺物が出土するのはこれらの水系ぞいにおいてということがある。大陸の奥へとむかう経路は複数あったが、どのルートをとるにしても、出発点となったのはスターラヤ・ラドガであった。すでにみたように、スターラヤ・ラドガでは七五〇年ころの文化層、つまり最初の段階からスカンディナヴィア系の遺物が出土しており、その建設当初からスターラヤ・ラドガにヴァイキングがきていたことが確認されている。たとえば、ラドガ地域の墓域の一つ、スターラヤ・ラドガの川をはさんだむかいに位置するプラクンとよばれる墳丘墓群は、九、一〇世紀のスカンディナヴィア人を被葬者としていることがわかっている。ロシアでも北欧でも、こうした研究成果に対して異論をとなえる研究者はいない。

しかし、ロシアからイスラム世界へとつづく広大な地域において、スカンディナヴィア人が従事した活動の詳細となると意見がわかれている。スウェーデンのカルメル、ロシアのノーソフといった、この分野での研究を主導してきた考古学者は、「銀を獲得するための活動」を第一に重視し、その手段として貢納・商業・略奪などがみられたと考えている。この説にしたがうならば、当初のラドガ地域から東へ、南へと移動していったスカンディナヴィア人の活動域の変化・拡大は、ヴォルガ川、ドン川流域で八世紀末に大量にみられるようになったイスラム貨に吸引されてのことということになる。商業に関していうなら、銀を獲得するためにはイスラム世界でもとめられるような商品が必要であったが、その主要な商品となったのは毛皮と奴隷である。毛皮は、貢納・商業をつうじて、ロシアで豊富に入手することができた。のちにみるように、スカンディナヴィアの都市的集落においても、おそらく毛皮の商品化はおこなわれていたが（124頁図44）、それらの毛皮をスカンディナヴィアからハザール帝国やヴォルガ沿岸の市場まではるばる運搬する必要はなかったのである。それらの地域でスカンディナヴィア人は、スターラヤ・ラドガにおいてそうであったように、まずフィン・ウゴル人と、さらに徐々に北上してきたスラヴ人とも出会うことになったが、毛皮・奴隷交易に参加するためには既存の地域社会にはいるか、すくなくとも共存関係を築く必要があったとおもわれる。スターラヤ・ラドガなど、スカンディナヴィア人の痕跡がみられる地域において、定住地や墓域ではさまざまな

「民族」集団の混在が確認されるが、その「共存」はそのように説明されるのである。

一方、スウェーデンの考古学者I・ヤンソンのように、スカンディナヴィア人がバルト海以東で展開した活動について、商業に決定的な重要性をみとめない研究者もいる。かれによると、ロシアの水系にそって発見されるスカンディナヴィアの遺物の大部分からは、商業以外の活動がおおきな位置をしめていたことが推測されるという。つぎにその主張をみてみよう(9)。

スカンディナヴィア人がどのような活動に従事していたのかをしめす痕跡としては、定住地の発掘が十分ではない現在、たとえばグロビニャにおいてと同様に、相当な数が発見されている墓の分析にたよるしかない。しかし、墓を情報源としてスカンディナヴィア人の活動とその規模について知るためには、まずスカンディナヴィア人を被葬者とする墓を正確に抽出しなければならないが、それは容易でない。グニョズドヴォにみられるような、「あきらかな」墓はごく少数にとどまるからである。前述のアルネら、二〇世紀はじめの「第一世代」の研究者はまず埋葬様式に注目した。たとえば、スウェーデンにおける典型的な埋葬様式の一つに火葬墳丘墓がある。副葬品とともに被葬者をやき、その上に墳丘を築造するタイプの墓である。ほかにも、石を材料として墓を建造する習慣がスカンディナヴィア的な特徴としてあげられる。それに対し、フィン・ウゴル人、スラヴ人の墓は木製の構造物をともなう傾向にある。武器や櫛など、スカンディナヴィアでもひろく出土する種類の副葬品は、購入や贈与などによって、スカンディナヴィア人でないひとびとによって獲得された可能性もあり、被葬者のエスニックな属性を直接にしめすとは考えられないが、被葬者をスカンディナヴィア人に同定するための傍証にはなる。こうした基準をもちいて、「スカンディナヴィア人の被葬者」さがしがおこなわれ、その活動のありようが検討された。

しかし、被葬者の所属集団、出自を特定しようとしたこれらの研究の結果は、研究者によってまちまちであった。おもに、ロシアの研究者は、ロシア水系沿いに位置する墓域には、スカンディナヴィアの影響がほとんどみとめられないとしたが、アルネら、スウェーデンの研究者はそれとは正反対の結論を、おなじ資料をもちいてみちびきだしたのである。これはある意味当然のことであった。墳丘をともなった火葬墓をつくる習慣はスカンディナヴィア人に固有のものではなく、たとえばスラヴ人の習慣にもみられる。一般にスラヴ人の墓は副葬品がないという特徴をもつが、スカンディナヴィアにおいても副葬品が欠如するか、すくないことはめずらしくない。また、墓の築造にもちいられる材料は、墓が位置するそれぞれの地域の自然環境、つまり材料の入手可能性に規定され、したがって変化しやすいからである。

そこで、ヤンソンが注目したのは、女性が身にまとったブローチ、とくに卵形ブローチである（図31）。この種のブローチは、東欧で出土するスカンディナヴィア由来の遺物としては数がもっともおおく（スウェーデンで約一五〇〇個、ロシアでは約二〇〇個発見されている）、たいていは青銅製で動物装飾をともなっている。これはスカンディナヴィアに特有の装飾形式であり、東欧の伝統にはみられな

図31●青銅製の卵形ブローチ。スウェーデン・スコーネ地方、ヴィレントフタ遺跡の女性の墓から出土したもの。ともに約11×7センチメートル。(Malmö stadsmuseum, *Vikingarna*, Malmö, 1989, s. 146.)

い。スカンディナヴィアの外でも数おおく発見されるこれらのブローチは、かつては「商品」として流通していたものと考えられた。しかし、この種のブローチは、二個一組で、服の革ひもを肩付近で固定させるためにもちいられるという、ほかの装飾品にはない特徴をもっている（図33）。つまり、衣服という、文化的表現が典型的にあらわれる「道具」の一部として機能したのである。この点に着目するなら、これらのブローチはその所有者のエスニックな出自を判断するための指標になりうると考えられるのである。フィンランドやバルト海東岸地域でも、肩で固定するタイプの、スカンディナヴィアににた様式の衣服があるが、スターラヤ・ラドガからキエフにいたる地域にひろがっていた東フィン・ウゴル人、スラヴ人にはみられない。

ブローチを指標とすると、のちに最初期の国家キエフ・ルーシが影響下においた地域全域を、スカンディナヴィア人（女性）が活動域としていたことがわかる。中世スカンディナヴィアにおいても、女性は男性と相当に異なる社会的位置にあり、女性のみで船を準備して遠隔地までおもむくことがあったと想定するのは無理である。したがって、ブローチの出土がある地域にスカンディナヴィア人女性だけが存在したとはかんがえにくく、そこには男性もすくなくとも同数程度みられたとおもわれるが、遺物からは女性の場合ほど確実に男性の存在をよみとることはできない。副葬品、埋葬様式ともに、「スカンディナヴィア人男性」の確定的な指標となりえないからである。これらのブローチもふくめ、スカンディナヴィアの様式をもつ遺物はスカンディナヴィアで発見されているものと酷似して

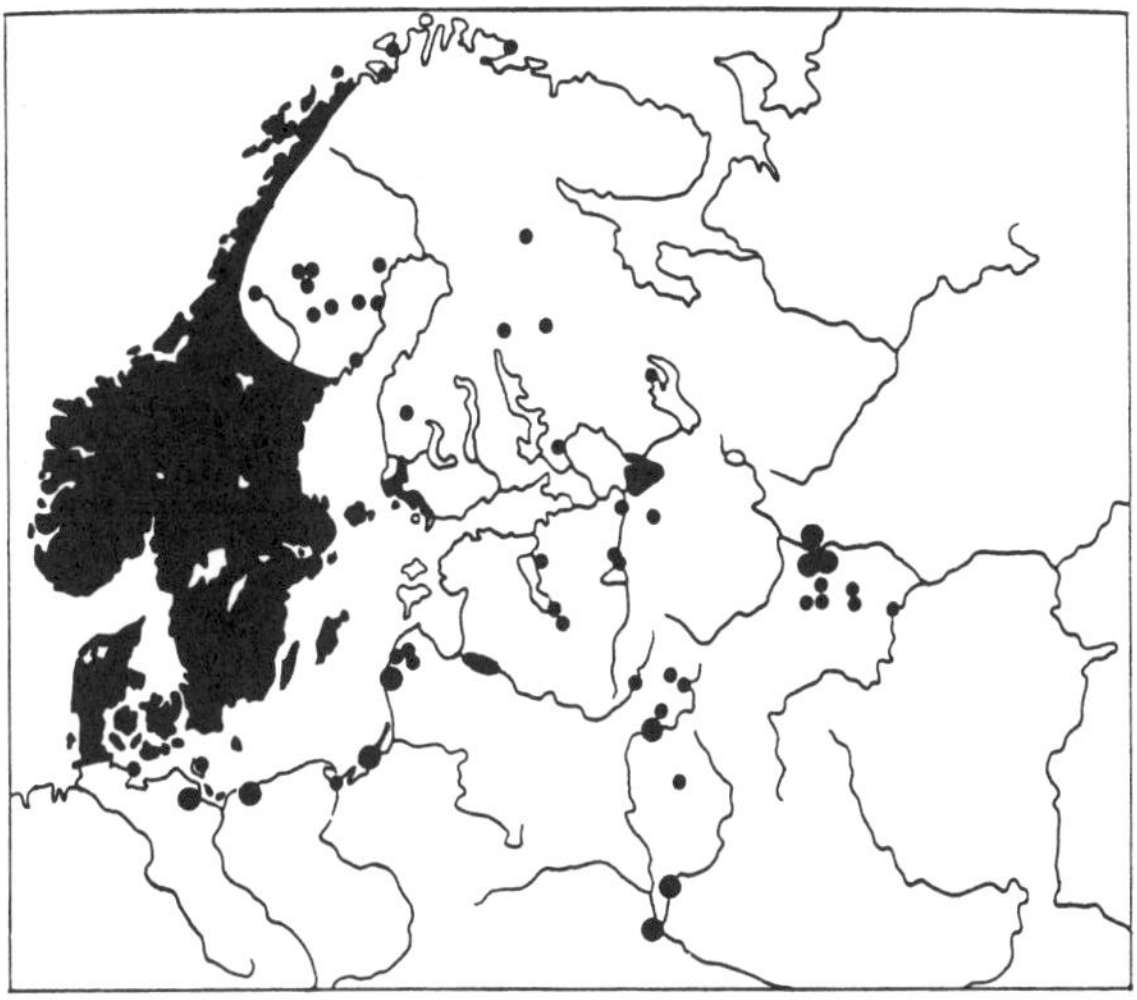

図32● （上）スカンディナヴィア系の女性用青銅製ブローチ出土地（～ヴァイキング時代中期）。
（Ingmar Jansson, "Communications between Scandinavia and Eastern Europe in the Viking Age. The archaeological evidence", K. Düwel et al. (hrsg.), *Unterzuchungen zu Handel und Verkehr der vor- und frühgeschichtlichen Zeit in Mittel- und Nordeuropa. Teil IV. Der Handel der Karolinger- und Wikingerzeit*, Göttingen, 1987, S. 777.）
図33● （下）女性の着衣図。卵形ブローチのつかわれかたに特徴がある。
(Gustaf Trotzig, *op. cit.*, s. 30.)

いる。スターラヤ・ラドガ、ノヴゴロド近郊のリュリコヴォ・ゴロジシチェ、プスコフでは、鋳型や半完成品も出土しており、それらが現地で生産されていたことがあきらかになっている。

ブローチの地理的・年代的分布からは、スカンディナヴィア人がロシア水系に活動の場をひろげていった過程をよみとることができる。バルト海・フィンランド湾・ラドガ湖をへて、ヴォルホフ川へ進入する入り口にあたるスターラヤ・ラドガでは、八世紀にまでさかのぼる最古層（年輪年代による七五〇～八四〇年ころ）からヴェンデル時代型の卵形ブローチが一つ出土している。同様に、ヴァイキング時代初期（八世紀後半～九世紀後半）の特徴をもつブローチは、ヤロスラヴリ地方から最南部ではグニョズドヴォまで、数おおく発見されている。しかし、出土総数からみると初期型に属するブローチの割合はわずかで、全体の約九七パーセントは、ヴァイキング時代中期（九世紀後半から一〇世紀末）の特徴をそなえている。ほかのスカンディナヴィア系の出土物も同傾向にあり、ヴァイキング時代初期には、スカンディナヴィア人の活動規模はちいさかったようにおもわれる。ヤンソンは、この点について、ロシアからスカンディナヴィア東部にいたる地域全域で初期の遺物が相対的にすくないことを指摘し、したがって出土の絶対量から活動の強度をはかるのには慎重であるべきだとしている。

しかし、第3章以降でみるように、一九九〇年代におこなわれたスカンディナヴィアの都市的集落発掘からえられている知見によれば、ヴァイキング時代初期、スカンディナヴィアと東方との接触は限定的なものにとどまっていた。したがって、東方における初期型ブローチの出土数のすくなさはそれをうらづけているとみるべきであろう。一〇世紀末以降のヴァイキング時代末期になると、ロシアではスカンディナヴィア様式の女性用ブローチ出土は皆無となる。これには西欧化の影響による衣服の変化や、とくにキリスト教化による副葬品の減少・消滅の影響もあると考えられ、ここでもスカンディナヴィア人の状況を遺物の有無・多寡から解釈することには困難がともなう。

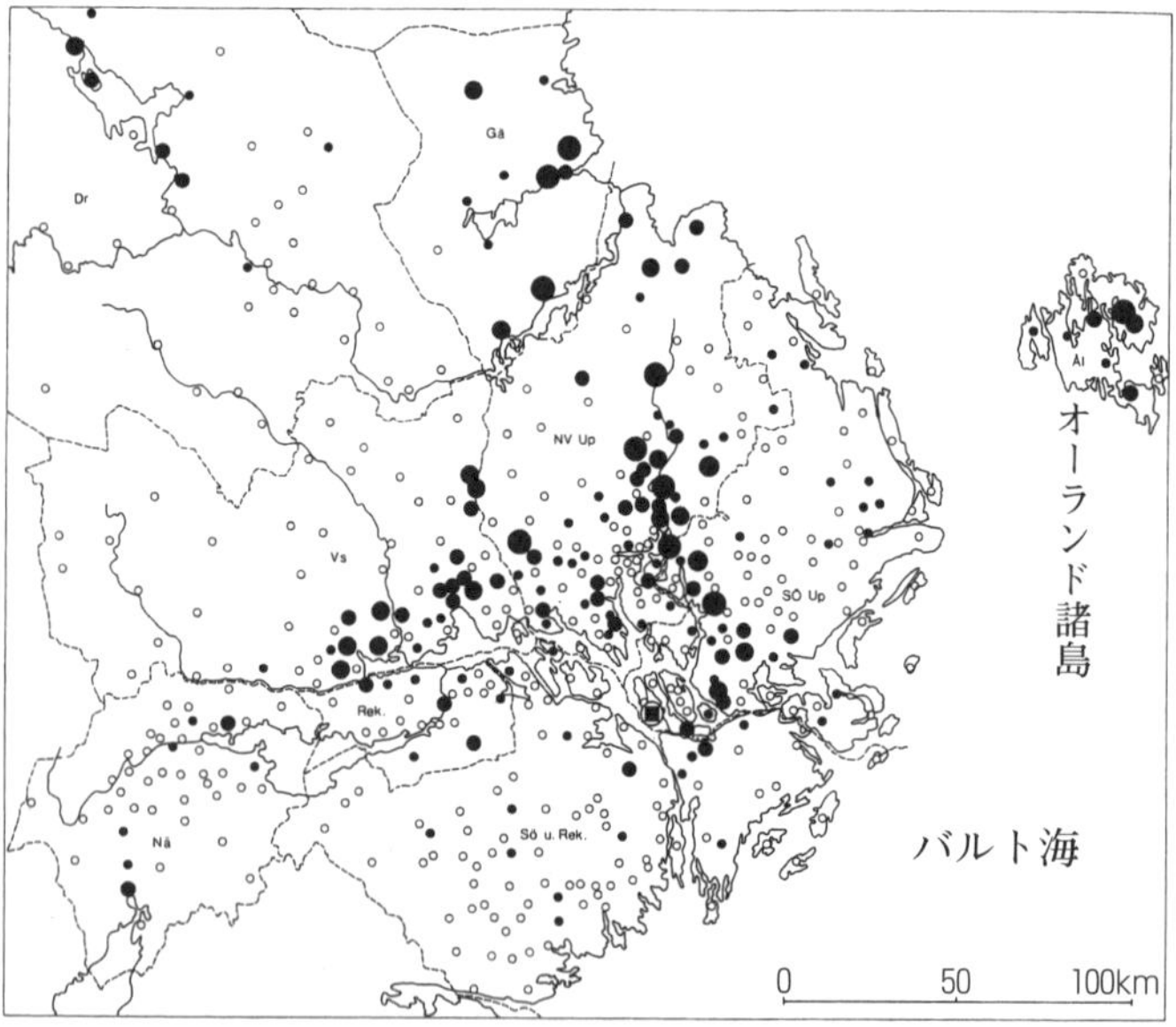

図34●卵形ブローチの出土地。メーラル湖周辺地域。教区単位で示してある。白丸は出土なし。出土のもっともおおいビルカ（図中の■）からは302例知られている。スカンディナヴィアでは典型的な副葬品のひとつである。（Ingmar Jansson, *Ovala spännbucklor. En studie av vikingatida standardsmycken med utgångspunkt från Björkö-fynden,* Uppsala, 1985, s. 153.）

11 ボリショエ・チメリョヴォ遺跡——「民族」のるつぼ

上述のように、ある墓域から、被葬者全体にしめるスカンディナヴィア人の比率をわりだし、それをもとに地域のスカンディナヴィア人人口比を推定するのは容易ではない。しかし、スカンディナヴィア人がヴァイキング時代にロシアの地域社会において、どのような位置をしめていたのかを知るてがかりを十分にえることはできる。グニョズドヴォ、リュリコヴォ・ゴロジシチェではそれが部分的に可能であることは既述したとおりである。

ヴァイキングに関連するロシアの遺跡、とくに墳墓はソ連崩壊後、盗掘が頻繁におこなわれ、また学術的発掘がおこなわれている場合でもその成果が整理され、報告書が出版される段階にいたっていないことがおおい。そうした状況のなかで、ヤロスラヴリ地方に位置するボリショエ・チメリョヴォの墓域は、例外的に完全に発掘され、かつ報告書もととのっており、検討のための好条件がそろっている(10)(図35)。

この墓域はヴォルガ川支流のちかくにある、約一〇ヘクタールの大定住地に隣接しており、そこの住人によって建設された(図36)。この定住地は九世紀後半から形成されはじめ、一二世紀までつづいた拠点集落であった。ここでは約五〇の家屋跡が発掘されており、定住地建設の当初からスカンデ

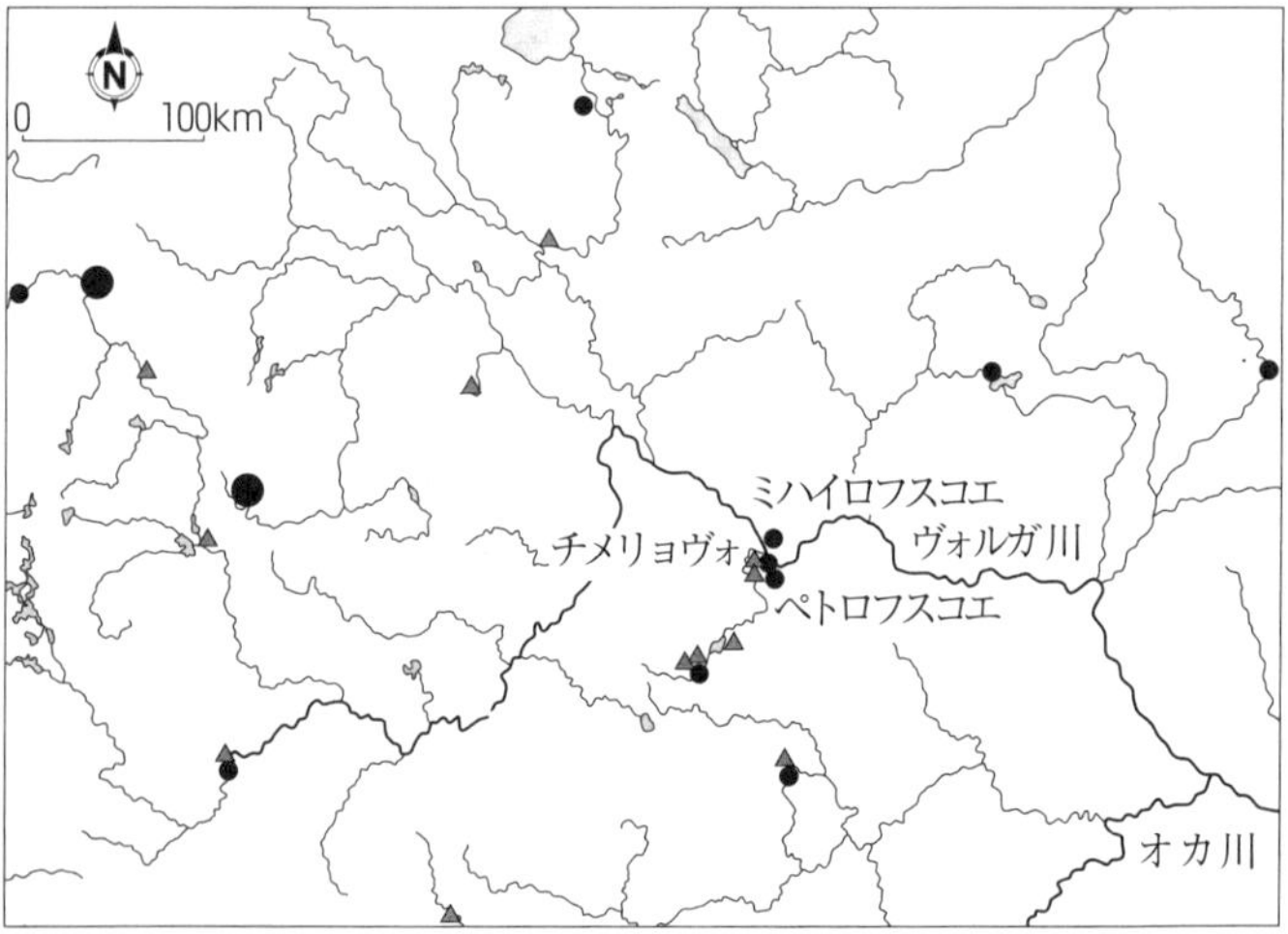

図35●ヴォルガ上流域の地図。●定住地、▲イスラム貨の埋蔵宝出土地。
（Johan Callmer, “From west to east. The penetration of Scandinavians into eastern Europe ca. 500-900”, M. Kazanski et al. (réds.), *op. cit.*, p. 71.）

ィナヴィア人が存在したことがわかっている。それを明確にしめすのが、二六八五個のイスラム貨(～八六四／五年)からなる埋蔵宝である。そのうちの四個にはスカンディナヴィア人に特徴的なルーン文字がきざまれている。定住地に付属する、正方形にちかいかたちの墓域には四六四基の墓(三三九基が火葬、一三五基が土葬)があり、それぞれ墳丘をともなっている。土葬墓は全体にちらばってみられるが、東南に集中している部分がある。この部分は、その埋葬様式と副葬品のすくなさから、ヴァイキング時代末期に形成されたとおもわれる。スカンディナヴィア人の被葬者を識別するてがかりとなる女性用ブローチは、二七基(火葬墓二五基、土葬墓二基)から出土している。スカンディナヴィア様式の男性装身具は中央に位置する八基から、スカンディナヴィア人の信仰にかかわる「ソール神の槌」(62頁図21、22)の輪が四基から、スカンディナヴィア起源とおもわれ、儀礼でもちいられた「粘土の足型」(108頁図38)が四六基(すべて火葬墓)から発見されている。墳墓の規模・副葬品から判断すると、これらのスカンディナヴィア的要素をもつ墓の被葬者がとくに支配階層に属していた様子はうかがわれない。つまり、スカンディナヴィア人が政治的・経済的に中心的役割をになった、たとえば、国家形成に関与したり、交易網を組織していたという痕跡をそこにはまったくみることができない。

しかし、四六四基に計二七個の女性用ブローチが副葬されていたということからは、かなりのスカンディナヴィア系人口がここにみられたことがうかがわれる。ヴァイキング時代のスウェーデンにおける最大規模の都市的集落ビルカの例をみると、約五七〇基ある火葬墓のうち、卵形ブローチをとも

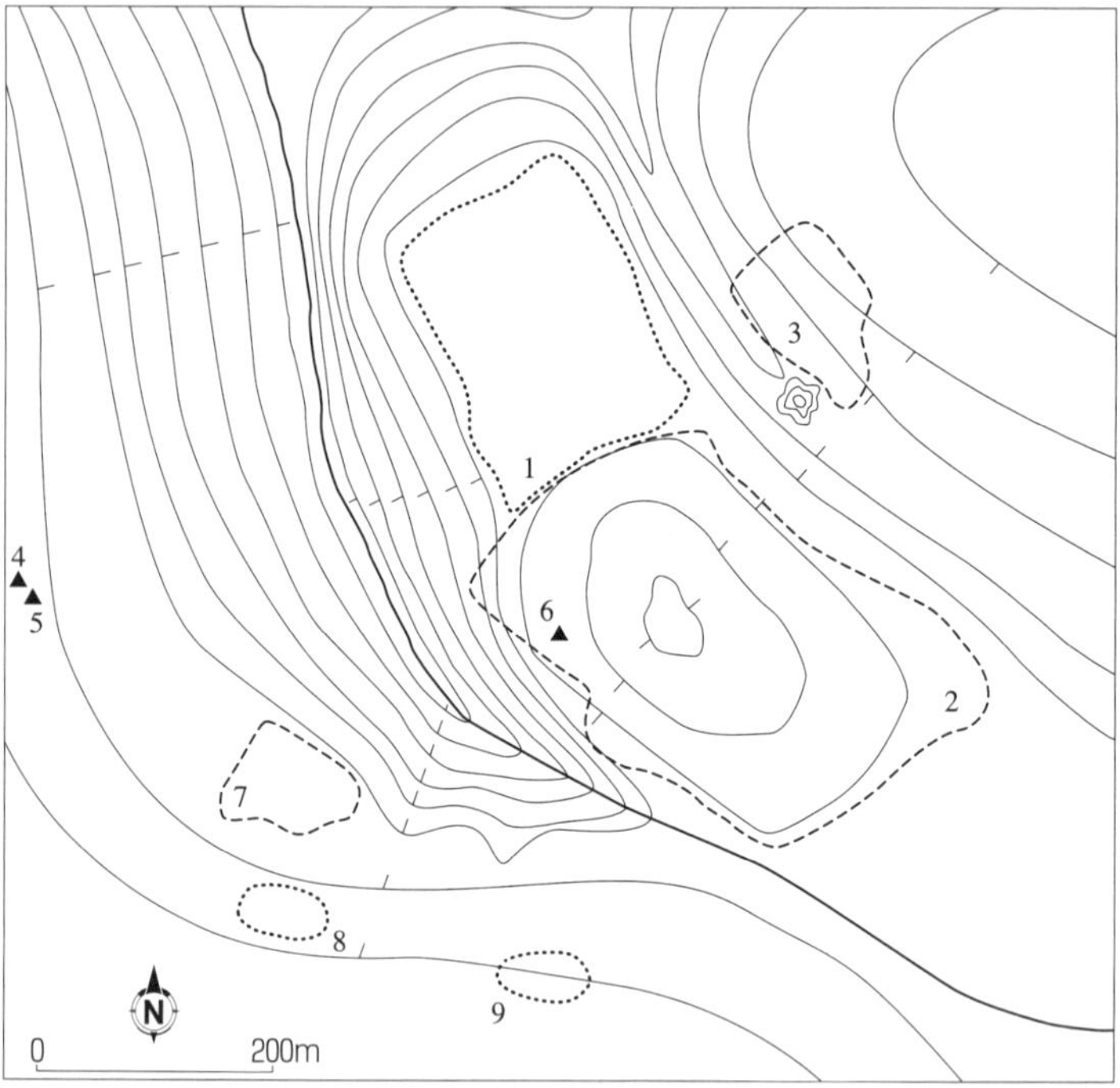

図36●チメリョヴォの遺跡（9世紀後半～12世紀）。1：ボリショエ・チメリョヴォ（墓域）。2・3・7：集落、4・5・6：埋蔵宝、8・9：墓域。（Valerij Sedyh, "Timerevo - un centre proto-urbain sur la grande voie de la Volga", M. Kazanski et al (réds.), *op. cit.*, p. 174.）

なっていたものは二六基にすぎない。このことと比較すれば、ボリショエ・チメリョヴォにおけるスカンディナヴィア系人口は、直接の痕跡をのこさないまでも相当な規模であったことが推定される。

これらのスカンディナヴィア人たちは、いかなる経緯をへて、故郷からとおくはなれた地でほうむられることになったのか、つまりこの地域でどのような活動に従事していたのであろうか。かれらを戦利品と名声をもとめて（つまり帰郷を前提として）対外遠征にむかった、ヴァイキング時代のスカンディナヴィア人＝「ヴァイキング」とする素朴な一般的理解にしたがうなら、かれらは商業、略奪などのために遠隔地にむかった冒険者であり、その過程で客死したひとびとであるとかんがえられる。しかし、男性にくらべ、より確実に存在を確認できる多数のスカンディナヴィア人女性（さらには子ども）を、すべてヴァイキング行に参加した「ヴァイキング」であると解釈するのは、サガなどにみられるヴァイキング像に照らしたとき、困難である（もちろん、のちにみるように女性が経済活動の主体として商業にたずさわっていた可能性も十分にある）。したがって、そのおおくは、「戦士」や「商人」ではなく、家族をともなってロシアへと移住した「ふつうのひとびと」の一部であると考えざるをえない。換言すれば、あたらしくすむ土地を獲得するために東方へと移民したスカンディナヴィアの農民集団があったということである。そうであるなら、スカンディナヴィアから船にのってバルト海へのりだした「ヴァイキング」の集団には女性や子どももふくまれていたことになる。これはヴァイキング活動とは何であり、ヴァイキング時代とはどういう時代なのか、つまりその歴史的な意義を考え

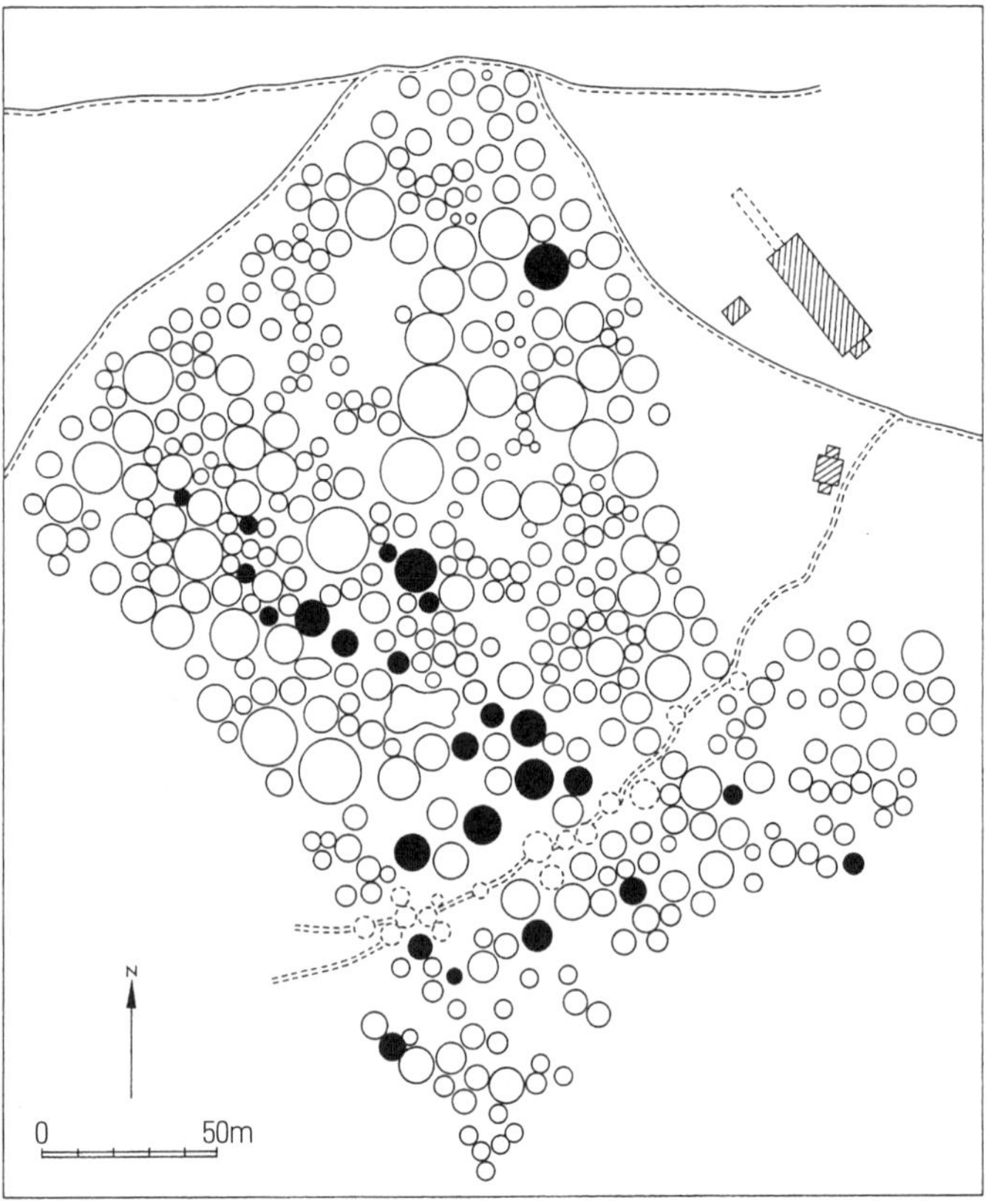

図37●チメリョヴォの墓域。●ブローチ、ソールの槌など、スカンディナヴィア系の遺物が出土した墳丘墓。(Anne Stalsberg, "The Scandinavian Viking Age finds in Rus : Overview and analysis", *Bericht der Römisch-Germanischen Kommission*, 69, 1988, S. 463)

るにあたって、無視できない点であろう。東方へのヴァイキング活動の背景には、そうした移住を余儀なくさせた、あるいはそれをあとおしするなんらかの要因がスカンディナヴィアの社会のうちにあったのかもしれないが、これは今後のヴァイキング史研究において重要になる視点とおもわれる。

ボリショエ・チメリョヴォもふくむ地域の住人がどのような生業に従事していたのかということについては、議論がわかれている。ヤロスラヴリ地方には、スカンディナヴィアとの関係がふかいペトロフスコエ、ミハイロフスコエもあるが（102頁図35）、これらの場所には、スターラヤ・ラドガのように「交易と手工業の拠点」といった性格を明確にみいだすことができない。その位置は主要な交通路ぞいではなく、交通の大動脈であるヴォルガ川からすこしはなれた場所である。これらの三集落は、地域的な商業・交換の中心地として機能していたとおもわれるが、考古資料からえられる全体像においては、都市的というより農村的な性格がつよい。ヤンソンやロシアの考古学者たちは、チメリョヴォを純然たる農村であり、そこに「ヴァイキング」として到来したスカンディナヴィア人も主として農業生産に従事したと考えている。カルメルも、グニョズドヴォなどとは異なって、チメリョヴォでは一定の農業生産活動があったことを指摘している。考古資料がしめすところによれば、ロシアにおけるスカンディナヴィア人の存在は、交通のネットワーク上に位置する地域的中心地、商業拠点に集中しており、こうした場所をのぞけば、スカンディナヴィア人の痕跡はごくわずかか皆無である。したがって、ヤロスラヴリ地方はきわめて「例外的な地域」であるようにおもわれるが、そこでのスカ

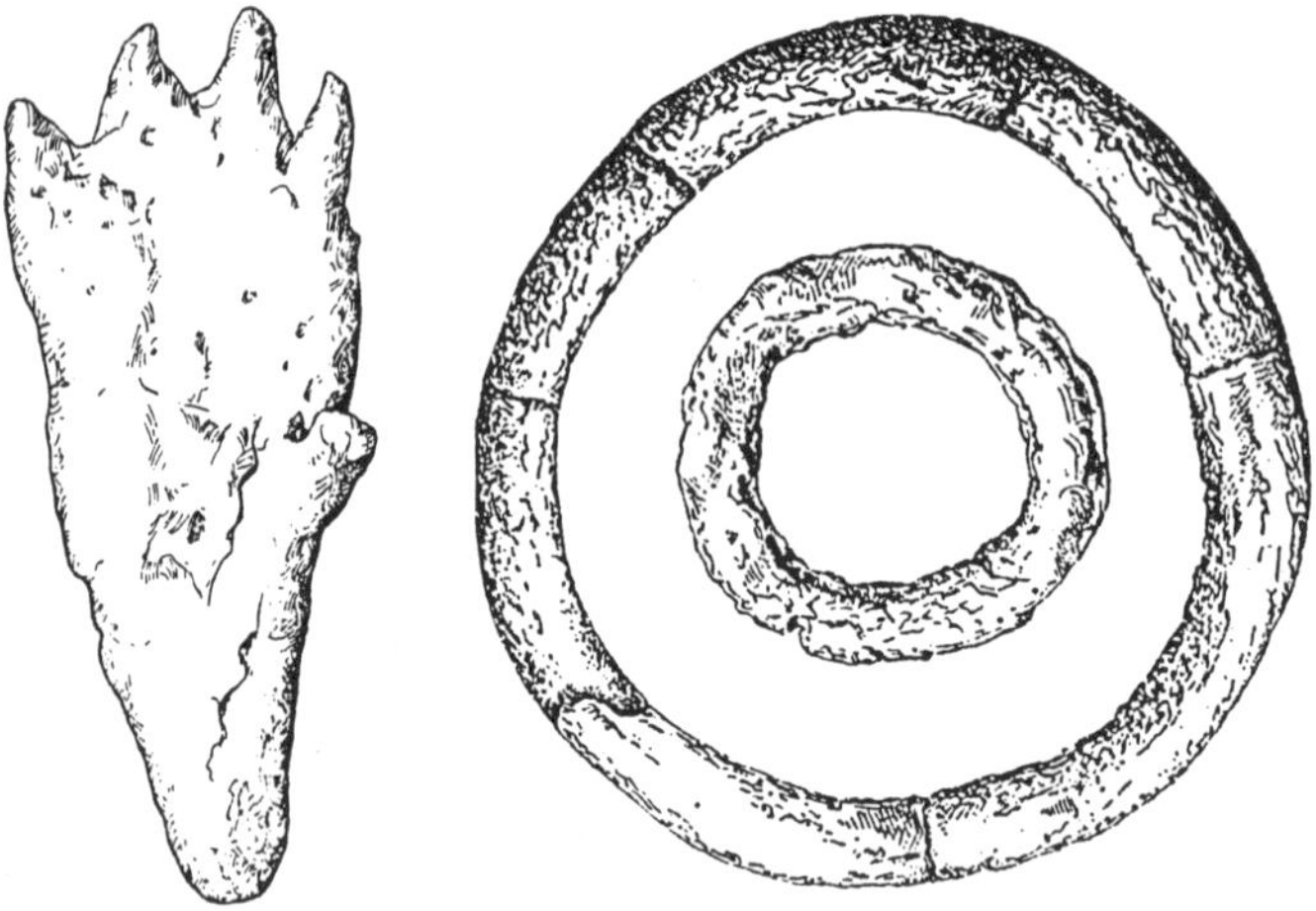

図38●粘土の足型と輪。（Wladyslaw Duczko, *Viking Rus. Studies on the Presence of Scandinavians in Eastern Europe*, Leiden, 2004, fig. 53.）

ンディナヴィア人の定住規模のおおきさを考えると、東欧におけるスカンディナヴィア人の存在形態の一類型として理解するべきであろう。ただし、遠隔地からの外来品や貨幣・分銅などの副葬も少量であるがみられ、すくなくとも、この場所がヴォルガ川と交易網に接続していた時期があったことを示唆している。前述の埋蔵宝のほかにも、定住地の外で一五〇〇個あまりのイスラム貨からなる埋蔵宝が発見されており、これらはヴォルガ川という物流網との接触の結果であることはまちがいない。カルメルは、これらの三カ所は、毛皮交易、貢納遠征のための拠点として開始したが、徐々に地域権力者の在所である農村へと移行したとみている。

ヤロスラヴリ地方にくらしたヴァイキング時代のスカンディナヴィア人は、スカンディナヴィアのどこからやってきたのかということについても、チメリョヴォの墓域からはいくらかの示唆がえられる。チメリョヴォの火葬墓のうち、一八パーセントで前述の「粘土の足型」がみつかっている。この類型に属する遺物は、ドニエプル上流域やヴォルホフ川流域からはまったく出土例がないにもかかわらず、ヤロスラヴリ地方ではどこでもみられるという特徴をもつ。これは、男性、女性、子どもの墓すべてに共通する。ビーバーの足をかたどったとおもわれる粘土を副葬する習慣は、スウェーデンとフィンランドのあいだに位置するオーランド諸島と、メーラル湖周辺地域の南部で、七世紀はじめから葬送儀礼の一部をなしていたとされている。したがって、ロシア水系において、足型をもちいる儀礼の痕跡がヤロスラヴリ地方にのみみられることから、当初この地域に定住したスカンディナヴィア系住民は、ラドガ湖周辺地域、ドニエプル中流域など、ロシア水系の他地域におけるスカンディナヴィア人とは出身地域を異にすると考えられ、「東方のヴァイキング」も一様ではないことをよくしめしている。

12 「ルーシ」とはなにか

現在のチメリョヴォに関する議論は、かつての諸学説と三つの点で異なっている。ひとつはエスニシティがちがう角度から問題化されはじめたことである。アルネ、アルブマンら、戦前の研究者はロシアにおける「「スウェーデン人」の植民地」の形成を想定していた。こうした見方は、現在の研究がしめしているスカンディナヴィア人、フィン・ウゴル人、スラヴ人の「融合」と対照的である。定住地、墓域にみられる「共存関係」は、チメリョヴォ以外にもおおくの場所で確認されている。アルブマンが「スウェーデン」の植民地または征服地と考えたスターラヤ・ラドガは、最近の考古学的研究によって、建設の当初から多民族の活動の場となっていたことがしめされており、住民の「多民族性」が通説となっている。おなじことはリュリコヴォ・ゴロジシチェ、グニョズドヴォにもあてはまる。チメリョヴォの発掘成果も、多様な出自をもつ住民がある一体的な存在であったことをしめしており、それゆえにひとびとはおなじ墓域を共有することを選択したと考えられるのである。

ボリショエ・チメリョヴォでは、ヴァイキング時代末期になるとスカンディナヴィア、スラヴなどに特徴的な要素が混交するようになり、その結果、スカンディナヴィア的要素はまったく検出されなくなってしまう。これは現地の住民とのあいだで同化が短期間に進行したためであるとおもわれる。すでにみたように、当時それぞれの地域にスカンディナヴィア人がどの程度の割合で存在したかという問題については、数パーセントという主張から、圧倒的多数とみる研究者までさまざまである。ヤンソンにしたがえば、かろうじて女性用ブローチがその指標につかえるのみである。しかし、これらのまったく異なるといってよい解釈・結論は研究の視角がもつ問題をよくあらわしている。つまり、一つの墓、あるいは墓域全体をある特定の民族集団に属するものと判断すること、あるいは属すると判断しうるという前提そのものの問題性である。ヤンソンは、チメリョヴォの墓域にあらわれている発展の各段階では、異なる物質文化をあらわす諸要素が別々の集団をあらわすのではなく、異なる出自をもちはするが、自分たちを一つの共同体として、さらにおそらくは「一つの民族集団としての意識をもったひとびとの共同体」をあらわしているという。

カルメルによっても同様の見方が提起されている。かれによれば、ロシアの遺跡・遺物には、たしかにヴァイキング時代のスカンディナヴィアの文化的特徴は明確にのこされているが、それはもはやスカンディナヴィアでみられる文化的なパターンにそった、まとまったアイデンティティの表現として理解することができないほど、変化してしまっているか、それがおかれた文脈を異にしている。[11] この変化、それも相当急速におこった融合そのものが古代ロシアにおけるもっとも重要な発展であり、その結果として形成されたのが「ルーシ」というあらたなアイデンティティ（およびキエフ・ルーシという国家）であった可能性が考えられるのである。そうであるなら、それぞれ、文化的・歴史的に独自な背景をもつ、スカンディナヴィアの諸地域から到来したひとびとが、フィン・ウゴル人、スラヴ人などと混住し、河川網を介して継続的に中央アジア、イスラム世界と接触をもつことによって成立したのがルーシ社会であり、それはルーシ社会のなによりの特徴であったとおもわれる。

スカンディナヴィア人もふくむ多様な文化的背景をもつ集団が短期間に同化し、それまでにないあらたな帰属意識をもった共同体が形成されたことの結果として、キエフ・ルーシの成立をみるならば、「ヴァリャーグ問題」はその問題のわくぐみ自体がなりたたない、無意味なものとして解体されてしまうことになる。キエフ・ルーシ成立の「主体」となったのは、スカンディナヴィア人でもスラヴ人でもなくなるからである。また、ノルマニスト、反ノルマニストの双方によって無視されていたフィン・ウゴル系住民の役割を再評価する立場からも、「ヴァリャーグ問題」は解体されつつある。スカンディナヴィア人の交易活動と関連して、比較的詳論されてきたハザール人、ヴォルガ・ブルガール人、アラブ人とちがって、「うしろだて」となる国民国家や研究者群をもたなかったフィン・ウゴル人はきわめて受動的な存在（たとえば奴隷の供給集団のひとつ）として言及されるのみであった。しかし、すでにのべたように、たとえばスターラヤ・ラドガとその周辺地域の発達はかれらの移動・活動によって交易網が刺激された結果であるといった見解にくみするなら、まったくちがった史的風景があらわれてこよう。

このように考えるなら、ロシアを経由した銀がいかにして獲得され、バルト海、スカンディナヴィアへもたらされたかという問題についても、これまでの論争のわくぐみをみなおし、見方をかえる必要があろう。「略奪か商業か」という問いは、ロシア水系におけるヴァイキング活動の性格如何、つまりスカンディナヴィア人がロシア水系に活動の場をもったひとびとと関係するに際して、どのような行動をとったのかということを問題にしており、異なるアイデンティティをもった固定的な集団のあいだを銀がなんらかの方法で移動したということを前提にしている。この前提のもとでは、敵対的な略奪行為や貢納賦課と、平和的な合意にもとづく商業は矛盾し、並存しえないようにおもわれる。しかし、共同体のアイデンティティが柔軟かつ流動的であり、銀がこえたはずの両者間の「境界」もあいまいな状況においては、これらは相互に矛盾するものとはならない。スカンディナヴィアからやってきたヴァイキングの敵対的略奪が恒常的にあったからといって、その地域に「スカンディナヴィア人」が平和的に定住できなかったことにはならないのである。この問題には、第1章でみたように近代の国民国家観が色こく投影されていることが関係しているとおもわれる。ヴァイキング活動の性格をめぐる問題については、のちの章でふたたびとりあげることにしよう。

第3章 ヴァイキングを生んだスカンディナヴィア

1 スカンディナヴィアの都市的集落

これまで、銀をスカンディナヴィアへともたらしたヴァイキングの活動とはいかなるものであったのかを、とくにロシアを中心として概観した。それでは、そうした「外部」でのヴァイキング活動の背景にあったスカンディナヴィアという「内部」は、バルト海を介するヴァイキング活動によって接続されたネットワークのなかで、どのような状態と位置にあったのだろうか。この点をもっともよくかたってくれるのが、「外部」への窓口になることを主たる機能としたとおもわれる人口密集地、都市的集落の存在である。ヴァイキング時代のスカンディナヴィアにおける都市的集落はそれほどおおくない。農耕、牧畜、漁猟などが生産活動の中心にあり、またその生産力も先進文明地域に比してたかくはないスカンディナヴィアにおいて、都市的な存在、つまり食糧生産を日常の営為としないひとびとの集団を維持することの大変さを考えれば、当然のことである。現在、知られているヴァイキング時代の都市的集落は、スカンディナヴィア東部ではビルカ、西部ではカウパング、南部ではヘーゼビュー、リーベなどがあり、その歴史的な役割を知るには、ほぼ十分な発掘・研究がおこなわれてきている（39頁図7）。これらの遺跡における墓域や集落跡から出土する遺物に顕著なのは、そこに多数の外来品がふくまれていることである。その点、都市的集落と同時代周辺地域とは明確に異なっており、前者はすくなくとも遠隔地との人的・物的交流のための拠点として機能していたことがうかがわれる。ここではそうした都市的集落のうち、おもにスウェーデン中部に位置するビルカがはたした役割を検証することで、ヴァイキング時代とはどういう時代であったのかという課題について考えるための糸口としよう。

図39●メーラル湖周辺地域。海水面が現在よりたかかったヴァイキング時代には、メーラル湖から河川を北上することでシクトゥーナ、ガムラ・ウップサラ、ヴェンデルに、南下してセーデルテリエの地峡をとおることでバルト海に達することができた。

2　ビルカとはなにか

現在のストックホルムの西方約三〇キロメートルのメーラル湖上にビョルケーとよばれている島がある。ヴァイキング時代、この島の西岸にひろがっていた都市的集落がビルカである[1]。現在の島は約四×一・五キロメートルにわたっているが、氷河期が終了してからつづいている土地上昇によって海水面が約五メートル低下しているため、ヴァイキング時代には現在の半分ほどのひろさであった（122頁図43）。ここには、ヴァイキング時代の遺跡が集中しており、大小の墓域、砦、防備壁、港湾施設跡などがみられる（図40）。壁にかこまれた部分は約七ヘクタールあり、そこに堆積している黒色の遺物包含層（それゆえ黒土地区とよばれる）は一〜二メートルに達する。バルト海南岸の遺跡と異なって、隆起によって水分がはけてしまっているため、有機物の保存状態はよくない。島嶼部でこれほど遺跡が集中している場所は、スカンディナヴィアではほかになく、一七世紀末から発掘・調査の対象とされてきた。最初に発掘されたのは六カ所に分かれている墓域であった。黒土地区の北東にある最大の墓域「ヘムランデン」には約一六〇〇基の墳丘墓がみられ（120頁図42）、砦と港湾部のあいだにも約四〇〇基がある[2]。総計ではすくなくとも約三〇〇〇基になる。これらの墓域の分析からは、八世紀末からの約二〇〇年間にわたるビルカの平均定住人口は九〇〇人以上あったと試算されている[3]。約七へ

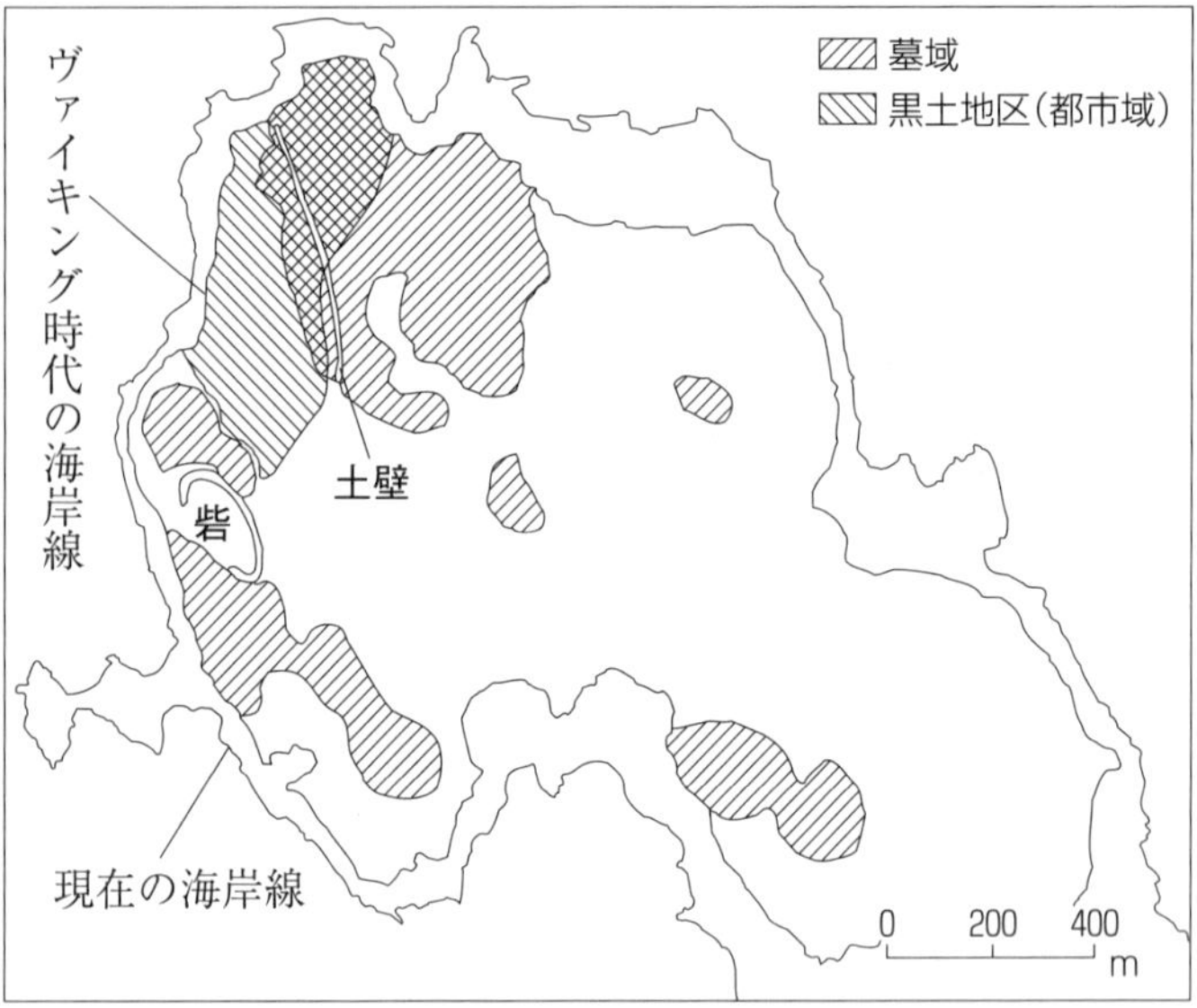

図40●ビョルケー島の遺跡群。

クタールという面積からは、最大でも七〇〇人程度ではともいわれているが、いずれにせよ、散在する農場が基本的な生活の場であった、つまり散居制を社会の基本としたヴァイキング時代のスカンディナヴィアにおいては、きわめて例外的な密集家屋をもった集落であったことはまちがいない[4]。

二〇世紀後半にはいって、港湾部、都市壁とその外にあるロングハウス跡が調査され、一九九六年には砦、一九九〇〜九五年には都市域がはじめて大規模に発掘された[5]。とくに都市域の発掘では、前例のない質と量の資料がえられており、ビルカという集落のすがたがより明確になりつつある。たとえば、大量の獣骨はここが毛皮の集積場になっていたことをしめしており（124頁図44）、海岸よりの最古の桟橋のわきからは、青銅製品を鋳造するための工房跡がみつかっている。ここで出土した鋳型の分析からは、メーラル湖沿岸地域で発見されているすべてのタイプの製品がビルカでつくられていたことがあきらかになった。このように考古資料からみるかぎり、ビルカはかなり多様な機能を有していたようである。また、ビルカについての情報は、遺跡以外にものこされている。すでに言及したリンベルトの『聖アンスガール伝』（八七〇年ころ）では、デンマークのヘーゼビュー、リーベとならんで、アンスガールが八三〇年代から八五〇年代にかけ、キリスト教布教に二度おとずれた場所として、ビルカは言及されている（口絵2）。これが史料におけるビルカの初出である。その内容についてはのちに詳述しよう。

図41●（上）ビルカの砦復元図。(Bente Magnus, *Birka*, Stockholm, 1998, p. 40.)
図42●（下）ビルカの墓域（ヘムランデン）。(*Ibid*, p. 18.)

「国際商業都市」ビルカ

ビルカは、ヴァイキング活動の経路となった、人と物の移動のネットワーク上でどのような役割をはたしていたのであろうか。一九世紀末からはじまったビルカなど都市的集落の学問的調査をうけて、『スウェーデンにおける都市の成立と最初期の発展』を著したのが中世史家アードルフ・シュックである（一九二六年、スウェーデン語）。かれは、「スウェーデンの都市史は、九世紀前半以来、スヴェーア王権の商業中心地としてかたられている有名な交易共同体ビルカにはじまる」とのべてビルカについて論じはじめ、商品をもちよったひとびとと購買意欲にみちたひとびとがあつまり、出会う場所としてビルカを描写している。(6) このようなビルカの位置づけは『スウェーデンとカロリング帝国　九世紀における交易関係の研究』（一九三七年）を著し、ビルカの発掘物の整理と公刊に着手したホルイェル・アルブマンによってもひきつがれる。この書物は当時、知的読者層の共通語であったドイツ語で書かれ、シュック以上の影響力をもつことになったが、その著者にとって「ビルカがバルト海沿岸地域の中・北部において最大の商業地であったことは疑問の余地がない事実」であった。(7)

「事実」の第一の根拠とされたのは、もちろんアルブマンが考古学者として研究対象とした数おおくの外来品、奢侈品をふくむ考古資料であったが、同時代のラテン語叙述史料である『聖アンスガール伝』もそうした考古資料の解釈をうらづけると考えられた。アンスガールは八六五年に、アンスガー

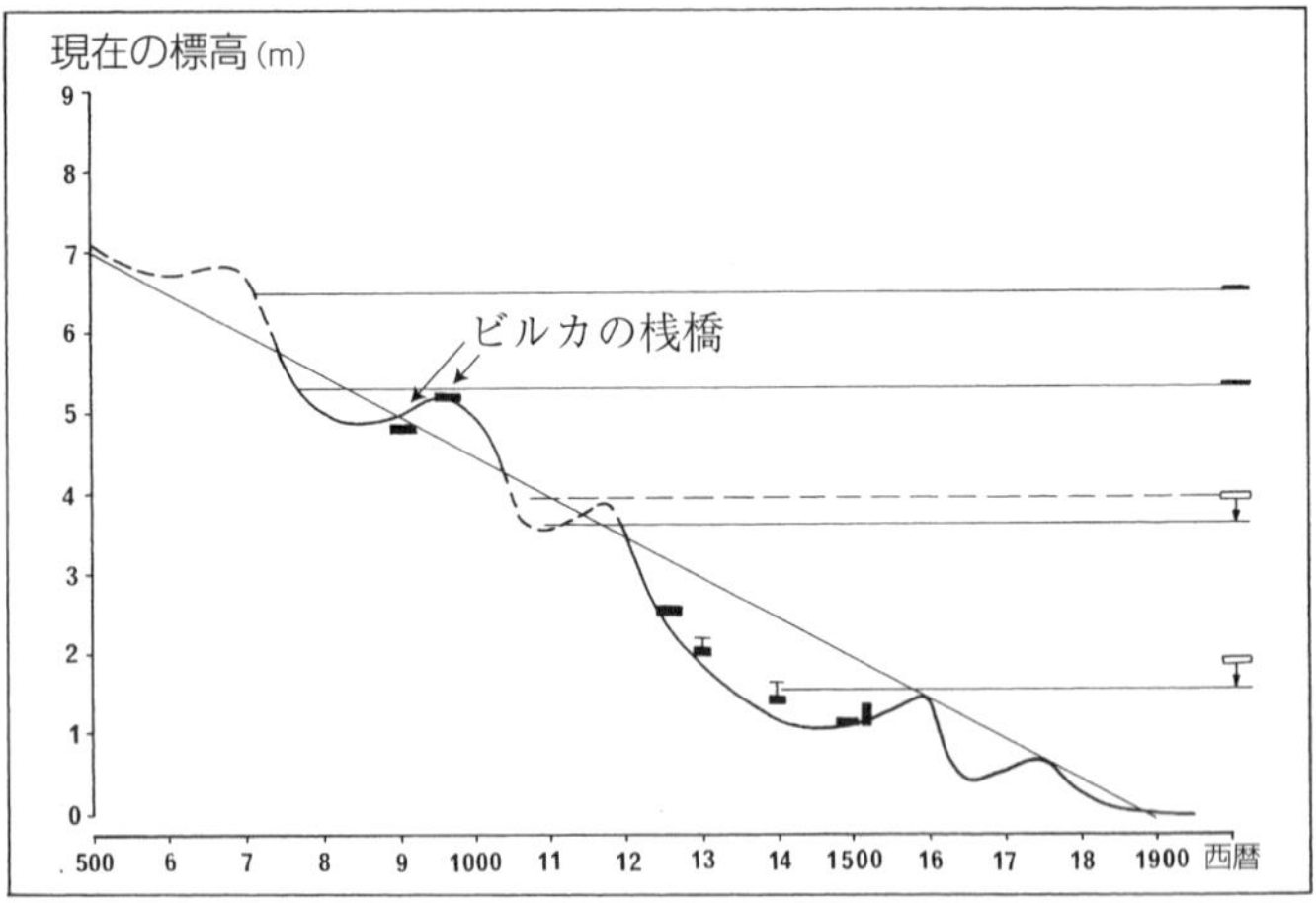

図43●ビルカの土地上昇と水位の低下の関係。温暖期には海岸線はあまり変化せず、寒冷期には急速に低下する。図には 800 - 1000 年ころ、温暖であったことがしめされている。かつてはヴァイキング活動の原因をこの温暖化にもとめる説もあった。(Björn Ambrosiani, *Birka on the island of Björkö*, Stockholm, 1991, p. 31.)

ルの後継者であり、『聖アンスガール伝』を著したリンベルトは八八八年に死去しており、かれらはヴァイキング時代を直接に目撃したひとびとであった。聖人伝というのは、キリスト教という枠組みのなかでつくられた一種の文芸作品であり、ある決まった物語・表現の型をもつことや、主人公である聖人の篤信の指標とされる奇跡譚など、そのままでは歴史史料となりがたい側面をもつ。しかし、意図せず言及された日常や社会状況の描写内容は、著者による誤解が生じていなければ、相当の歴史的現実を反映していると考えられる。そこに創作をくわえる理由がないからである。こうした観点からこの聖人伝をながめてみると、目にとまる描写がいくつかある。たとえば、アンスガール一行は布教のために、はじめてスヴェーア(現在のスウェーデン中部)のビルカへおもむく途上で海賊におそわれたという。そのとき「旅に同行した商人たちは勇敢に防御し、最初は優勢であったが、最後には海賊にうちまかされ、船と所持品すべてをうばわれた」(第一〇章)。つまり、アンスガールらの布教は、すでに大陸・ビルカ間での往来の経験をもつ商人たちを水先案内人としており、ヴァイキング時代初頭の八三〇年ころ、そこには商業路が確立していたことがうかがわれるのである。ビルカが略奪にあった経緯をのべたくだりでは、「そこにはゆたかな商人が数おおくおり、あらゆる種類の商品とおおくの貨幣、贅沢品があふれかえっていた」とビルカを描写し、ビルカが攻撃をうけた際、「かの地の監督者のヘルゲイルだけが、そこにのこっていた商人や人々(住民)とといあわせることになった」とつたえている(第一九章)。また、八五〇年代はじめ、アンスガールがふたたびビルカを訪問し、布

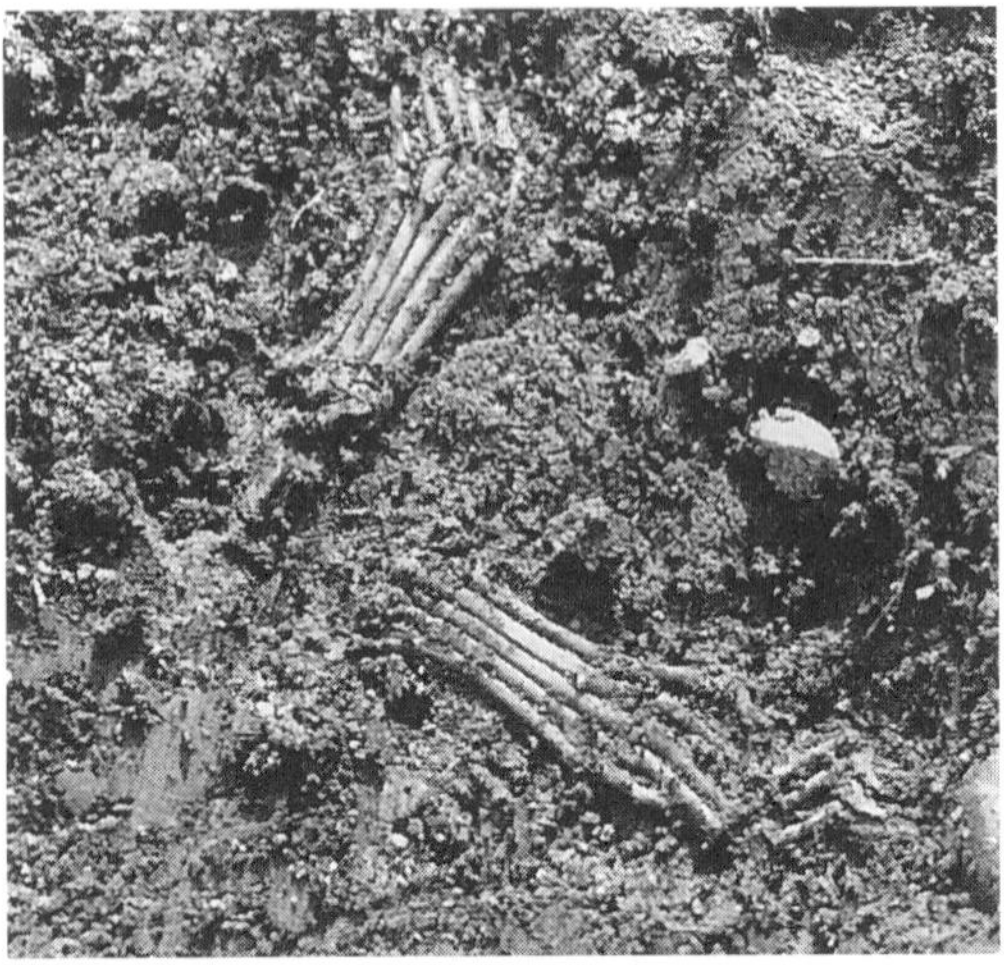

図44●（上）ビルカ出土の獣骨（マツテンの足）。毛皮の集積場としての機能もあったとおもわれる。（Bengt Wigh, *Animal Husbandry in the Viking Age Town of Birka and its Hinterland,* Stockholm, 2001, p. 122.）
図45●（下）ビルカの墓から出土したラインラント産容器、ガラス製品など。（Göran Burenhult (red.), *op. cit.*, s. 359.）

教に好意的なビルカの王からあたえられた区画に教会を建設したとき、司祭の住居をたてるための区画が「購入」されている（第二八章）。ほかにも、敬虔なキリスト教徒であったことで知られるビルカの女性フリーデボリのエピソードをかたる章では、「彼女は（キリスト教の儀式のため）ワインを買い、容器に保存していた」とあり、売買が日常的にあったことをうかがわせる。ビルカの墓域や居住地区から出土した貨幣や秤、分銅などは、そのような売買でもちいられたものであろう（口絵7）。

また、このフリーデボリという女性は、死の直前、自身のゆたかな財産をすべて喜捨するよう娘カトラに遺言する。ビルカで喜捨できなかった分については、「すべて売りはらいなさい。そしてその代金をもってドーレスタッドへ旅立ちなさい。そこにはたくさんの教会や聖職者、ほどこしを必要としているひとびとがいる」（第二〇章）と、大陸まで渡航して、すべての遺産を喜捨すべきことをつたえている（144頁図48）。聖人の事績顕彰とかかわってこないこうした言及にふくまれる情報には相応の信頼性をおくことができると考えられよう。これらの記述からは、ヴァイキング時代はじめのビルカで「売買」が日常的にひろくおこなわれており、大陸とも恒常的な経済的交流があったことはたしかであるようにおもわれる。

このように、ビルカがバルト海をはさんだ多方面の遠隔地から商人をひきよせる「市場」であったことはほとんど自明とされてきたのである。このことはヴァイキング史全体の叙述のされかたにも影響をあたえている。たとえば、スウェーデンの中心的考古学者であったヴィルヘルム・ホルムクヴィ

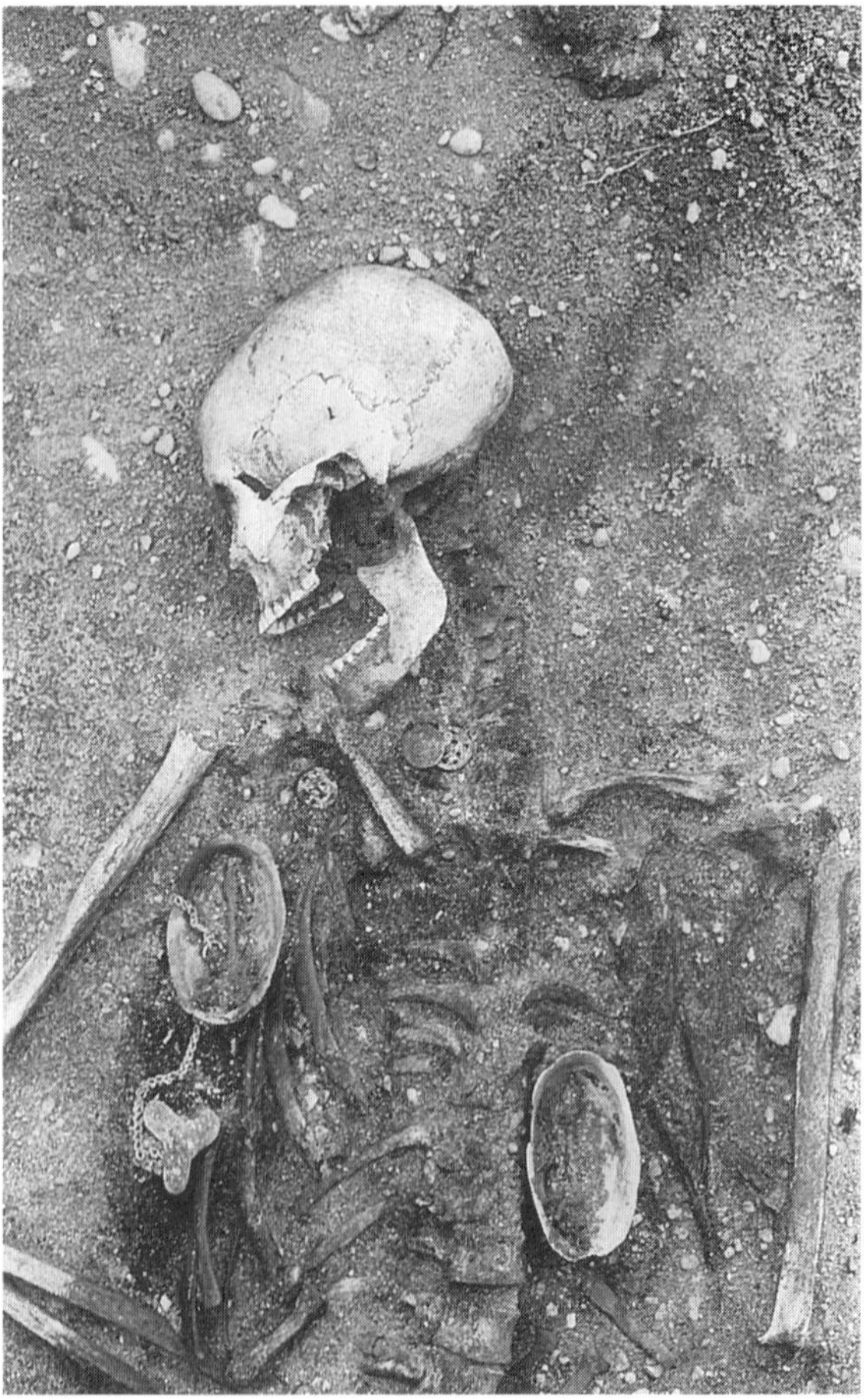

図46●バルト海・エーランド島の土葬墓。いくつかの装飾品がみえる。ヴァイキング時代には火葬墓にくわえて、木棺墓、木槨墓などの土葬墓もあった。ヴァイキング時代後半になるほど、おそらく火葬をみとめないキリスト教の影響のため、土葬墓がふえる（Gustaf Trotzig, *op. cit.*, s. 40.）。

ストは、スウェーデンのヴァイキングに関する一般読者むけ書籍（一九七九年）において「ヴァイキングの遠征はもともと「平和的」な目的でおこなわれた。武装した「平和的」な商人の時代だったのである」と述べている。(8) この「商人としてのヴァイキング」像は、先行するシュックらのビルカ論と、かれ自身が発掘し、当初はビルカに先行する時代（四〇〇～八〇〇年ころ）の「国際商業地」と解釈されたヘリエー遺跡群の研究にもとづいている。(9) 現在のストックホルム市街からビルカへむかう水路の途上に位置するヘリエーは、おおくの外来品の出土と大量の鋳型・坩堝破片といった手工業の痕跡で知られている遺跡群である（116頁図39）。出土物のなかには、金製品やおおくのビザンツ金貨、ラインラント産ガラス製品、司教杖にくわえ、仏像までがふくまれている（口絵8）。非常なおどろきをもってうけとめられたこの遺跡はビルカに先行し、ビルカと同様の性格をもつ商業拠点とかんがえられたが、現在では都市的な性格を有する商業拠点であったかどうかもふくめて議論がわかれている。

「イスラム世界と西欧をつないだ」ビルカ

シュック以来のビルカ論をさらにおおきな文脈に位置づけようとしたのが、スウェーデンの古銭学者ステューレ・ボリーンによってかかれた著名な論文「ムハンマド、カール大帝、リューリク」（一九三九年、スウェーデン語）である。この論文は、一九五三年に英語訳（日本語訳は一九七五年）が専門誌に掲載されたことによって、現在にいたるまでおおきな影響をもつことになった。(10) その内容は、ベルギーの中世史家アンリ・ピレンヌが「マホメットとシャルルマーニュ」（一九二二年）という、西洋史学の基本文献になっている論文でおこなった議論に呼応している。[11] ピレンヌによれば、ゲルマン民族が大移動の過程で西ローマ帝国に侵入し、四七六年に西ローマ帝国がほろびたことは、社会の基本的構造が転換をとげた事件、つまり古代と中世の画期とみるべきような現象ではない。ゲルマン人の一派フランク族によってたてられたフランク王国のメロヴィング朝時代（四八六～七五一年）までは古代世界がつづいたのである。しかし、七世紀にはじまるイスラム世界の形成・拡大にともなってイスラム教徒が地中海世界へ進出すると、古代からつづいた地中海を舞台とする商業が断絶し、ゲルマン人の移動と西ローマ帝国の瓦解後も維持されていた地中海世界の一体性がこわれることになった。そうした状況の変化に対応して、地中海からきりはなされた西ヨーロッパは農業社会へ変質しなければならなくなったが、ピレンヌはここに中世という時代のはじまりをみいだした。こうしたあたらしい環境への対応の結果として、西ヨーロッパ世界の中心が北方へ移動し、カロリング朝（七五一年～）というあたらしい王朝が出現したとされる。一般にピレンヌ・テーゼとよばれ、「マホメットなくしてはカール大帝の出現は考えられない」という表現に簡潔に要約されているこの学説にしたがえば、地中海交易の断絶は、八世紀にイスラム教徒・キリスト教徒間の対立が生じてはじめておこったのである。

ボリーンは、貨幣もふくむ考古資料にくわえ、フランク王国とイスラム世界の貨幣制度や商業に関する叙述史料を比較・考量し、アラビア語とビザンツの史料をももちいることによって、ヴァイキング時代初期にスカンディナヴィアがおかれた経済上の役割を再定位し、ピレンヌ学説を批判した。ピレンヌとちがって、ボリーンは地中海におけるアラブ人の勢力拡大が東西の交易関係を断絶させたとは考えなかったのである。かれはカロリング朝の貨幣重量とイスラム世界の銀価格の比較をおこない、八世紀から一〇世紀はじめにかけて、両者間に連動がみられると主張した。当初、フランク王国とイスラム世界のあいだには密な交流があり、それは地中海上をとおっていた。イスラム世界でもっとも需要のあった商品は毛皮と奴隷であったが、イスラム世界で銀の供給増にともなってその需要が高まると、この二商品を独自に供給することができなかったフランク王国は、その供給源としてスカンディナヴィアとのむすびつきをつよめる必要が生じた。そこからフランク人、スカンディナヴィア人、フリースラント人のあいだでの交易が発展をみせる。その状況は、フランク貨幣を模造してつくられたヘーゼビュー貨幣（148頁図50，51）やスカンディナヴィアにおける西欧貨の出土にあらわれている。しかし、九世紀半ばに変化がおこったとボリーンはいう。

七六二年からバグダードを都としたアッバース朝成立（七五〇年）と、イスラム圏における銀の産出地が東方で開発されたことによって、イスラム世界の経済の重心は東へ移動した。その結果、毛皮と奴隷の供給はヴォルガ川上流域など、ロシア水系を介して直接おこなうのが有利な時代環境が醸成されたのである。さらに八三〇年以降、西ヨーロッパではヴァイキングによる略奪行が程度と頻度ともにはげしさをますようになり（133頁、グラフ）、スカンディナヴィアが商品を供給し、フランク王国がそれを東方へととりつぐ従来どおりの交易がおこないがたくなったという状況もあった。その結果、フランク王国とイスラム世界をむすぶ交易路はロシア、スカンディナヴィア、バルト海を経由することになり、銀は逆の方向から西欧へ流入したのではないか、というのがボリーンによって提示された説明である。スカンディナヴィアと異なって、封建領主による貨幣鋳造権が確立していた西欧でイスラム貨幣が発見される例はわずかであるが（基本的に外来貨幣は使用が禁じられ、改鋳されたから、不思議なことではない）、フランク産の刀剣がロシアでも出土しており、スカンディナヴィア人が西欧と東

年代＼商品		奴隷・毛皮など	銀（イスラム貨幣）
～九世紀半ば	地中海ルート	スカンディナヴィア→西ヨーロッパ→イスラム世界	イスラム世界→西ヨーロッパ〈溶解・改鋳されて〉→スカンディナヴィア
九世紀半ば～	ロシアルート	（西ヨーロッパ〈刀剣など〉）→スカンディナヴィア→ロシア水系→イスラム世界	イスラム世界→ロシア水系→スカンディナヴィア→西ヨーロッパ〈溶解・改鋳〉

ヴァイキング時代の遠隔地交易に関してS・ボリーンがあたえた説明モデル。スカンディナヴィアがおかれた位置の変化が眼目である。

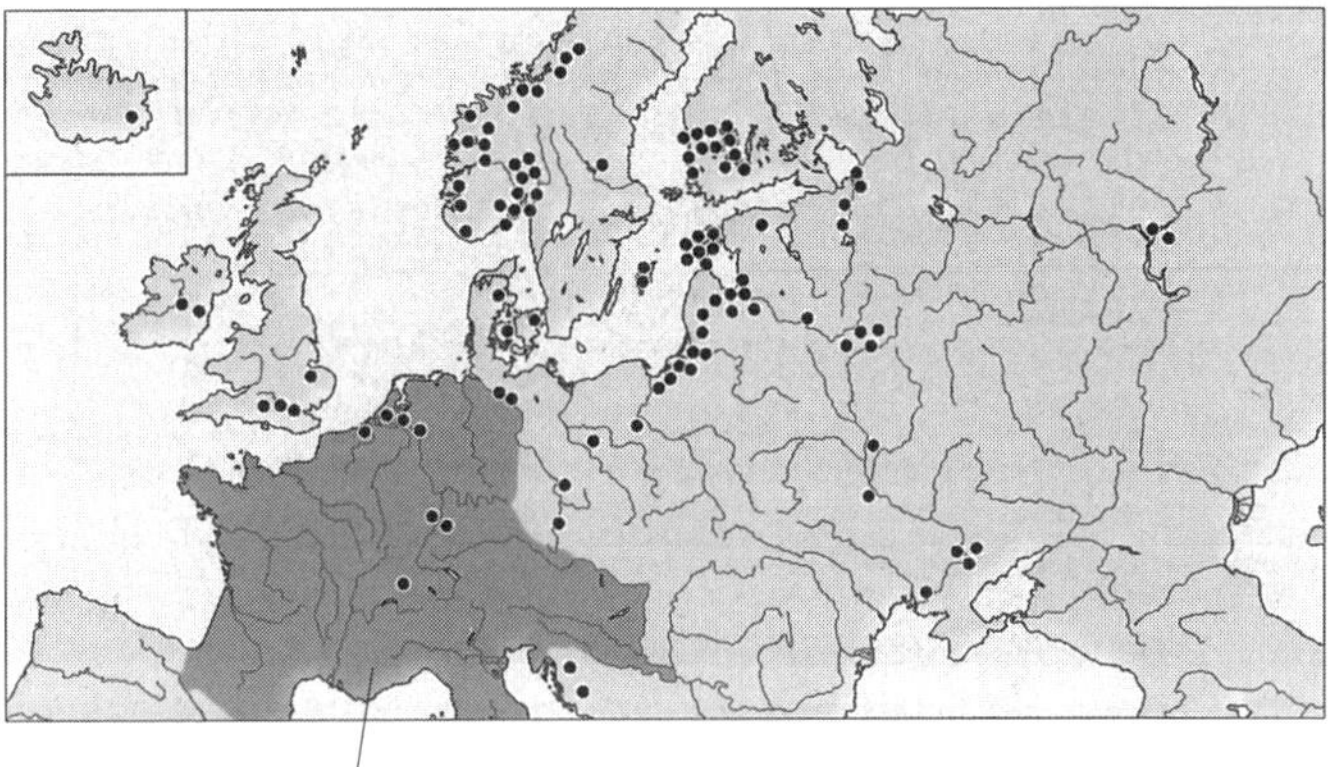

図47●ラインラント地方でつくられた、ULFBERHTという銘をもつ剣が広域でみつかっている。この剣の製作者であるフランク人職人か工房の名であるとかんがえられている。その分布はアイルランドから黒海北の地域にまでわたる。(Jørgen Jensen, *op. cit.*, s. 349.)

方のあいだで仲介交易をしていた事例とされる（図47）。九世紀なかば以降、ビルカは、ボリーンが想定した「北まわり」の交易ルート上でもっとも重要な中継地として機能し、大量にもたらされるイスラム世界からの銀の波は、部分的であるにせよ、西欧にまで到達するようになったということである。スカンディナヴィアへと流入したイスラム貨が急増した状況は、前章において概観したとおりである。

ヴァイキング時代のスカンディナヴィアにおける遠隔地交易を論じるに際して、基本的な前提とされることに、二つの経路の存在がある。一つはバルト海からカッテガット（ユラン半島東側海峡）、またはユラン半島上をへて、ブリテン諸島、西欧の大陸部、フランク王国へとむかう西方ルートであり、他方はバルト海沿岸、イスラム世界、ビザンツ帝国へつづく水系へとむかう東方ルートである。一般的に、スカンディナヴィアはこれら二本のルートのあいだに位置していることから、両者をつなぐ役割をヴァイキング時代にはたしたとみなされることがおおい。ボリーンの学説は、それまで漠然としていた、ヴァイキング時代のこうしたとらえかたを、西ヨーロッパとの関係、イスラム世界までを視野にいれたうえで整理し、包括的に位置づけたのである。細部では恣意性を感じさせる史資料解釈もあるものの、その魅力的な主張は一つのヴァイキング時代像を提供することになった。それにはボリーンの説明モデルが、スカンディナヴィアとヴァイキングの役割を、ネットワークの端にあって、受動的ともみえる商品・原材料の供給地・供給者から、異文明間をつないだ能動的媒介者へと大胆によ

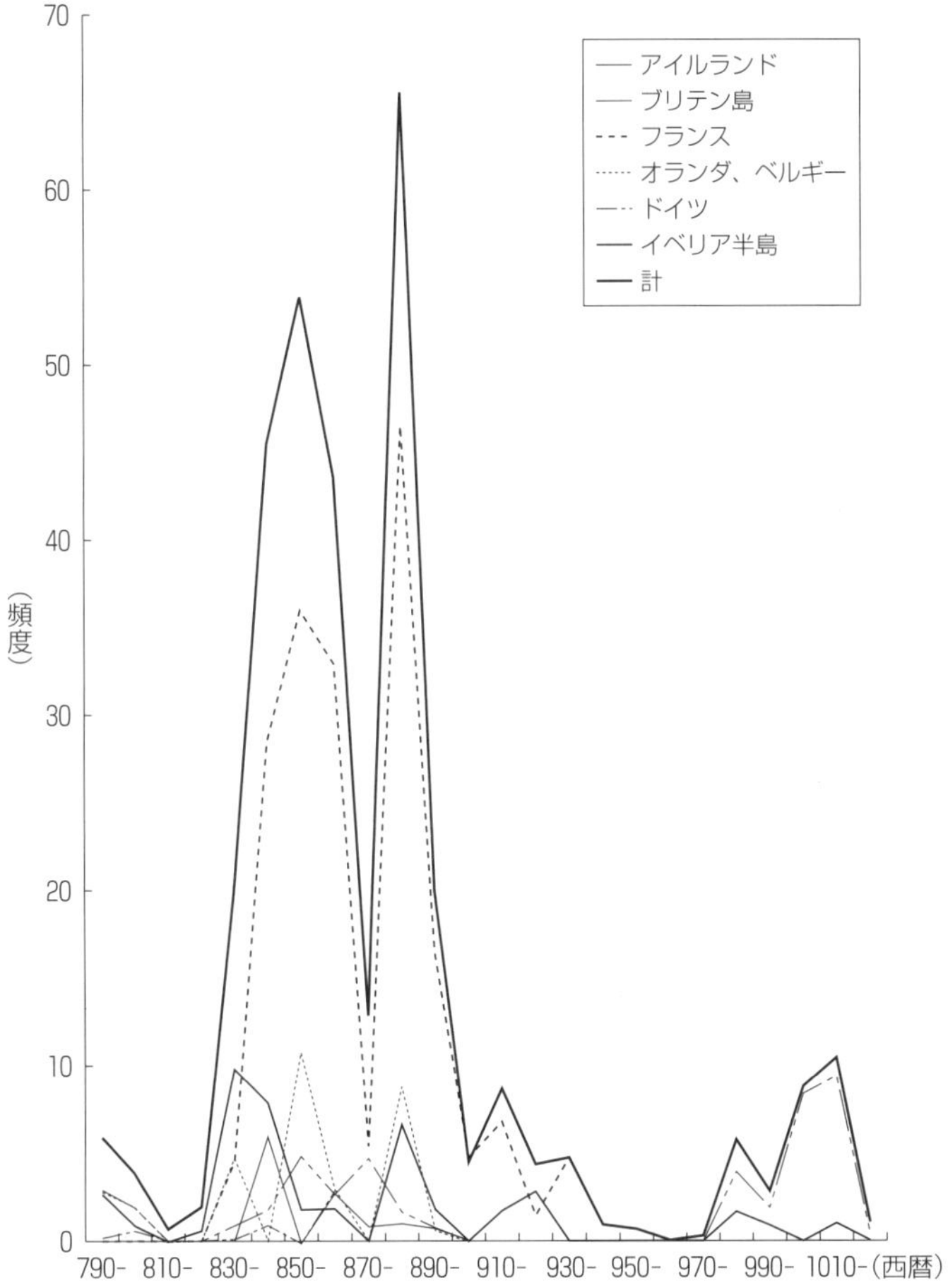

グラフ●ヴァイキングによる西欧の修道院・都市への略奪行。年代記などの記録にもとづく。[12]

みかえ、「たかく」評価しているという点において、戦前の学界の傾向に適合的であったということも、寄与したであろう(第1章参照)。

3 ビルカの対外関係

ボリーンらの「東と西を商業でつないだヴァイキング時代」というイメージは、現在でも概説的記述にときおりあらわれる。しかし、このわかりやすい説明は、現在では年々増加する考古資料の分析がすすんだことによってなりたたないことがあきらかになってきている。同時に、スカンディナヴィア、バルト海沿岸地域もふくむ北ヨーロッパにおける都市の形成と、その過程で国際商業がはたした役割について根本的に考えなおす必要が生じている。(13) ビルカに関していうなら、ビルカは、二〇世紀末の発掘によって八世紀後半、つまり西欧におけるヴァイキング活動(略奪行)が西欧の知識人たちによって記録されるようになるよりもかなりはやい時期に建設されたことが確実になった。さらに重要なこととして、すでに八〇〇年前後には、小規模ではあるが東方イスラム世界との関係・交通がみられることが確認されている。これは八世紀後半のスターラヤ・ラドガ建設と軌を一にしており、ビルカとスターラヤ・ラドガのあいだに物的・人的交通があったことは遺物からあきらかである(第2

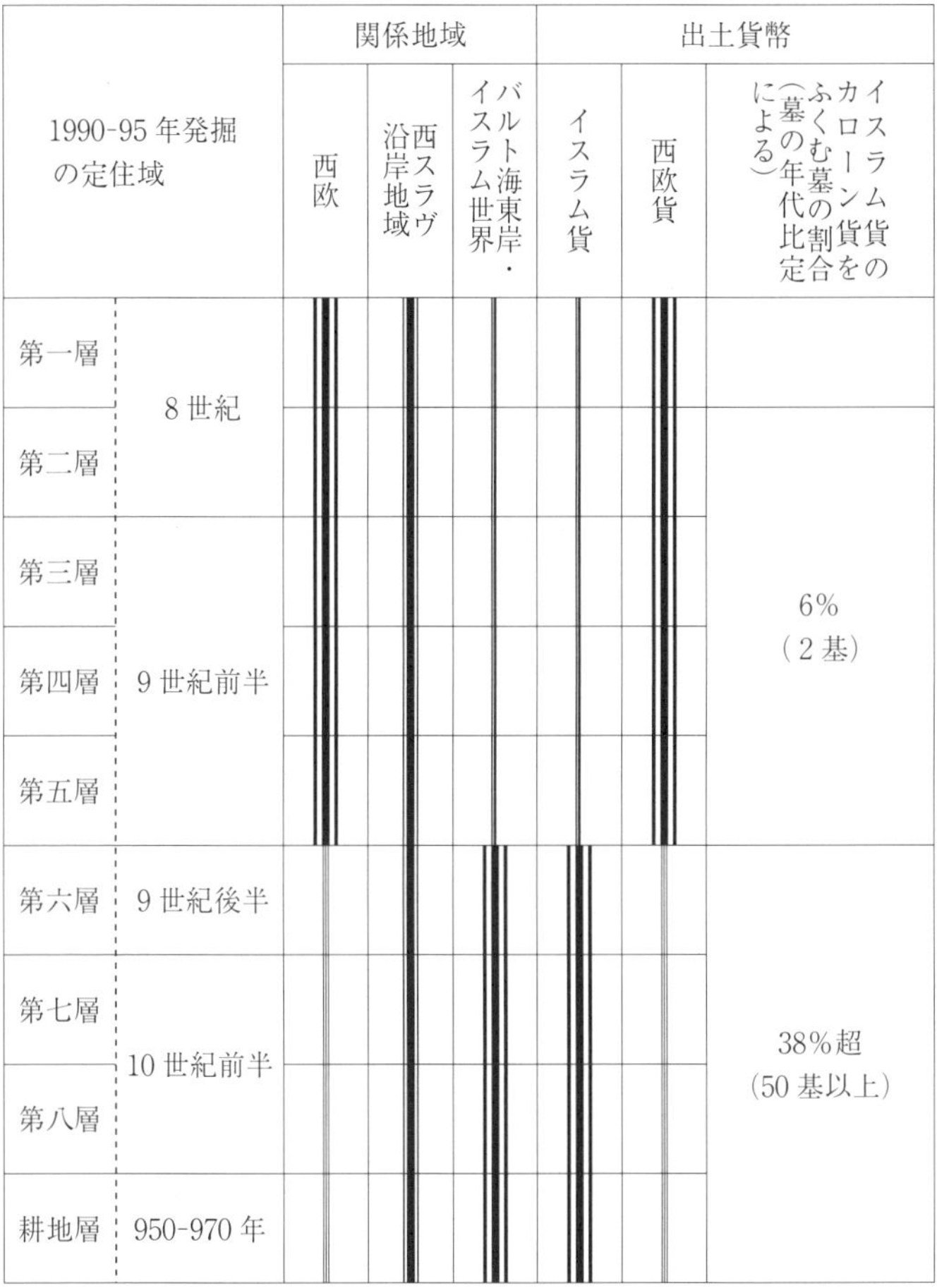

表2●ビルカの対外関係強度（概念図）。
ユラン半島に位置するヘーゼビューにも同様の傾向がみられる。

章)。これまで、九世紀にはいるころ、スカンディナヴィアにおいて都市的集落が出現した背景には、東方世界との商業関係があったと考えられてきたが、ビルカにおける発掘成果はそうした解釈がなりたたないことをしめしているのである。また、ビルカが集落として建設された当初から、近隣地域のスヴェーア人にくわえて、独自の様式の家屋と手工業技術をもった外来者の集団が一定規模でビルカに存在していたことが判明している。このことは、最初の段階から、ビルカの位置するメーラル湖周辺地域で一般的な火葬墳丘墓と、現地の埋葬習慣にはない土葬の木棺墓がビルカで並存していることからも確認される。したがって、通常想定されるように、地域的な小拠点として開始した集落が徐々に発展・拡大し、そこに遠隔地からも「商人」がおとずれるようになったというようにビルカの発展過程を考えることはできない。ビルカは、建設されたときから外来者集団を構成員としてかかえていたのである。これは、第5章でみるように、都市的集落の建設に「王」が介在していたとおもわれることと関連している。

ビルカにおけるイスラム銀貨

ビルカにおける一九九〇年代の発掘では、黒土地区の文化層は八層に区分されているが、最初の五層、つまり八世紀半ばから九世紀半ばまでの時期に属する遺物からは、ビルカが接触をもった地域がドーレスタッドなど西ヨーロッパ、ポーランド・現北ドイツにあたる西スラヴ沿岸地域であったことをよみとれる（表2）。バルト海より東の地域との関係は、いくつかのイスラム貨、シリア産らしいガラス製ビーズ、スターラヤ・ラドガと同型の土器といった遺物にみることができるが、その規模はきわめて限定的である。東方からもたらされた物品は、これらの最初期の局面ではほとんど存在しない。イスラム貨幣や東方型の分銅は、ビルカの最初期の層では例外的な出土物である（最古の貨幣として、第二層からアッバース朝の貨幣（七七八／九年造幣）が出土しているが、一個にとどまる）。注目すべきは、スターラヤ・ラドガにもおなじ傾向がみられることである（第2章）。スターラヤ・ラドガの最初期の層には、現地およびスカンディナヴィア由来の遺物が大量にふくまれているが、カスピ海・黒海周辺地域からロシアの水系をへてバルト海沿岸まで到達したイスラム貨などの遺物は非常にすくない。おなじことは、しばらくのちに建設されたノヴゴロド近郊のリュリコヴォ・ゴロジシチェ（九世紀半ば）などの遺跡についてもあてはまる。

ビルカが東方世界ともった接触の強度は、東方からのもっとも典型的な外来物であるイスラム銀貨によくあらわれている。[14] 一九九〇〜九五年のビルカの都市域発掘では、八世紀の層からみつかった貨幣は上述のイスラム貨一個のみ、その後、九世紀前半（第四層）に一個、一〇世紀前半（第七、八層）に二九個（うち一九個は埋蔵宝の一部）、最末期の約二〇年間から二三個である。銀塊（装飾品への加工など、手工業の原材料とするのために溶解されたイスラム貨をふくむかもしれない）の場合は、八世紀（第一、二層）から一一個、九世紀前半（第三〜五層）から八個、九世紀後半（第六層）から一個、一〇世紀前半（第七、八層）から八個、最末期から一〇個である。つまりイスラム貨を包含する文化層の中心は、あきらかに一〇世紀以降にあり、ビルカと東方世界との関係がヴァイキング時代初期には限定的であったことがあらわれている。ところが、これに対し、一九八〇年代以前におこなわれた港湾砦地区での発掘をふくむ調査においてみつかったイスラム貨の銘にみえる造幣年代の分布は、七〜八世紀が二七パーセント、九世紀が二〇パーセント、一〇世紀が五三パーセントである。資料としての情報性がたかい、個別に単独で出土した貨幣（個別発見貨）にかぎると、八九〇年以前が五〇パーセント、八九〇年代が五パーセント、九〇〇年代が六パーセント、九一〇年代が一一パーセント、九二〇年代が一〇パーセント、九三〇年代以降は数パーセントと徐々に減少していき、九六〇年代以降のものは二パーセントのみとなる（表3）。つまり、造幣年代の重心は九世紀以前のはやい時期にある。

このちがいは、ボリーン、アルブマンら、一九八〇年代以前の研究者によるビルカ理解をミスリードした原因の一つであった。すでに第2章でのべたように、歴史資料としての貨幣は「二つの年代」をもつ。一つは、貨幣を包含していた層の年代、つまり貨幣が埋蔵または紛失された年代、一つは貨幣そのものの造幣年である。一九九〇年代に定住域がはじめて精緻に発掘される以前は、後者の造幣年が年代比定のてがかりとされ、それをもとに「ヴァイキング時代初期からの東方世界との接触」や「ビルカ成立を刺激した東方との交易」が想定されてきたのである。この点において、造幣と埋蔵・紛失の時間的なずれの評価を可能にした黒土地区の発掘は画期的であった。ちなみに、ロシアの河川

造幣年代	近年の発掘における出土。(括弧内は個別発見貨)		墓域から出土	
	個数	割合	個数	割合
～890年	61 (55)	46% (50%)	57	52%
890年～	6 (6)	5% (5%)	7	6%
900年～	11 (7)	8% (6%)	18	16%
910年～	14 (12)	11% (11%)	11	10%
920年～	16 (11)	12% (10%)	8	7%
930年～	12 (8)	9% (7%)	5	5%
940年～	5 (5)	4% (5%)	2	2%
950年～	4 (4)	3% (4%)	2	2%
960年～	2 (2)	2% (2%)	0	0%

表3●ビルカ出土のイスラム貨幣造幣年代分布
造幣年代分布の重心は9世紀以前にある。(Ingrid Gustin, "Islamic Coins and Eastern Contacts", *Birka Studies 6*, Stockholm, 2004, p. 108f.)

網への入り口であったスターラヤ・ラドガとその後背地から発見された埋蔵宝においても、八九〇年以前の造幣年代をしめす貨幣がおおくをしめ、それが一〇世紀中に増加することが知られている。たとえば、スターラヤ・ラドガにおいて発見されたイスラム貨のうち八六パーセントが八九〇年以前のものである（表4）。これらはビルカ出土の貨幣とおなじ造幣年代分布であり、おそらくスターラヤ・ラドガについてもビルカとおなじような「二つの年代」のあいだのズレがあるとおもわれる。

文化層ののこる定住域以外で発見されているイスラム貨にみられる傾向も、東方世界とビルカの関係がヴァイキング時代初期にはそれほど密接ではなかったことを支持している。ビルカでもっともはやくに発掘されているイスラム貨の一群は、墓域から副葬品としてみつかっているものである。副葬品としての貨幣は「カローン貨幣」とよばれ、日本にもみられる習慣と同様に「死者の国」への路銀であると解釈されている。(15) 墓に貨幣を副葬する習慣は、北欧ではローマ鉄器時代（一世紀〜四〇〇年ころ）に出現し、葬制に顕著な特徴のみられるヴェンデル時代にはいったんめずらしい現象となるものの、ヴァイキング時代になってふたたび広くおこなわれるようになった。貨幣は財布などにいれられて頭の下、腰の上などにおかれるか、直接手ににぎらされている。ビルカの墓域は一九世紀末に一〇〇〇基以上が発掘され、それによって一二〇個のイスラム貨が確認されている。墓に関しては、年代比定のためのてがかりが、おおまかな埋葬の形式と副葬品にかぎられるため、それがつくられた年代をせまい範囲内にしぼることができないが、ビルカの墓域を多面的に検討したA・-S・グレース

造幣年代	個別発見貨	
	個数	割合
～890年	18	86%
890年～	0	0
900年～	0	0
910年～	0	0
920年～	2	9%
930年～	0	0
940年～	1	5%
950年～	0	0

表4●スターラヤ・ラドガ出土のイスラム貨造幣年代分布。
ビルカとおなじ傾向がみてとれる。（*Ibid.*, p. 104.）

ルンドによれば、年代比定可能な墓は比較的初期の約三〇基と後期の約一三〇基に分類可能である。[16]それらの墓でイスラム貨を副葬品にともなっている割合は、初期（八世紀後半～九世紀後半）がわずか二基（約六パーセント）にすぎないのに対し、後期（九世紀後半～九七〇年ころ）では五〇基（約三八パーセント）に達する（135頁表2）。ここにも、ビルカ成立当初にはイスラム貨幣がビョルケー島上では一般的ではなかったこと、つまりビルカが東方ともった接触はのちの時代とくらべるなら、きわめて微々たるものであったことが確認される。

4 「西」から「東」へ

ビルカの遺物

ビルカにおける遺物の状況は、九世紀半ばから末にむかって劇的な変化をみせている。遠隔地間をつなぐ交通路をとおって、東方世界からビルカへ到達した物品が遺物の中心をしめるようになるのである。具体的には、土器、装身具、イスラム銀貨、分銅などがあげられる。この時期に、西ヨーロッパの北海沿岸地域からもたらされたとおもわれるものはほとんどない。スカンディナヴィアの他地域やバルト海をはさんだ西スラヴ地域に由来するものも一定量存在するが、東方由来の遺物全体と比較した場合、ごく一部をしめるのみである。黒土地区（文化層のある区域）で出土した土器をみると、現地産の土器がそのほとんど（七五〜八〇パーセント）をしめ、西欧の土器は約一・五パーセントのみである。注目すべきは、スラヴ土器が一五〜一七パーセントにおよぶことである。また、フィン・ウゴル系の土器も比較的おおく、約六パーセントある。そのほか、少量ではあるが、地中海、黒海・カスピ海周辺の土器もみられる。これらの割合は、一九六九〜七一年の港湾部発掘でえられた土器や、墓域から出土した土器がしめす数値とよく一致しており、ビルカの対外関係を反映しているとおもわれる。

西欧の土器のすくなさは、西欧の貨幣出土が同様にすくないことに対応している。ロングハウス跡、黒土地区、砦からは、フランク貨とアングロサクソン貨はまったくみつかっていない。ユラン半島のヘーゼビューでつくられた北欧貨も三個にとどまる（148頁図50）。それに対し、おなじ場所の発掘で発見されたイスラム貨は計二〇〇個をこえる。墓域からの出土貨幣も同様の傾向をしめしている。フランク王国の貨幣は全出土貨中、約二・五パーセント、アングロサクソン貨は約四パーセントにすぎない。ただし、墓域では北欧貨が出土貨幣の約一七パーセントをしめるという特徴がみられ、この点、居住区であった黒土地区と異なる。しかし、これは北欧貨が一例をのぞいて、すべてぶらさげられるように加工されており、首かざりとして副葬されていたことによるものである。

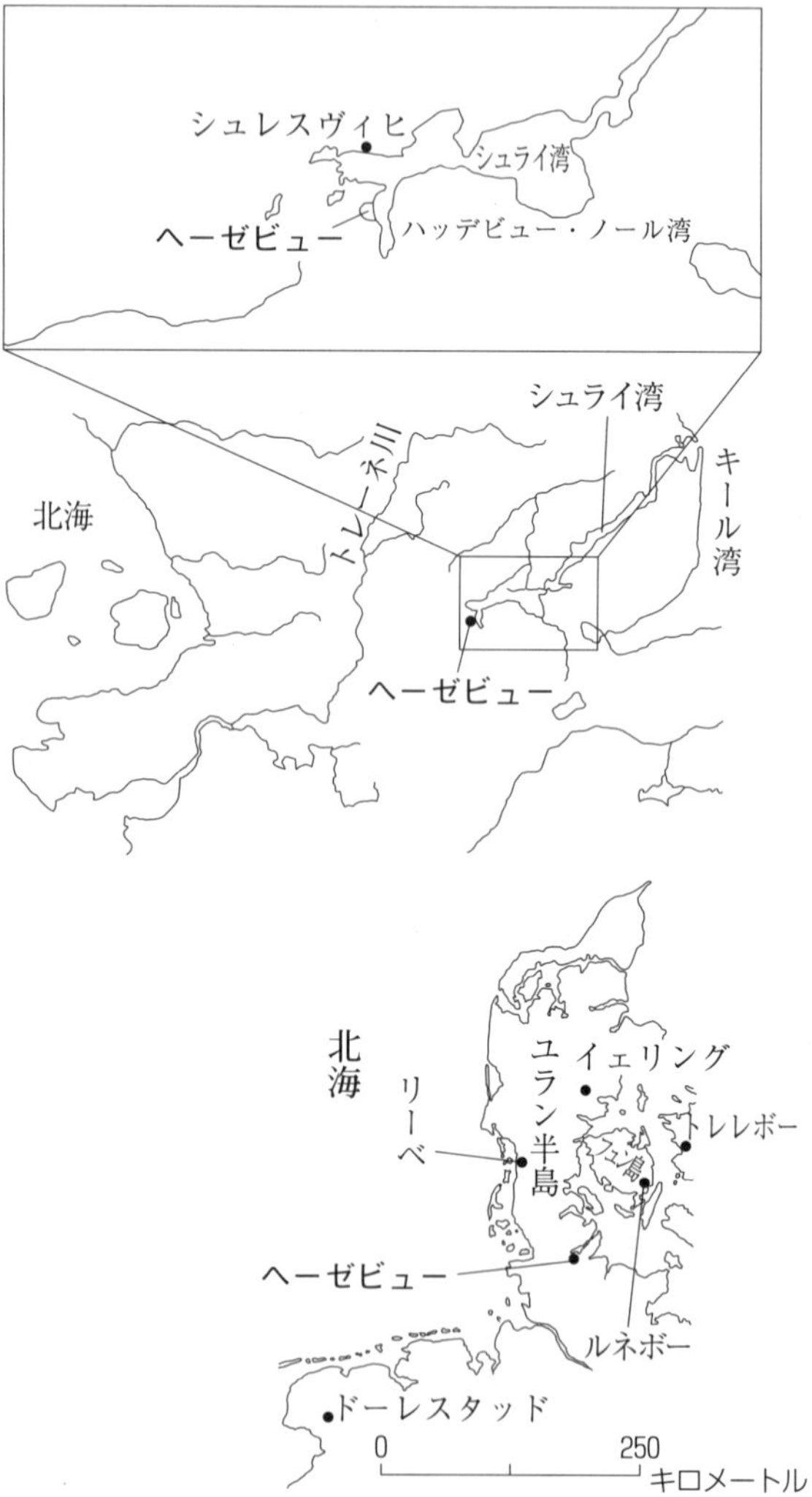

図48●ヘーゼビューの位置。

ここまで概観してきたような、ビルカについて近年えられた知見からは、同時代の南スカンディナヴィアにおける最大の都市的集落へーゼビューとビルカが質的に類似した関係にあったことがあきらかになってきている。へーゼビュー（ドイツ語名ハイタブ）とは、ユラン半島東部の現シュレスヴィヒちかく、ハッデビュー・ノール湾沿岸に位置している、ヴァイキング時代の都市的集落である（図48）。都市壁の外に位置する「南部集落」は八世紀半ばに開始し、その後、都市壁にかこまれた居住区がヴァイキング時代に形成された。年輪年代測定と貨幣による年代比定では、一一世紀前半から半ばがその最末期の年代としてあたえられている。塁壁内の面積は約二四ヘクタールあり、文化層の一部は水につかっていたため、建築材などの有機物が非常によく保存されている。

へーゼビューの遺物

へーゼビューでは、外来貨幣の出土や銀塊が非常にすくなく、ビルカにおけるような情報を提供してくれる資料とはならない。これは、現在、「北欧貨」とよばれている独自の貨幣がつくられていたこと（図52）、つまり、外来貨幣が溶解され、その原材料としてつかわれたためであるとかんがえられる（この造幣によって、へーゼビューを中心とする独立した貨幣流通圏が存在していたとみられている）。それらの北欧貨のうち、最初期のものはカロルス／ドーレスタッド模造貨とよばれており、カール大帝（在位七六八〜八一四年）によってドーレスタッドでつくられた貨幣を手本につくられている（図

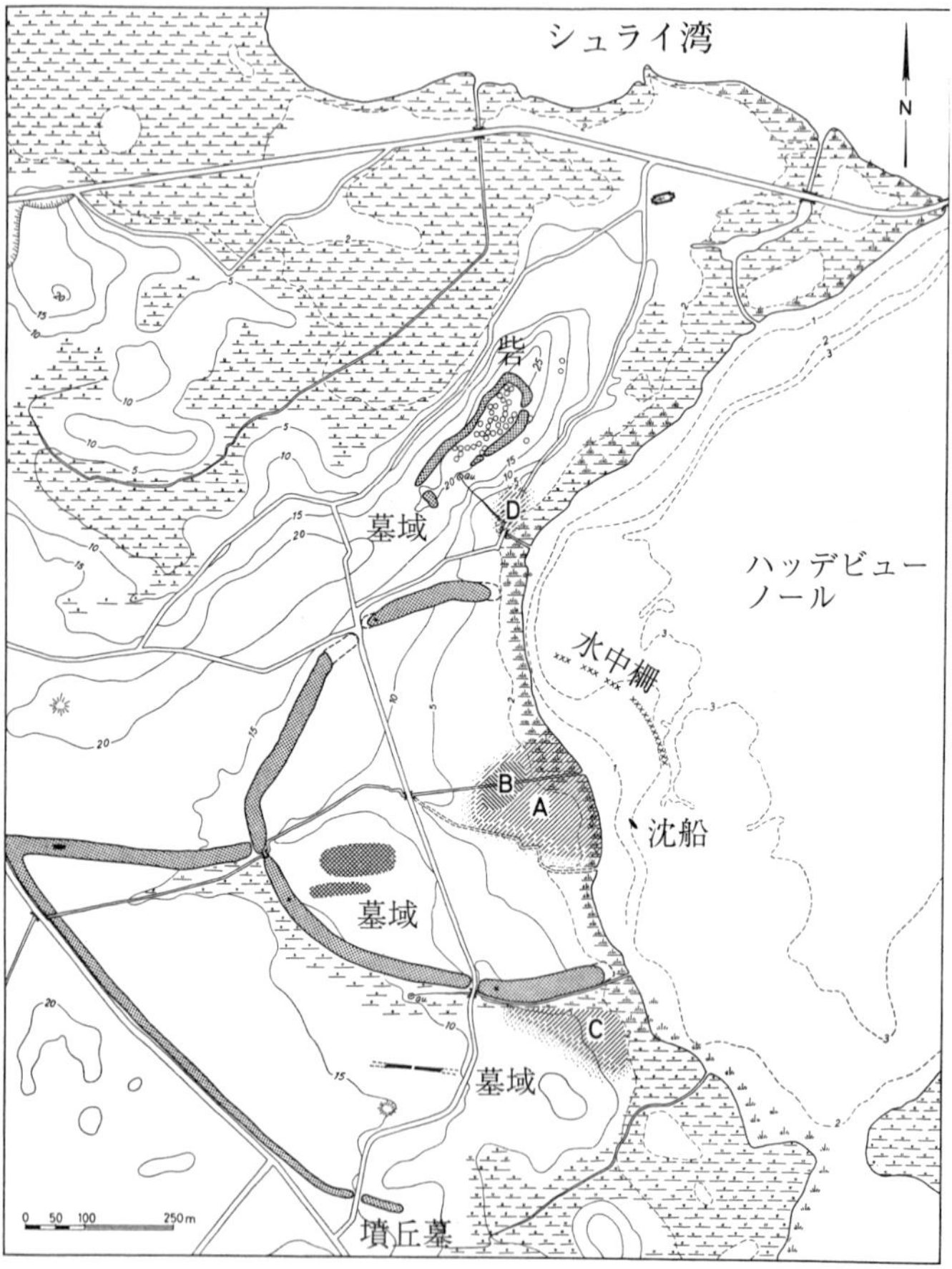

図49●ヘーゼビュー。A、C、D：集落の中心、B：金属・ガラス加工がおこなわれた区域。(Herbert Jankuhn, *op. cit.*, S. 66.)

51)。のちの型になると、徐々に独自のモチーフが採用されるようになっていくが、この造幣にはヴァイキング時代初期における西欧の影響がみてとれる。また、ヘーゼビューにおける外来土器の研究によれば、ヘーゼビュー出土の土器中、西欧製のものは七パーセントにとどまる。そのうちもっともおおいのが、フランク王国産のもので、九世紀末以前の時期に属する。それよりのちには、ラインラント地方からヘーゼビューにもちこまれた土器は散発的にしかみられなくなる。のこりの九三パーセントは、現地製か、バルト海沿岸地域からもたらされたものである。なかでも、スラヴ土器が比較的多数をしめている。つまり、土器に関しても、時代がすすむにつれてスラヴ地域との接触が徐々に密になっていったこと、それにつれて西欧との関係がうすれていったことがあらわれている。

かつて、ヘーゼビューは、ヴァイキング時代、ユラン半島西側の北海沿岸地域からユラン半島を横断し、バルト海へぬけるための「中継地」としての役割をはたしたという位置づけがなされていた。バルト海から船でヘーゼビューにはいり、そこから陸上を西へむかえば、ユラン半島のくびれ部分を最短の陸上移動で横断できるという、ヘーゼビューの立地にみられる「戦略性」が強調され、「バルト海と北海のあいだの交易の中継地としてきわめて重要な存在」であったという評価がながらく通説となってきたのである（『図説ヴァイキングの歴史』原書房）。しかし、上述のように、ビルカ、ヘーゼビューにおける貨幣や土器などの再検討によって、そのような解釈はなりたたないことがわかっている。ヴァイキング時代にはいったのち、年代をへるにしたがって西欧との接触は減少し、ヘーゼビュ

図50● （上）北欧貨（ヘーゼビュー貨。9世紀）とウーロヴ貨（1000年ごろ）。前者はビルカの墓から出土した。後者の両面には都市シクトゥーナの名がみえる（254頁参照）。（Ingmar Jansson (ed.), *The Viking Heritage, a dialogue between cultures*, Stockholm, 1996, p. 30f.）

図51● （下）カロルス／ドーレスタッド模造貨。（B. Malmer, *Nordiska mynt före år 1000*, 1966, Pl. 5, 16.）

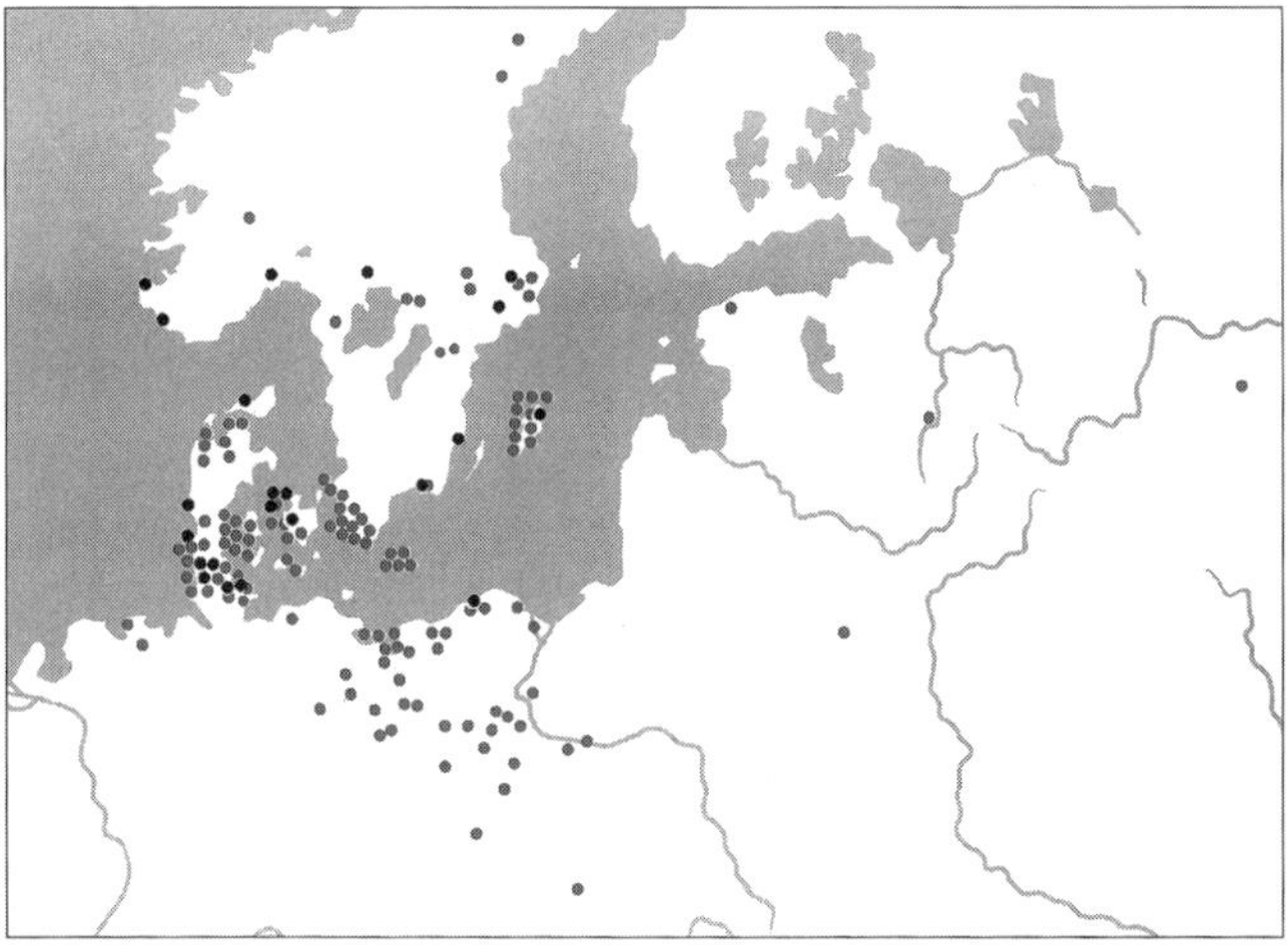

図52●ヘーゼビュー貨の分布。10世紀になるとスカンディナヴィア半島、西スラヴ地域へひろまった様子がうかがえる。(Hildegard Elsner, *Wikinger Museum Haithabu: Et portræt af en tidlig by*, Neumünster, 1992, s. 94.)

ーもビルカとおなじように「東方世界」をむくようになっていったのである。

カウパングの遺物

ここまで、ビルカ（スカンディナヴィア半島東部）、ヘーゼビュー（スカンディナヴィア南部）について、バルト海を経由して、大量の銀が流入するようになった経緯をみてきた。おなじころ、現在のノルウェーにあたるスカンディナヴィア西部地域においても都市的集落が形成されている。南ノルウェー・ヴェストフォル地方の入江に位置するカウパングである（39頁図7）。出土した土器と貨幣の分析によると、八〇〇年ころに商業目的の集落として建設されたとみられる。その活動は九〇〇年ころにほとんどおわっており、一〇世紀中のビルカ（九七〇年ころ放棄）よりもはやい時期に放棄された。出土した土器からは、カウパングがとくに密接な関係をもったのは、西ヨーロッパであったことがうかがわれる。たとえば、二〇〇〇年夏の発掘において、カウパングの密集集落跡で採取された土器の四〇パーセントがラインラント産であった。都市域周辺の何カ所かに分布する墓域から出土した土器にもまったくおなじ傾向がみられ、そこで発見された外来土器のうち、一一パーセントのみがスラヴ・バルト地域産である。ただし、この地域では器を鉄とせっけん石でつくる習慣があったため、発見された土器にしめる外来土器の比率が高くなっている。

つぎに出土貨幣の状況をみてみよう。一九七〇年代までにカウパングの集落跡から出土した貨幣は約二九個のみであった。そのほとんどはイスラム貨で、その他はフランク貨二個、アングロサクソン貨二個、北欧貨一個とそのすくなさがきわだつ。しかし、一九九〇年代末から二〇〇〇年にかけての発掘では、おおくの貨幣が出土し、その数は一〇〇個をこえた。やはり、そのほとんどがイスラム貨によってしめられており、カウパングもビルカ、ヘーゼビューとおなじネットワークに接続していたことが推測される。

以上の議論をまとめよう。ヴァイキング時代に遠隔地との関係をもったことが明確なスカンディナヴィアの都市的集落は、人と物の移動、交換・手工業の拠点としてつながりあっていた。しかし、そのネットワークは不変であったわけではない。たとえば、ヘーゼビューでは、一〇世紀末にむかうにしたがって、バルト海沿岸地域の土器出土が増加し、その対外関係に変動があったことをおしえている。とくにはっきりした変化をしめしているのがビルカである。九世紀後半から西ヨーロッパ由来の遺物は激減し、北欧と東欧の遺物（土器や装身具、貨幣など）が増加する。なかでもイスラム貨は、造幣年代の特定が可能であるという特別な特徴をもった遺物であるが、スカンディナヴィアで発見された貨幣についてのさまざまな研究は、九世紀後半にイスラム貨が増加したことをあきらかにしている。そのうち、とりわけおおいのは一〇世紀最初の数十年間に発行されたものである。一九九〇年代の黒土地区における発掘で発見されたイスラム貨が比較的おおくが出土したのも、一〇世紀の層からであ

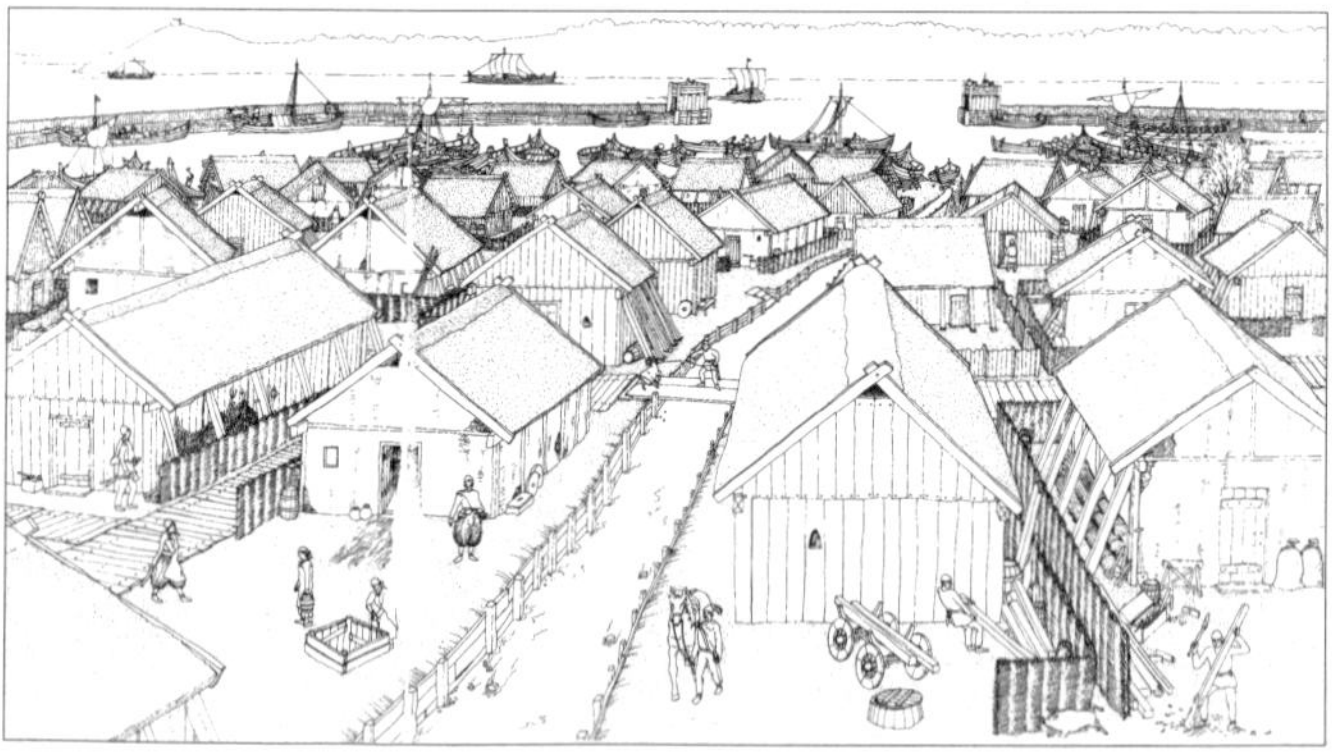

図53●ヘーゼビューの都市域復元図。港湾部分。（*Ibid.*, s. 14f.）

った。また、ビルカと西ヨーロッパのあいだに、人と物の往来があった痕跡がほとんどみられなくなってしまったのちも、西スラヴ地域（バルト海南岸）との関係は最後まで継続した。ここではとりあげられないが、西スラヴ地域にも、現在の北ドイツに位置するオルデンブルク（七〇〇年ころ〜）、メンツリン（九〇〇年ころ〜）、ラルスヴィーク（七五〇〜八五〇年ころ）、現ポーランドに位置するヴォリン（七〇〇年ころ〜）など、スカンディナヴィアとの接触や、スカンディナヴィア人の定住がみられた都市的集落があり、第2章でみたロシア水系ぞいの集落とスカンディナヴィアとのあいだにみられたものと類似の関係を築いていたと考えられる（39頁図7）。

ヴァイキング時代、バルト海上をはしる交通路やその沿岸に位置する都市的な性格の拠点は静的かつ均一に機能しつづけたわけではない。八世紀に形成されてから以降、「西から東へ」というおおきな方向の転換がみられたのである。その転換期の特徴をなすのが、膨大な量におよぶイスラム貨流入の開始であった。これらの知見は、ボリーンによっておこなわれたピレンヌ批判や、ボリーンらによるヴァイキング時代の位置づけがおおくの点においてなりたたないことをあきらかにしている。たとえば、出土貨幣にかぎっても、ボリーンが想定したように、かりにカロリング時代（七五一年〜）にはいってから、商業の中継地となったスカンディナヴィアから西欧への大量の貨幣流入があったのであれば、バルト海西岸において九世紀のイスラム貨がひろく発見されるはずである。しかし、八〜九世紀のイスラム貨は、それが急増する一〇世紀と対照的に、デンマークでは同時代バルト海全域の〇・六パーセントが出土しているだけであり、非常にすくない。[17]また、ビルカなどの都市的集落が建設され、開始した時期が、西ヨーロッパにおけるヴァイキングによる略奪行がひろがるよりも、はやい時期にまでさかのぼりうることも、ボリーン・テーゼへの反証となっている。ビルカやヘーゼビューがはたした機能は、商業・交通路の「中継地」というよりは「出発点」であり、「地中海にかわってバルト海がイスラム世界とフランク王国をつないだ」とはいえないのである。

第4章 ヴァイキング時代の社会

1 ヴァイキング時代の「商業」をめぐって

ヴァイキング時代のスカンディナヴィアが西ヨーロッパなど、外部の世界ともった関係がどのように推移していったかという問題については、発掘の進展にともなう考古学的研究の深化によってより精緻に再構成できるようになった。しかし、すでに第3章で言及したように、その関係の内実をどう理解するのか、一意的にさだめるのは容易ではなく、二〇世紀半ばにはじまるひとつの論争がある。その内容は「商業」という行為の理解にかかわっており、経済人類学・歴史人類学の立場から従来の研究によせられた批判にはじまっている。

「ヴァイキング時代には遠隔地とのあいだでの商業の発展がみられた」あるいは、「交易都市（エンポリウム）としてのビルカ、ヘーゼビュー」といった表現は中世初期スカンディナヴィア史の叙述において、ふつうにみられるものであり、それは現在でもそうである。(1) しかし、シュックからボリーン、アルブマン、ホルムクヴィストをへて、現在にいたるまで維持されているこうしたビルカ理解の背景・前提には、新古典派経済学的な考えかたがある。(2) 新古典派経済学においては、一八世紀イギリスの経済学者・思想家アダム・スミスが「神のみえざる手」という有名なことばで言いあらわした市場についての考えかたをもとにして、さまざまな経済現象が説明される。

「商業」をみる視点

アダム・スミスによれば、個々人が「自由」かつ「利己的」に経済上の行動をとることによって、需要と供給に対応して価格が変化する市場は自動的に均衡状態に到達する。この考えの背景には、人間が経済的に「合理的」な行動をとる（つねに「利益」を追求し、「損」をすることを避けようとする）存在であることが前提の一つとしてある。これは、現代人にとっては非常になじみのふかい経済のみかたであろう。そして、そのなじみのふかさゆえに、シュックやアルブマンは、自分自身が二〇世紀の社会において経験していた「同時代の経済」と「ヴァイキング時代の経済」が基本的におなじ性格をもつと、おそらくは意識することなしに暗黙のうちに想定し、ビルカの歴史的位置づけをおこなったのである。つまり、スミスの想定した経済のしくみは「自然で普遍的な法則」にしたがっているのだから、いつの時代においても原則的に不変なものであるはずと考えられたのである。

以下においてもみるように、もちろん中世初期のスカンディナヴィアと現代とはまったく異なる社会であって、両者間のちがいはおおきい。しかし、アルブマンらが前提とした観点においては、そうした差はヴァイキング時代をもふくむ「原始社会」の「未発達な経済」を「現代社会」の「発達した経済」と比較したときにみいだされるものということになる。ヴァイキング時代もふくむ中世の社会は、現代の資本主義社会へ移行する前に経過した一段階をなすということである。そのとき、両者のあいだにあるのは、「程度と量」のちがいだけであり、形態・性質そのものはおなじ（はず）とみなされている。「ビルカはまず何よりも商人の町であった」「ビルカに住む商人たちは交換をおこなったが、それが貨幣によったかどうかはわからない。しかし、銀をもちいた取引は大規模におこなわれた」といった、ビルカに関するアルブマンの叙述では、シュックとおなじように、中世・近代都市につながる存在としてビルカは位置づけられている。そこでは、ひとびとの物に対する欲求は生来のものとされ、ひとびとは市場において自身の利益を最大化するため、「自由」かつ「利己的」に行動したと考えられている。したがって、かれらの視角のもとでは、なぜ「商人たち」が「商業」にむかったのか、という問いが問いとして問題化されることはない。原始的な段階にあっても、物の交換をつうじて物質的な利益の獲得のために行動することは、現代においてそうであると考えられているのと同様にまったく自明のことであって、あらためて問いなおす性質の問題として認知されないからである。

経済人類学による批判

こうしたビルカをはじめとする、ヴァイキング時代の都市的集落の位置づけに修正をせまることになったのが、二〇世紀後半にあらわれた経済人類学の一潮流、実在主義者とよばれる、K・ポランニーを中心とするグループである。その主張によれば、新古典派経済学が想定するような「市場における交換」は、人間がおりなす多様な経済のありかたの一部にすぎない。需給に応じて自律的に価格が設定される市場とは異なる性質をもつ経済もひろく存在する。それが「互酬」と「再分配」とよばれる、独自な性質をもった経済のありようである。そこには、「みえざる神の手」によって自律的に機能するシステムとしての経済は存在せず、経済はつねに社会の一部として、社会のなかにうめこまれている。つまり、社会内の経済以外の諸制度や社会関係に付随する現象として、生産や分配、交換がおこなわれるのである。

「互酬」というのは、おおくの場合、儀礼化された、社会的にほぼおなじ水準にあるひとびとのあいだでおこなわれる物の交換であり、対称性を特徴とする。ひとびとが贈り物をたがいに交換しあうことによって財物がその所有者をかえ、結果的に市場で売買がおこなわれたのとおなじような物の移動がおこる。しかし、この「交換」が無秩序におこなわれることはけっしてなく、さまざまな暗黙の規制のもとでおこなわれる。現代の日本社会にもみられる「お歳暮」などの慣行を想起すれば、そこには時期、内容、方法などに関する規範のつよい支配があり、この慣行を一種の儀礼のようなものにしていることが理解できよう。もし、その規範からの逸脱があれば、たとえば内容物があきらかにルール(「常識」とよばれる)に反していれば、贈り物はおくられた相手を困惑させるだけであり、その結果、贈り物はうけとられることがないか、返却される。つまり「財の移動」は成立しないのである。当事者が自己の利益の最大化のみを考えて、市場において想定されるような「合理的行動」をとるなら、財をうけとる側のひとによる「返却」や「拒否」は論理上ありえないはずである。「再分配」とは、王など、ある地域の「首長」に共同体の財を集中し、そこから再度、ひとびとに財の配分をおこなうことによって、物の移動を成立させるというかたちをとる経済をさしている。ここにも、スミスが想定した「自由かつ利己的」にふるまう経済人(ホモ・エコノミクス)は登場しない。また、ポランニーはこうした非市場経済一般をさして古代的経済とよんだが、そうした経済を基礎とする社会が社会の外部と継続的に交換をおこなおうとするとき、複数の共同体が関与する空間が必要となる。ポランニーはこの空間を「交易港」となづけた。原始的な共同体のあいだでおこなわれる交易に際しては、治安の維持されていない地域における財貨の遠距離輸送・交換にともなう安全をどう保証するかという問題にまず対処する必要が生じる。安全を広域にわたって確保できるようになる近代以前、略奪・誘拐などは、共同体の「外」や「あいだ」においては日常的なものだった。そこで、軍事的な安全保証のもとで、外来の交易者に停泊や財貨貯蔵の便宜をあたえて保護する場所がつくりだされ、交易するべき財やその交換比率に関する合意を提供することがおこなわれるようになるという。そうした制度かつ物理的な場所が「交易港」である（ポランニー『人間の経済』岩波書店）。

ポランニーの影響をうけたR・ホジスは、『暗黒時代の経済　都市と交易の起源　六〇〇〜一〇〇〇年』（一九八二／八九年）において、ポランニーの「交易港」に相当する存在をエンポリウムとよび、それを三つのタイプに分類している[3]。第一は、共同体間の境界上、たいていは沿岸部において一定期間のみひらかれる市場であり、通常、定住人口をもたない。季節的あるいは毎年同時期にひらかれ、さまざまな地域から短期間のみ集まる参加者のあいだで交換がおこなわれる。第二は、それまでは一定期間をおいたうえでしかおこなわれなかった長距離交易を最大限おこなうことを目的とした場であり、継続的な性質をもつ。先行する遺構のうえに、街路と住居が計画的に整然とつくられている。定住地は比較的密で、増加する外来の交易者を停泊させるだけでなく、そこには在地の労働力、とくに手工業者の定住もみられる。定住者は外来者の滞在生活を維持している。計画的・意識的にある意図をもって建設されたという点が最大の特徴である。第一のタイプ同様に、沿岸あるいは文化的に異なる地域間の境界領域におかれる。第三の類型は、機能において前二者と根本的に異なる。遠隔地交易を最大化しようとすることが目的とされなくなり、エンポリウム自体が放棄され消滅するか、地域的な経済のなかで機能することによって存続するようになる。前二者にみられた、地域をこえた交換という特徴がなくなる。政治的に重要な意味をもつ場所、行政の中心地となることがあり、その場合には軍事的な防備がほどこされるようになる。

この三類型のうち、八世紀前半にはじまるヘーゼビューとならんで、ビルカは第二のタイプに分類されている。「交易港」としてビルカを理解するポランニー学派の解釈と、アルブマンらのビルカ像がまったくあいいれないことは容易にみてとれよう。

2 ヴァイキング社会における贈与行為

ポランニー学派によって指摘されたように、ヴァイキング時代のスカンディナヴィアにおいても、贈与行為が物の交換と流通において、重要な役割をはたしていたことはよく知られている。具体的なエピソードを数おおくふくんでいるサガをはじめとする叙述史料では、さまざまなかたちの贈与行為への言及がひろくみられ、それはサガなど中世初期北欧に由来する史料の特徴的な物語の核の一つにもなっている。ポランニーにも影響をあたえたフランスの民族・社会学者マルセル・モースは、世界各地の事例を論じ、二〇世紀の学問におおきな影響をあたえた「贈与論」（一九二三／二四年）をときおこすにあたって、『エッダ』（古北欧語の韻文で書かれた、神話、英雄伝説、箴言からなる歌謡集。一三世紀に記録）からのながい引用を論文の冒頭にかかげている。そこでは、箴言のかたちで「お互いに進物を贈答するものは、物事が都合よくはこぶならば、つねにかわらぬ友である」「進物に対しては進物をかえさなければならない」「贈り物はいつも返礼を期待してなされる」と「贈り物」がもつ性格がのべられている（邦訳『社会学と人類学I』弘文堂）。贈与に関する社会的な規範は、スカンディナヴィアの地域法典の規定内にもみられる。ノルウェーの『グラシング法』（一三世紀に記録）の第一二九章「贈り物について」には、息子への贈与（相続）に関してのべるくだりのなかに有名な一文——「どんな贈り物も、あたえられたのとおなじだけもどったのでなければ、むくいられていない」とある[4]。

おおくの前近代社会と同様、ヴァイキング時代の社会でも、一見、自由かつ恣意的におこなわれているようにみえる贈与という行為には、現代において残滓がみられるような社会的儀礼をこえた意味あいがあった。豪族と従士、主人と客、友人同士のあいだを贈与物がいきかうことによって、それぞれの社会的な関係は強固なものとなる。贈り物を気前よくおくるものは、その気前よさを社会内において高く称賛され、そうでないものは吝嗇のそしりを甘受しなければならなかった。うけとる側は贈与されるという誉れに浴するが、同時にそれとひきかえに返礼（反対贈与）をおこなうか、相手に対

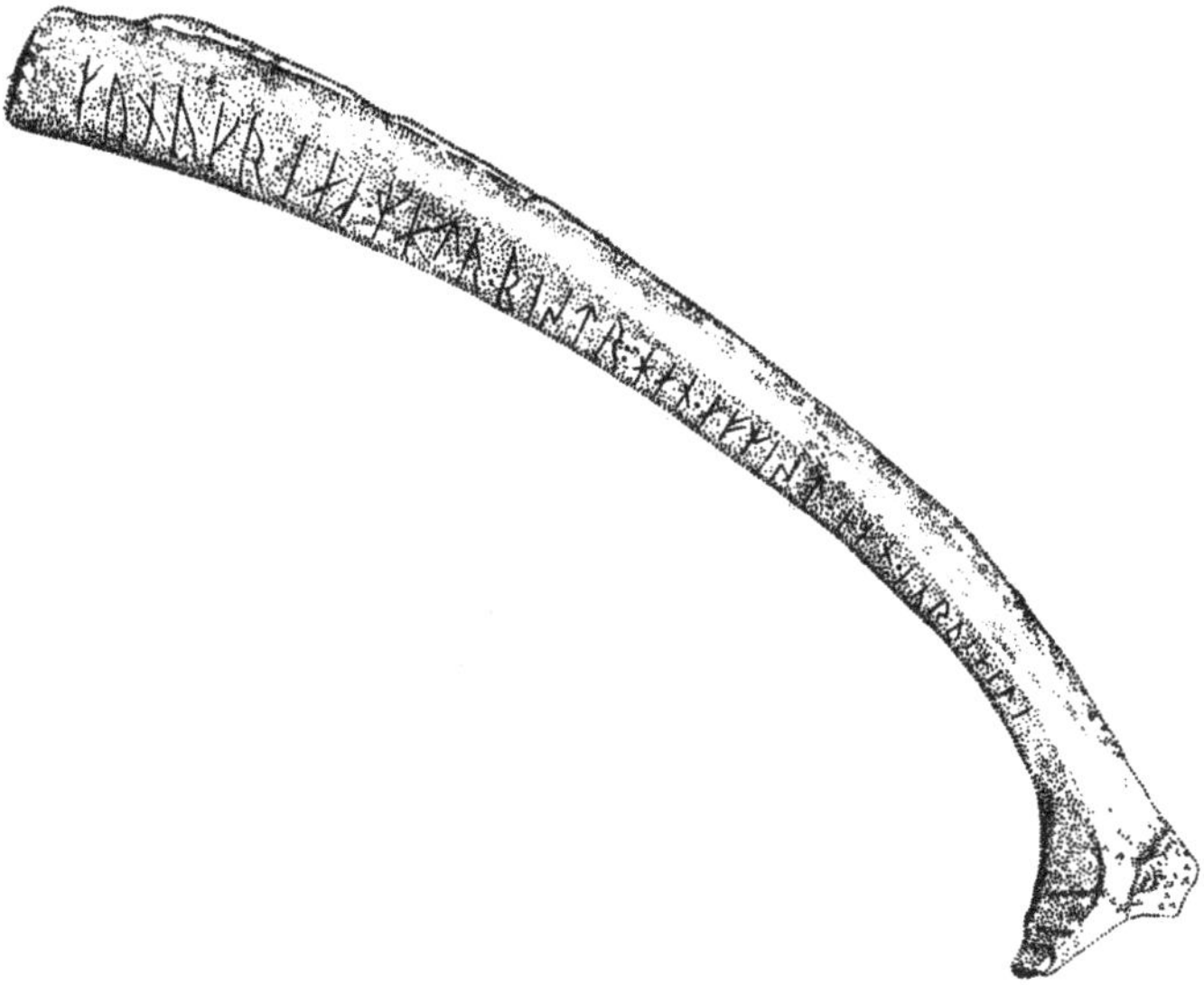

図54●シクトゥーナ（250頁参照）で出土した獣骨。ルーン文字で文章がきざまれている。「その王はもっとも気前がよかった。かれはもっともおおくをあたえ、かれはすかれた」とある。(Mats Roslund, "RUNOR-magi och meddelanden", Sten Tesch (red.), *Makt och människor i kungens Sigtuna, Sigtunautgrävningen 1988-90,* Sigtuna, 1990, s. 151.)

して保護や援助をあたえる、あるいは、忠誠心を行動によってしめすことによって贈与にこたえる義務（返礼義務）をおうことになる。サガでは、従士たちがみずからの保護者、豪族を宴席にまねき、積極的に贈与をおこない、かれらからの持続的保護や反対贈与を、つまり社会的紐帯の確保をのぞんだ様子がえがかれている。

そうした贈与慣行の背景をなしていた要素の一つに、現代とは異なる、所有に関する独特な考えかたがある。「文明化」される以前のスカンディナヴィアにおいては、「人間」と「自然」が完全には分離しておらず、有機的に連続するものとして把握されていたという[5]。それを典型的にあらわしているのがオーダルという観念である。自由民はオーダルマン（óðalsmaðr）、つまりオーダル地（先祖代々相続された保有地）の所有者とよばれた。オーダル地は単なる所有地ではなく、「オーダル地を保有する権利」は地所そのものがうばわれたとしても、オーダル権の相続者によって保持される。実質的に土地が他人にわたってしまい、それが何世代かの相続をへたとしても、その土地を買いもどす権利がなくなることはないとされた。一般に、船、剣、馬、財宝など、だれかに所有されている物はその所有者の属性を体現するとかんがえられ、そのむすびつきがもっとも緊密であると観念されたのが土地であった。したがって、土地の譲渡がなされるときには、土地に対する、所有権もふくむすべての権利を放棄することを象徴化した儀礼的手続きを証人のもとでおこなう必要があった。

こうした所有観念のもとでおこなわれる財物の贈与は、もとの物に付随する所有者の属性をも同時に分配するという意味をもつことになる。気前よく贈与に供することができるだけの財をたくわえた有力者の財は、その人物の属性を分けもっているのであり、その財のなかから贈与をうけることは、その属性を同時にうけとることでもあった。社会的に成功した有力者からの贈与がもとめられたのはそのためである。また、贈与者が有力者であれば、そうした期待に不断にこたえることによって、称賛と社会的影響力を持続的に確保することが可能となった。

しかし、贈与はつねに歓迎されていたわけではない。贈り物に対する「おかえしの義務」があるために、他者から無償で所有物をゆずりわたされること、贈与物をうけとって返礼をおこなわないことは、それ以降、受贈者が贈与者の社会的影響下にはいること、または、のちに贈与が無効とされ、「とりかえし権」が行使される余地をのこすことを意味したからである。さらに、社会的関係にはいることをのぞまない相手からの贈与もありえた。ヴァイキング時代における贈与行為の重要性をはやくから主張しているロシアの中世史家アーロン・グレーヴィチがサガなどにみられるそうした例をまとめている[6]。たとえば、ヴァイキング時代の八七四年から九三〇年にかけて、事実上無人となっていたアイスランドにスカンディナヴィアから移住がおこなわれたが、アイスランドにのこる『土地占取の書』(一三世紀に記録)にはその経緯がくわしく記録されている。それによると、島の最初の開拓者で親族から土地の提供をうけたある老女性は、土地提供者に外套をあたえることによって交換(購入)の形式をととのえ、土地獲得を確実なものとした。また、土地をあたえられることをきらって、土地の獲得が決闘などの暴力によってなされることもあった。あるいは、「ニャールのサガ」に登場するグンナルという人物は、ひどい飢饉がおこったとき、足りなくなった干し草と食糧を手にいれるために、まずそれを購入することを考えた。購入をもうしでた相手にことわられると、かれは贈与物として干し草と食糧をうけとり、返礼をおこなおうと提案したが、それもことわられたというエピソードがある。これも、他者とのあいだに恩義を感じなければならない関係（反対贈与がいまだおこなわれていない関係）に、はからずもはいってしまうことを、すくなくとも最初はさけようとした事例と考えられる。他者の所有下にあるものを獲得するとき、のちまでつづく義務をともなう贈与行為をおこなわないですむ一つの方法が、なんらかの形で支払をおこない、商業として物を交換することであった（もう一つは強奪することである）。先に言及した老女性の場合、アイスランドでえた土地に対する支払はマントによってなされ、それは友情によるおかえしをしめすものでもあった。これらの例では、どれも当事者が贈与行為の含意する社会的役割にまきこまれることのないように、所有権の移動を商業上の交換に擬したかたちでおこなうことを好んで選択している。ちなみに、叙述史料では、ヴァイキング時代から中世にかけて、スカンディナヴィアではマントなどの織物にくわえ、毛皮、家畜、皮革、穀物などが交換の「支払」にもちいられたことが知られている。

このように、サガには、当時のスカンディナヴィア社会のひとびとが、さまざまな交換・取引の形態をはっきりと意識的に区別していたことをしめす事例が散見され、ヴァイキング社会における交換の諸形態には独自の規範と語彙があったことをおしえてくれる。つまり、ヴァイキング時代からそのしばらくのちまで、アイスランド、スカンディナヴィアでは、「商品」をあつかう取引（市場的売買）は一般的ではなく、取引に際してどのような形態を念頭において交換をおこなうのかを明確にすることは、その当事者にとって非常に重要であった。

相互に贈与がなされることの結果としておこる交換と、商業的な商品交換のあいだには、日本もふくむほとんどすべての社会類型において、明確な境界線がひかれているとおもわれる。贈与物の交換と商品交換・市場取引のちがいはいったいどこにあるのだろうか。贈与行為がおこなわれるとき、そこで焦点があわされているのは、行為する当事者間の社会的・人間的関係である（表5の①）。そうした関係をもとめて贈与はおこなわれる。たとえば、宴会における贈り物の交換や、結婚を有効とするために夫婦間でなされる贈与がそれにあたる。それゆえに、相手とふかい社会的関係をもつことをのぞんでおらず、必要にかられて「物」だけがほしいのであって、「社会関係」は二義的であるとき、すなわち焦点の一部か全部が「物」にあたっているとき、なんらかの支払が志向・模索されることになる（表5の②）。しかし、そこで支払がおこなわれ、交換・売買が成立したとしても、それは当事者がたがいに相手がだれであるかを認識したうえでおこなわれるのであり、社会関係の維持・強化・創出が当事者の意図にかかわらず、すくなからずともなう。それに対し、市場におけるような商品交換では、交換をおこなう当事者の意識の中心にあるのはほぼ物のみであり、購入・売却という行為は

<table>
<tr><td colspan="3"></td><td>社会関係</td></tr>
<tr><td>① 返礼をともなわない贈与</td><td>義務発生・保留</td><td rowspan="2">人格的</td><td rowspan="3">↑強・有
↓弱・無</td></tr>
<tr><td>② 返礼をともなう贈与</td><td rowspan="2">義務の即時精算(売却・購入)</td></tr>
<tr><td>③ 市場交換</td><td>非人格的</td></tr>
</table>

サガなどにみられる事例は①と②をあらわしている。②の場合、売却・購入を実際におこなうためには、なんらかの「支払手段」が必要となるが、ヴァイキング時代にはさまざまな品が支払手段としてもちいられていた。たとえば、地域法典では、タキトゥス『ゲルマニア』においてと同様に、人命金（殺人の賠償）として家畜があげられている。外見だけをみるなら、現象としては売買がおこなわれており、市場的交換にちかいものがみられたようにもおもわれる。しかし、不特定多数の相手とのあいだに、相互の匿名性を維持したまま②がおこなわれる可能性は実際には考えられず、②と③のあいだの距離はおおきいのである。③の市場（的）交換が一般的におこなわれるようになるためには、そうした「非人格的」関係が社会的にうけいれられるようになること、物理的前提としての安全な場が準備されること、大量かつ安定的に供給される、あつかいやすい支払手段（貨幣）が存在することといった条件がととのわなければならない。

表5●贈与行為と市場交換

非人格的・非社会的なものとしてあらわれる。非人格化された売買においては、買い手・売り手が「どこのだれであるか」ということは、基本的に問題とされず、匿名性がたもたれたまま行為を完遂することが可能である（表5の③）。問題となるのは相手と交換物の内容（価格）についておりあえるかどうかだけであり、前の所有者の属性と商品のあいだに関係が想定されることもないのである。

こうしてみてくると、「活発な商人としてのヴァイキング」「大商業地ビルカ、ヘーゼビュー」といったイメージと、ポランニー学派やグレーヴィチの論じるスカンディナヴィア社会像が相当に懸隔していることはあきらかだろう。物と物が交換され、移動していくとき、その外見はおなじでも、当事者がそこによみこんでいる意味、その行為がおかれている社会的文脈はまったく異なりうるのである。

中世スカンディナヴィア社会にみられた物の「交換」のありかたやそれをめぐる観念からするならば、ポランニー学派の批判にみられるように、現代の市場経済をみるのとおなじ視点にたって、「ヴァイキング時代の商業」や「交易都市」をえがいてしまうことはできないことがあきらかであろう。「利益」をもとめて、危険をおかしてバルト海沿岸の広域を活動の舞台とした「交易者」としてのヴァイキングは、たとえば地中海を庭として東西交易に活躍したヴェネツィア商人などとは根本的に性質の異なる存在なのである。

3 銀はなぜ埋められたのか

さまざまな財物を所有者の人格と不可分と考える独特なとらえかたを前提とするなら、先に概観したヴァイキング時代の大量の埋蔵宝はどのように理解されるだろうか。新古典派経済学的な経済と人間のイメージにしたがえば、貴金属からなる埋蔵宝は、一般的な支払手段としてつかわれていた貴金属を蓄積し、その「価値」の保存をはかるため、一時的・長期的に地中に保管し、そのままなんらかの要因、たとえば埋蔵者の突発的な死などによってほりかえされることなく放置されたものということになるであろう。しかし、グレーヴィチは埋蔵宝にそれとはまったく異なる説明をあたえている(『初期封建制度論争』創樹社)。鉄器時代にいたるまで、スカンディナヴィアにおいては、外来の貴金属や貨幣は装飾品として利用されるのが一般的であった。しかし、それと同時に「金銀は、人間とかれの家族または氏族の幸福と安泰が具体化されているような種類の富」とみなされるようになり、大量の貴金属の蓄積は、成功と幸福を維持・増大させる手段の獲得を意味した。金銀がそれ自体、そうしたのぞましい性質をふくんでいるわけではない。金銀は「それを所有する人間の諸素質に関与するようになって、金銀の所持者たちやかれらの祖先たちの安泰をあたかも金銀自体の中にすいこみ、その所持者たちが富を喪失するまでは人間の諸素質を保持する」と観念されたというのである。つまり、埋蔵宝を構成する大量の銀は、現代人がすぐ想定するような交換価値ゆえにもとめられたのではなく、社会的な成功の具体化と保持の手段として、もとめられたのである。またそうであるから、貴金属は社会的紐帯をうみだす贈与にもちいられるものとして適当だったのであり、そのことがさらに銀を渇望させるというポジティヴ・フィードバックをうみだしたのである。

そうして贈与にもちいられながらも退蔵された埋蔵宝が、ほりかえされることなく、現代にまでのこされたのはなぜか。グレーヴィチによれば、その事情をうかがわせるエピソードをサガにもとめることができる。

「エギルのサガ」において、主人公エギルの父スカラグリームは、自分が死ぬまえに、銀がつまった箱を沼のなかにしずめた。エギル自身も死の直前、イングランド国王からうけとった、銀のつまった二つの箱を二人の奴隷とともにどこか地中へ埋め、その場所をだれにも知られないため、てつだわせた奴隷をころしたといわれる（『アイスランドサガ』）。「ヨームスヴァイキングのサガ」では、海での戦闘中に致命傷をおって死を覚悟したブーイという人物が、金のつまった箱を二つかかえてみずから海にとびこみ、しずんだといわれている。こうした中世のスカンディナヴィア人たちの行動は、「イングリンガサガ」で述べられている「オージンの立法」にうらづけられていると考えられる（74頁参照）。「イングリンガサガ」とは、ノルウェー王の歴史をかたった『ヘイムスクリングラ』の冒頭におかれ、王家の祖先とされる神々の時代から歴史をときおこしているサガである。その第八章はつぎのように読める。「オージンは、アース族（神族）のあいだでおこなわれた法を自分の国でもさだめることにした。こうして、かれはすべての死者はやかれるべきこと、かれの財産とともに積み薪のうえにはこばれるべきことをさだめた。かれは言った。すべてのものは、積み薪のうえにおかれた財産をもって、ヴァルハラにくるべきだ。そこで自分が土中にうめたものも使用できるだろう」。戦いの神オージンは「戦死者の父」とも称され、オージンの居所ヴァルハラは戦死者のための場所であった。この部分は、ヴァイキング時代にスウェーデン中部地方など、スカンディナヴィアのおおくの地域で一般的であった火葬墓が、どのような思想のもとにおこなわれていたかを説明している一節としても知られている。この「オージンの法」の内容にしたがえば、埋蔵宝はその隠匿者が死後、それをヴァルハラへともっていくための準備として埋蔵されたというように理解することができよう。ちなみに、土中への埋蔵行為と「あの世」をむすびつける観念は中世初期スカンディナヴィア独自のものというわけではなく、たとえば日本列島にも興味ぶかい類似例がみられる。日本中世史家の網野善彦によると、日本列島でも「備蓄銭」とよばれてきた埋蔵宝は、たんに銭をため、保管するために埋められたのではない。土中の世界は「仏さまの世界」につうじている冥界・異界であり、「日本ではない異国」と観念されていたのである。埋蔵銭は、冥界に対する信仰の一環としてそこにささげられたか、あるいは銭を土中におくことによっていったん「神のもの」とすることで、高利貸が自身の営為を合理化しようとした痕跡と考えられるという（『ちくま』第三〇〇号、一九九六年）。

埋蔵宝のなかには、沼沢地や川底という、のちの再利用があきらかに不可能な場所へ意図的に隠匿されていた例があり、つまり「オージンの法」にしたがった可能性のある埋蔵宝を考古学的に確認可能である。しかし、グレーヴィチの埋蔵宝に関する議論については、史料的うらづけがすくなすぎるのではといった批判（「オージンの法」の伝承に直接言及している現存史料は、スノッリ・ストゥルルソンの手になる『ヘイムスクリングラ』だけである）や、かれの説では説明できない埋蔵宝（たとえば「だしいれ」の痕跡がある埋蔵宝）もあり、通説となるにはいたっていない。[7] たとえば、九〇〇年から一一〇〇年ころにかけて、大量の埋蔵がみられたバルト海最大の島ゴットランドでは、埋蔵された場所について、興味ぶかい事実があきらかになっている。埋蔵宝が農場跡地周辺からみつかりやすいことはふるくから知られていたが、同時代の建造物、それも居住用家屋の床下にあたる場所から埋蔵宝が出土するというはっきりした傾向がみとめられるのである。[8] こうした家屋の床下にかくされた財宝は再利用を意図した日常的保管とみるのがやはり適当であろう。

農場周辺で発見される埋蔵宝には、これらとはさらに別の解釈もあたえられている。たとえば、「スヴァルヴァザルダルのひとびとのサガ」には、土地占取に関するつぎのようなエピソードがみられる。「ソルステインは……ある谷の片側を占取した。かれは（その範囲の）もっとも端までいき、印をつけた。自分の櫛をこわしてその破片をばらまき、そのあとで銀を三カ所に埋めた。それぞれ半マルク（約一〇〇グラム）ずつであった」。ここでは、あきらかに儀礼的な行為の一環として、銀の埋蔵

内　側	外　側
ミズガルズ（人間の世界）	ウートガルズ（巨人の世界）
インガルズ（農場の敷地内）	ウートガルズ（農場の敷地外）

スカンディナヴィアにおいて、自給自足を基礎とする農場は世界像の原型をなしており、それは神話や世界観に反映されている。「同心円のモデルにしたがって世界を二つの部分にわけるという構造のコスモロジー」である。人間は開墾され、居住可能な世界ミズガルズにくらしている。この安全な世界の外、垣根のむこう側には、開墾されていない混沌とした世界、ウートガルズがある。そこは巨人や怪物の王国であり、人間の世界をおびやかしている。また、農場とその敷地・農地は安全な世界、法と平和が支配する秩序ある内部世界を、沼沢地や森は危険で神秘的な世界、法がおよばず平和が持続しない無秩序な外部世界を表象するものとなっている。オーダル地（代々一族で相続されてきた土地）は柵でかこまれ、柵が安全な場所と危険な場所の境界を明示している。つまり「人間の世界」と「農場」、「巨人の世界」と「農場外」は観念上相同な関係にある（『北欧の世界観』東海大学出版会）。

表6●中世スカンディナヴィアの世界像

がおこなわれている。これは「内部」と「外部」を弁別する中世初期スカンディナヴィア人の世界観において（表6）、「外部」からの侵害をしりぞける機能が銀に期待されたか、あるいは銀が巨人のすむ「外部」へと贈与されたものとして解釈することも可能である(9)。

こうしたさまざまな学説は、それぞれ一理あるものであり、単純に取捨することをゆるさない。約三〇〇年にわたるヴァイキング時代、スカンディナヴィア、バルト海沿岸地域という、せまくはない空間で形成された大量の埋蔵宝は、時期や地域によって個別にさまざまな背景をもっていると考えられるであろうし、それをある一つの論理で説明しきることは困難だからである。どのような説明をあたえても、それを否定するような埋蔵宝の存在を提示することができてしまうのである。それは時期と場所を限定したとしてもおなじであり、現在ではそのことが当該問題の研究にある種の水かけ論的な膠着状態をつくりだしている。

しかし、ここでは、埋蔵宝とはなにか、ひいてはヴァイキング時代とはいかなる時代なのかという問いにむかおうとするとき、グレーヴィチがとる歴史人類学的な方法がもつ意義に特別な注意をはらっておきたい。まず観念世界・心性のありようを再構成することによって、そのうえで考古資料もふくめた種々の史的痕跡の意味をよみとろうとするかれのアプローチのしかた、つまり対象とする時代のひとびとに「目線の高さ」をあわせ、いわば「内側」から過去を理解しようとするというその姿勢は今後のヴァイキング研究においてもいっそう重要になるとおもわれる。

4 分銅経済圏の形成

前節でみたように、中世初期のスカンディナヴィアにおいて贈与行為が社会内ではたした役割のおおきさにほとんど疑問の余地はないし、それを否定する研究者も皆無である。しかしながら、その機能を強調するポランニー学派やグレーヴィチの学説がそのままヴァイキング時代史の研究者の通説となっているわけではない。なぜなら、ビルカなどの都市的集落からえられる考古学上の資料などは、「市場経済的な商業」がおこなわれていたとおもわせるつよい印象をあたえているからである。その代表が、銀など貴金属の重量をはかるためにもちいられたとおもわれる秤と分銅、さらに相当こまかく分割された貨幣や銀製品、銀塊の切断片の存在である（28頁図3）。ここではまずそのうち、出土量がおおく、研究のすすんでいる分銅に注目し、ハイコ・シュトイアー、イングリッド・グスティンらの研究によりながらその分銅を通じてみたこの時代の意味を考えよう[10]。

秤と分銅

スカンディナヴィアでは、秤と分銅はヴァイキング時代にはいるまえから存在しており、鉄器時代前期の手工業・交換拠点や地域の中心地から遺物としてみつかる（口絵7、8）。一例が、デンマー

図55●ビルカで 1990 年に出土した分銅。(Björn Ambrosiani et al., *Birka. Vikinga Staden vo. 1*, Stockholm, 1992, s. 83.)

ク・フュン島に位置するルネボーである（144頁図48）。ルネボーではすでに三世紀に手工業がおこなわれ、流通の拠点となっていたようである。九世紀はじめにここが重要な港として機能しなくなったとき、そうした拠点としての機能もすでにうしなわれていた。年代のてがかりとなる装飾品、外来品、炭素一四年代測定によって、ルネボーで活動がみられたのは二〇〇〜五五〇年ころとされている。一九八六年から一九九六年にかけて、七ヘクタールある文化層の二五パーセントが発掘されているが、この発掘で、約四〇個の分銅が発見された。ヴァイキング時代の都市的集落と比較すれば、面積あたりの出土数はすくない。これらの分銅は鉛・青銅製であり、そのおおくは円柱形である。民族移動期・ヴェンデル時代の分銅として、これに比肩するのがヘリエー出土のものである（116頁図39）。ヘリエーでは、八五〇〇平方メートルから四〇個の分銅がみつかっている（口絵8）。一八個が青銅製・円柱形であるが、ほかに銅、鉄、銀製のものもある。これらの分銅は民族移動期、ヴェンデル時代の家屋群跡と、その上にあったヴァイキング時代の住居跡から出土しており、ローマ鉄器時代（四〇〇年以前）の層からでたものはない。ルネボーとヘリエーという、ヴァイキング時代直前の代表的な遺跡からは、ローマ鉄器時代からヴェンデル時代までのあいだにつかわれていた分銅は、のちの時代とくらべ量的にかぎられていたことが確認される（しかも、円柱形分銅はヴァイキング時代、中世にもあったから、それらはヴァイキング時代以降のものを混同している可能性もある）。

ヴァイキング時代にはいると、多面形分銅、両極をたいらにした球形分銅が、手工業・交易拠点、

図56●（上）ヴァイキング時代におけるゴットランド島の港。現在までつづく都市ヴィースビーにもヴァイキング時代の港があったかどうかは議論がわかれている。

図57●（下）ウップオークラ（現スウェーデン・スコーネ地方）出土の分銅(39頁図7)。右端の球形分銅には、アラビア文字を模した文様がみえる。(Birgitta Hårdh, "Preliminära notiser kring detektorfynden från Uppåkra", Lars Larsson et al (red.), *Centrala platser, centrala frågor. Samhällsstrukturen under järnåldern,* Lund, 1998, s. 125.)

地域的な中心地、通常の住居跡や墓の副葬品、埋蔵物中から多数みつかるようになる（177頁図55）。そのうち、とくにおおいのは手工業・交易拠点である。スウェーデンについて、これまでにもっともたくさん分銅がみつかっている四遺跡をみてみよう。まず、パーヴィーケンはゴットランド島の西岸ヴィースビーの南約二五キロメートルに位置する、港かつ手工業・交易拠点であった遺跡である。この場所が最初に利用されはじめたのはヴェンデル時代とおもわれ、一〇〇〇年ころまでつづいた。一九六七〜七三年に約一〇〇〇平方メートルが発掘され、約一万個の遺物がえられているが、そのうち分銅は計四〇個で、発掘域全体に分散していた。ゴットランド島東岸に位置するバンドルンデ（ヴァイキング時代初期〜一〇〇〇年ころ）においても、パーヴィーケンと同様の遺物が出土している。ここでは約七〇〇〇平方メートルにわたって活動の痕跡がみられ、うち約一五〇〇平方メートルが発掘されている。発掘で一二〇個、発掘外で六〇個の分銅が発見された。第三の遺跡が、鉄器時代前期からヴァイキング時代まで地域の拠点として機能したウップオークラである。デンマークにもほどちかい、スウェーデンの最南部に位置するルンドの南約五キロメートルにあり、二メートルの遺物包含層をのこしている。一一〇〇×六〇〇メートルにわたってまるくひろがっている遺跡は、いくどか金属探知器で徹底的に調査されており、約二〇〇個の分銅が発見されている（図57）。ビルカでは、すでに言及したように、一九九〇〜九五年に約二メートルの文化層がある黒土地区の約三五〇平方メートルで発掘がおこなわれた。その面積は黒土地区全体の一パーセント未満であるが、それでも約二九〇個の分銅がみつかった。これは丹念にほりだされた土の洗浄をおこなうことによって、ごく小さな分銅までとりあげることができたことにもよる。ほかに半世紀以上まえの墓域発掘によって発見されたものも二五二個ある。

こうした遺物の状況からすると、ヴァイキング時代にはいってからスカンディナヴィア、さらにはバルト海沿岸地域において大量の分銅がつかわれるようになったことは確実である。これらのさまざまな形をした分銅がヴァイキング時代において、はじめて大量に使用されるようになった背景にはなにがあるのだろうか。

一般的に考えて、貴金属を計量したとおもわれる、小型で精密な秤と分銅は、それらが発見される地域と時代の経済状況、とくに支払手段についての情報をわれわれにあたえてくれている。現代においてそうであるように、行政権力が存在・機能している場合、貴金属が支払手段としてもちいられるときには、それは貨幣のかたちにつくりかえられる。その貨幣はそこに刻印された「額面」によって計算され（分銅と秤はつかわれない）、一定の領域内でのみ有効な法定貨幣として流通することになる。しかし、そうした権力が未成熟な状況では、地金のまま貴金属がつかわれるか、すでに貨幣をうみだしている周辺地域から流入した多種類の貨幣をもちいることになる。つまり、秤と分銅は、貴金属の地金や複数の異なる貨幣が同一地域で流通する場合につかわれるのであり、ヴァイキング時代のバルト海沿岸地域もそれにあたる。

詳細な分銅研究をおこなっているドイツの考古学者H・シュトイアーによれば、秤と分銅の精密度とそれが使用される地理的範囲は時代によって変化しており、それはその地域における貨幣のありかたの変化に対応しているという。貨幣がその貴金属（地金）としての「価値」だけによって支払手段として流通している場合、つまり流通の際に便宜のために切断されたり、装飾品などの銀製品をつくるための原料・部品としてつかわれている場合、その社会では標準化・規格化された分銅群が発達し、同時に精密で正確にはかることが可能な秤もあらわれるようになる。それに対し、秤が造幣の際にもちいられることによって貨幣の重量が一定し、また秤がちがう種類の貨幣を比較・秤量するためにつかわれると、特別に標準化された分銅群は発達する必要がなくなってしまう。この場合の分銅は付随的な性格のものとなる。

ヴァイキング時代、バルト海沿岸地域においては、きわめて例外的にしか貨幣がつくられることはなかったことはすでにのべたとおりである。そのため、この地域には前者の「分銅経済」がひろがるようになった。さまざまなかたちの銀が支払手段としてつかわれ、銀の重量がその価値を決定したのである。銀は装飾品やイスラム貨幣であり、「少額化」が必要なときには小片に切断・分割された。こうした分銅経済の成立は、シュトイアーによると、おそらくはイスラム世界のものを模倣してつくられた正確な秤が、ヴァイキング時代のある一時期（八六〇～八九〇年）にバルト海北岸で出現したことにあらわれている。

その秤は、多種の貨幣が流通したメロヴィング期に西欧でつかわれたものよりも小型であり、約百分の一グラムの精度をもっていることにみられるように、よりかるい貴金属片をはかるのに適している。秤の精密さに対応して、非常にかるい分銅もあらわれた。もっともかるい分銅の重量は、〇・三五五グラムにすぎない。一〇世紀にはいると秤は徐々におおきくなり、それにしたがって精度はひくくなっていく。これは、それまでよりもおおきい単位で貴金属をはかるようになったためである。

さまざまな分銅

精密な秤があらわれるのと同時に二種類の標準化された分銅がみられるようになる。多面体形のものと両極を平にした球形のものである（口絵7、図55）。多面体形の分銅は重量がかるく、ほとんどは四・二五グラム以下であるのに対し、球形のものはそれよりおもくつくられている。つまり、これらの二種類の分銅はあわせて一群の「分銅セット」を構成していたとかんがえられる。正確な意味は不明であるが、通常、分銅には装飾がほどこされており、相互に区別するための目印にされていたとおもわれる。シュトイアーの指摘によれば、これら初期の秤と分銅にみられる正確さは、あきらかに同時代西ヨーロッパの貨幣重量がもっていた精度をこえている（当時の貨幣は一つずつ手作業で打刻することによってつくられていたから、その重量には相応の誤差がみられる）。つまり、八六〇～八九〇年ころに秤と標準化された分銅が出現したことは、物の流通をたすける、ある種の貨幣制度が成立したのと

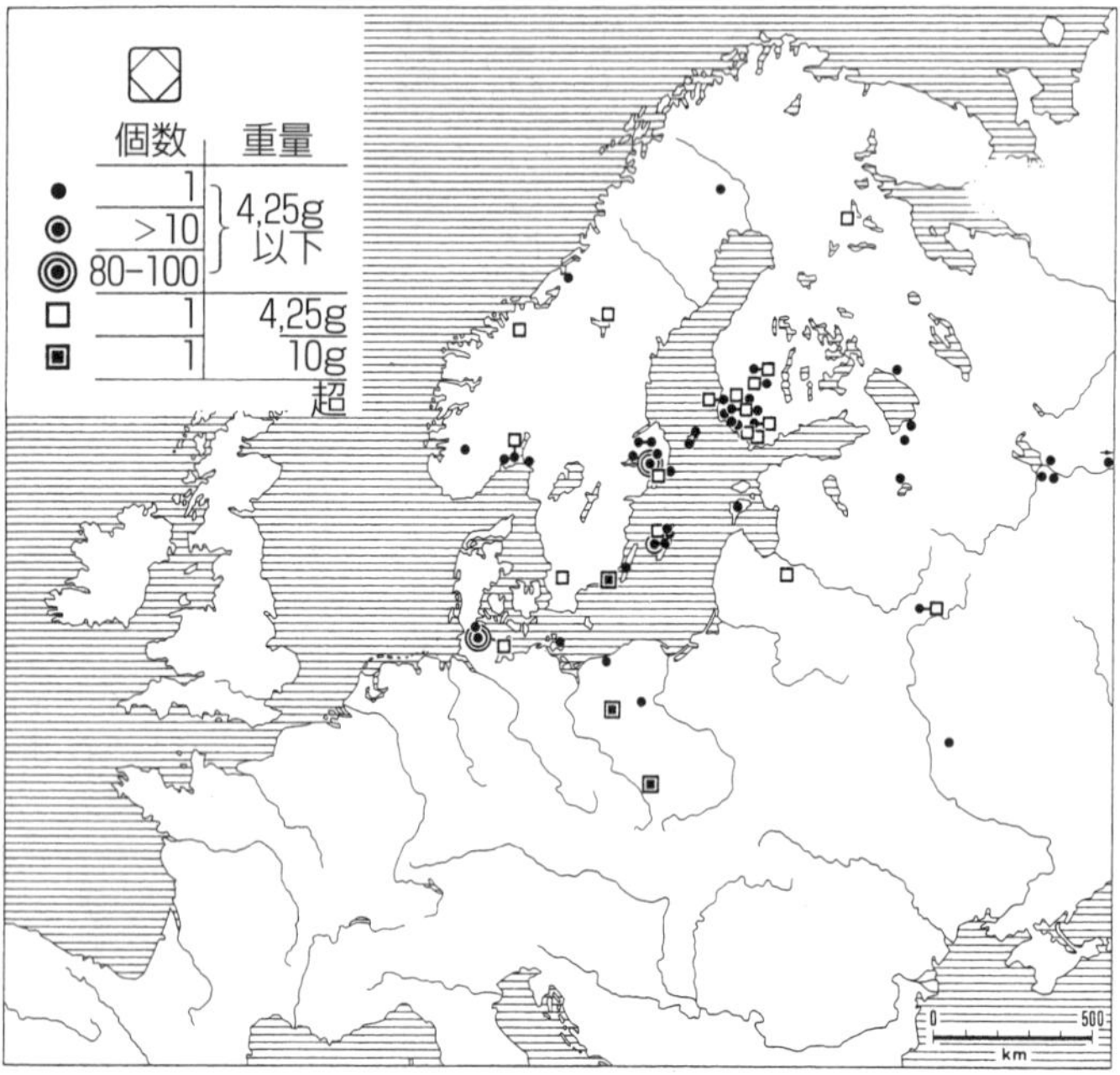

図58● 多面体形分銅の分布。(Heiko Steuer, "Gewichtsgeldwirtschaften im frühgeschichtlichen Europa-Feinwagen und Gewichte als Quellen zur Währungsgeschichte-", K. Düwel et al. (hrsg.), *op. cit.*, S. 470.)

おなじ意味・効果をもっているのである。ヴァイキング時代に由来する秤と分銅の地理的分布は、それが広範囲にいきわたっていた道具であることを示唆している。

異なる種類の貨幣がある地域で流通するようになることと、秤と場合によっては分銅が出現することのあいだには一般的な関係がみられる。ヴァイキング時代、スカンディナヴィアにはさまざまな外来の貨幣が流入し、それらは金属としてのみ、つまり銀塊・銀片・原材料品として流通していた。そうした支払手段となりうる適当な媒体があったことから、非常に精巧な秤と標準化された分銅（多面体形のものと両極がたいらな球形のもの）が発達することになった。

上述のように、比較的軽量な多面体形の分銅は、おもにバルト海南岸、ゴットランド島、メーラル湖沿岸地域、フィンランド南西部、ロシアの水系沿岸で出土しており、球形の分銅と同様、手工業・交易拠点に集中している。しかし、ヴァイキング時代末期以降になると、状況は一変する。たとえば、ビルカが放棄されたのちの一〇世紀末にはじまるシクトゥーナ（現ストックホルム近郊）では、多面体形の分銅はわずかであり、シュライ湾におけるヘーゼビューの後継都市シュレスヴィヒでも、出土は一個しかえられていない。一一世紀になるとおおきくておもい、あたらしい型の多面体形の分銅があらわれはじめる。そのおもさは一〇グラムをはるかにこえる。概して、これらの分銅には装飾がすくなく、精密度はそれ以前の時代にくらべてひくい。これらの型の分銅は、スラヴ地域におおくみられるが、こうした変化は貴金属を媒体にもちいた交易が別種の交換システムに移行したことのあらわれであろう。

　規格化された分銅がひろい範囲にわたってつかわれるようになるのには時間がかからず、その普及はきわめて短期間におこった。両極がたいらになった第一世代の球形分銅は、九世紀末・一〇世紀にあらわれている。出土地域は、デンマーク各地、ノルウェー南岸、東欧の主要な水系沿岸など、バルト海沿岸の全域にわたっている。球形および多面体形の分銅の発達・分布には、徐々に濃密になっていった東方世界との接触が反映している。バルト海沿岸の著名な遺跡、とくにヘーゼビュー、ビルカ、スターラヤ・ラドガ、ウップオークラ、ゴットランド島のバンドルンデとパーヴィーケンでは、九世紀末と一〇世紀の層から規格化された分銅がおおく出土する。また、球形分銅は、これまでにその鋳型がヘーゼビュー、ビルカ、シクトゥーナで発見されており、スカンディナヴィアでつくられていたことが判明している。多面体形の分銅もあちこちでつくられていたと推定されるが、その証拠があるのは製作途中の未完成品がみつかっているゴットランド島だけである。ビルカの黒土地区では、一九世紀の発掘で製作途中の秤が出土しており、正確な秤もスカンディナヴィアではやい時期に製作されていたとおもわれる。

5 分銅の起源と機能

九世紀を通じてバルト海北岸では発達した分銅経済が出現・発達したが、そのことは折りたたみ式の秤、標準化された分銅、さらにそれらを計量した銀の切断片といった遺物にみてとることができる。多面体形および両極がたいらになった球形の分銅がバルト海沿岸地域であらわれはじめたのは九世紀後半である。シュトイアーは、もっともはやい年代として八七〇・八九〇年をあげている。統計的にこれらをしらべたE・スペルベルによると、その分銅の重量は、ウマイヤ朝第五代カリフ・アブド＝アルマリク（在位六八五〜七〇五年）によって導入された、四・二三三グラムを単位とする計量法にしたがっており、イスラム世界からの影響が明瞭である。[11]

ヴァイキング時代にみられた、両極がたいらになっている球形分銅はおおくの場合、鉄の核をもち、青銅でおおわれてつくられている。両極のたいらな部分は、点で装飾されている。かるい分銅の場合、卍などとくみあわさった点がみられ、重量のおおきいものになるとアラビア語ににた模様がついている（図57）。古銭学者のG・リスプリングによると、これらの印はおそらく八世紀末につくられたイスラム貨幣に由来するものであり、「アッラーの預言者」「第一の」といったことばをあらわしている。これらはイスラム貨幣の銘を模造したものであり、したがって、すくなくともこれらの分銅の起源はイスラム世界にあるとおもわれる。立方体の八つの角を均等にけずってつくられた、一四面体（正三角形八つ、正方形六つ）という独特なかたちをもつ多面体形の分銅も、起源はイスラム世界にあるとかんがえられている。ひとつは、球形分銅同様に、イスラム世界の重量体系と接続しているからである。また、類似の分銅は一九世紀のことになるが、のちのオスマン帝国領域内で発見されている。前述のイブン・ファドラーンの旅行記（一〇世紀はじめ）にも、ホラズム（カスピ海の東、アムダリア川河口のアラル海南岸地域）の「両替商がさいころ、こま、ディルハム貨幣をあきなっていた」という証言がみられるが、「さいころ」「こま」はそれぞれ多面体形・球形の分銅をさしていると考えられる。

なんらかの組織的・明示的な合意があったわけではないにもかかわらず、標準化されたイスラム銀貨を計量するための分銅体系がバルト海沿岸地域にまでひろがっていたことは、両者を両端とする広大な地域のなかで、相当な量の交換が継続的におこなわれたことの証左であろう。このことは、ロシア水系における略奪行の存在を否定するものではないが、すくなくとも、銀の計量をともなう交換が一定以上の規模でみられたことはたしかである。

秤は第一に支払手段である銀を計量するためのものであったとしても、ほかの用途の可能性もある。たとえば、手工業における貴金属加工のための計量である。デンマーク・ルネボー出土の分銅は、商業の指標と考えられているが、これは前期鉄器時代における分銅の機能解釈としては安直すぎるかもしれない。ルネボーでは、ヘリエー同様、ローマ鉄器時代からそれぞれヴェンデル時代、ヴァイキング時代まで活動がみられた。ヘリエーの発掘では、貨幣と分銅の両方が遺物としてえられているが、ルネボーの場合と異なり、貴金属の細工のためにつかわれたと解釈されている。また、ヘリエー出土の分銅は、その出土状況・個数、工房の手工業跡から、ただちに支払をともなう交換がおこなわれていたことをしめすものとして解釈することはできないとされている。デンマーク最初の都市的集落リーベの周辺地域でも同様のことがいわれている。一九九〇、九一年におこなわれたリーベの発掘では一〇〇平方メートルが調査され、八・九世紀の青銅製品製造跡が何千もの鋳型片として発見された。同時に鉛製の分銅二一個も、とくに鋳型片のおおい層から出土している。その年代的な分布は貨幣とも相関しており、概して貨幣のすくない層から分銅はみつかっているのである。これらの分銅はこの場所で鋳造がおこなわれていたことをしめすものであり、さまざまな合金をつくるためにつかわれたと考えられている。一九九〇〜九五年のビルカの黒土地区発掘でも、鉛製分銅のおおくは、鋳造作業と直接関連する層、たとえば作業場の床やごみが堆積している層にふくまれていた。これらの状況から、すくなくともヴァイキング時代には鉛製の分銅が鋳造に際して使用されていたことはほぼまちがいない。しかし、たとえばゴットランド島のバンドルンデでは、金属加工のあきらかな指標である鋳型やるつぼの破片がまったく出土していないにもかかわらず、貨幣や銀製品の出土はおおい。二〇五個の貨幣をふくむ埋蔵宝、三つの銀製の腕輪と銀の指輪一個が金属探知調査で発見されているのである。遺構の発掘そのものではイスラム貨が五八個出土している。したがって、バンドルンデでは分銅が手工業生産という文脈にはないことが明確であり、分銅は手工業においてのみつかわれたのではないことがわかる。つまり、出土した分銅の機能は、それがおかれていた文脈にもとづいて個別にみなければわからず、一意的に判断できるわけではない。

6　分銅と支払手段

シュトイアーがしめしたように、ある社会で分銅と秤が出現することは、さまざまな種類の銀貨、銀製品が流通している状況で銀を計量する必要が生じることと関係がある。バルト海沿岸地域では、ヴァイキング時代のほとんどをとおして、ヘーゼビューでつくられた「北欧貨」などの例外をのぞき、独自の造幣はほとんどなかった。流通していたのはイスラム世界やビザンツ帝国、西欧などからもたらされた外来の多種の貨幣である。規格化された分銅と精密な秤が出現した九世紀後半は、バルト海沿岸地域と東方世界との接触が密になった時期であった（第3章参照）。それらの標準化された分銅がおかれている資史料上の具体的な文脈は、分銅と支払手段との関係をどのようにしめしているのだろうか。

ビルカ、ヘーゼビュー、カウパングの墓域では、分銅は男女関係なく一般的な副葬品の一つであり、個人の所有物であったとおもわれる（子どもの墓にもみられる）。おなじことは、今日のロシア水系でみつかるスカンディナヴィア系の墓についてもあてはまる。ビルカの場合、一四八基から計二五二個の分銅（球形のものが一五八例、多面体形のものが四五例）が出土している。ヴァイキング時代におおい円柱形の分銅は、副葬品にはまれで八例にとどまる。カウパングとビルカの墓では、分銅の出土位置は被葬者の体の上か、財布のなかであった。古銭学者G・ハッツは、スウェーデンで発見されたヴァイキング時代の財布をしらべ、そのほとんどには貨幣と分銅の両方か一方がはいっており、それにくわえて秤をいれたものもあることをあきらかにしている。支払手段としての価値があるものと支払のための道具をいれるのが財布のおもな機能であり、これは同時代の叙述史料とも一致する。一〇世紀前半に現イランのイスファハーンで「ルーシ」についての記録をのこした地理学者イブン・ルスターは、八六二〜八二年ころについての記事として、「ルーシ」が毛皮への支払として貨幣をうけとり、それをベルト（財布）にしまいこんだと記録している（『ヴァイキング』人文書院）。リンベルトの『聖アンスガール伝』にも、貨幣の保管と支払への言及がみられる。カトラ（125頁参照）は財布をもっていたが、そこから貨幣をとりだし、喜捨をおこなった。アンスガール本人についても、かれがつねに財布をベルトに固定して携帯し、贈り物ができるようにしていたとかたられている。これらの財布のなかには分銅や秤もあったと考えてもおかしくはないであろう。特別な例としては、ノルウェーのハーラル苛烈王（在位一〇四六〜六六年）が王国の半分（共同統治）をかれにもうしでたマグヌス王に対し、大量の金の財宝をわけあたえた際、秤と分銅をもちいたことが「ハーラル苛烈王のサガ」(第二四章)にみえる。こうした情報を念頭におくなら、分銅と秤はまず支払手段の計量のためにもちいられるようになり、それが手工業にも転用されたと考えるのが適当であろう。イスラム世界からの影響をうけて規格化された分銅の計量システムが手工業生産のなかから発達したとはおもわれず、また手工業生産においてイスラム世界の重量体系にしたがう必要はなかったということもある。

ヴァイキング時代、一般的にはどのような状況において支払手段として貴金属を計量したのであろうか。もちろん、日常的な売買においてつかわれたであろうことは容易に想像されるが、そうした例を史料上追跡するのはむずかしい。そうした日常的支払のほかにもう一つ想定されるのが、「公的」な意味あいをもった支払である。のちにみるように、ビルカなどの都市的集落は「王」的な権力、有力者との関係のもとに建設、維持されたことが知られているが、そうした権力者との関係において、支払がおこなわれたことは、国家や行政組織が未成熟な段階にあった他地域の事例からも類推できる。たとえば、フランスの中世史家ジョルジュ・デュビイによれば、フランク王国における造幣の目的の一つは王権による課税、罰金収受、通行税徴収にあったという。通行税、地代などは、スカンディナヴィアの大規模な手工業・交易拠点を支配下においた地域の権力者たちにとっても、重要な収入源であったと考えられてきた。入港税がはやくにスカンディナヴィアで課されていたらしいことは、ノルウェーのオーラヴ王(在位一〇一五~二八年)についての『聖オーラヴのサガ』(第四三章)の「王は上陸税を徴収させた」という記述にあらわれている。一一世紀のアイスランドにさかのぼる『グラーガース』をはじめとする複数の法にも、そうした税が王に支払われたという記録がある。こうした徴収が北欧ではいつごろにはじまるものか、鍵となる文書史料はすくなく、はっきりとはわからない。史料の残存状況が比較的良好なイングランドでは、ロンドンなどへくる船に、はやくも八世紀に王が税を課していたことが知られている。

ただし、ヴァイキング時代、バルト海沿岸地域の都市的集落で「入港税」が課されたことをしめすとおもわれる考古資料が一つある。[12] デンマークのヘーゼビューでは、ビルカにおいてと同様、貨幣と分銅が数おおく出土しているが、それらが集中してみつかったのは、港の桟橋があった付近での発掘においてであった。そこでは二〇個以上の貨幣といくつかの分銅が出土した。そのため、この桟橋には「税関」があったのではといわれている。貨幣・分銅をあつかう際に、その一部が床板のすきまから水中へ落下し、長年にわたるそのくりかえしが集中的出土につながったのではないかということである。おなじような遺物の集中はビルカにもみられる。標準化された分銅、とくに多面体形の分銅が、一九七〇〜七一年に発掘された黒土地帯の港湾部、桟橋跡の脇から出土しているのである。現在は陸地になっている桟橋まわりのごみの堆積層からは、すくなくとも一二個の多面体形の分銅と球形の分銅一個が発掘されている。

以上のような支払に際してのみならず、銀と分銅は市場的な取引、つまり「商業」においてももちいられたことはまちがいないであろう。九世紀後半に出現する規格化された分銅は、バルト海沿岸地域の非常な広範囲（184頁図58）において使用されており、それはあきらかに地域をこえた現象であった。遠隔地間で商業としてではなく、支払がなされることはあったはずであるが、これほどの広域にわたって支払ツールを発達させる必然性をうみだしたものは、商品交換しかありえないとおもわれる。たとえば、各地で通行税が徴収されていたとしても、それらの徴収主体（地域的権力）が徴収の単位をそろえる必要はないはずである。

7 「贈与」から「市場的交換」へ

ヴァイキング時代初頭のスカンディナヴィアでは、贈与による交換や実力行使・強奪によって物がその所有者をかえることが社会内で物が移動するときの基本であった。そこへ九世紀後半、バルト海沿岸を包摂する広域にわたる商業がおこなわれるようになるという変化がおこったのであり、規格化された分銅体系の成立がこの変動をわれわれにおしえている。

分割された銀

この時代、いわば「贈与という制度」にひびがはいったわけであるが、商業的な商品交換がおこなわれうるようになるためには、なんらかの形の柔軟性のある支払手段が存在しなければならなかった。史料からは、鉄器時代後期にある種の物品や原材料がさまざまな取引の支払手段としてつかわれたことが知られている。

すでに述べたように、アイスランドにおける土地獲得の際にある女性が対価としたのは、高価なマントであった。ヴァイキング時代のアイスランドでは、織物は支払手段としてもっともよく利用された。しかし、制度としての贈与習慣が侵食をうける前提条件を準備したのは、銀を渇望し、その入手にうごいた社会そのものであった。銀には、鉄、織布、毛皮などほかの可能な支払手段と比較するなら、さまざまな利点がみとめられる。品質が均一であり、ほかの物よりは破損・腐蝕しにくい。おもい鉄や、かるいけれどもかさばる毛皮とくらべ、もちはこびも容易である。さらにおおきな利点は、簡単にちいさく分割できることであろう。運搬の容易さと分割可能性は、商業、すなわち市場経済的商品交換において使用しうる支払手段の最低条件である。市場取引においては、価格はさまざまでありうるから、支払手段はこまかくかつ正確に分割できる必要がある。こうした好条件をそなえた手段が社会内で大量にはじめて準備されたのがヴァイキング時代であった。したがって、バルト海沿岸地

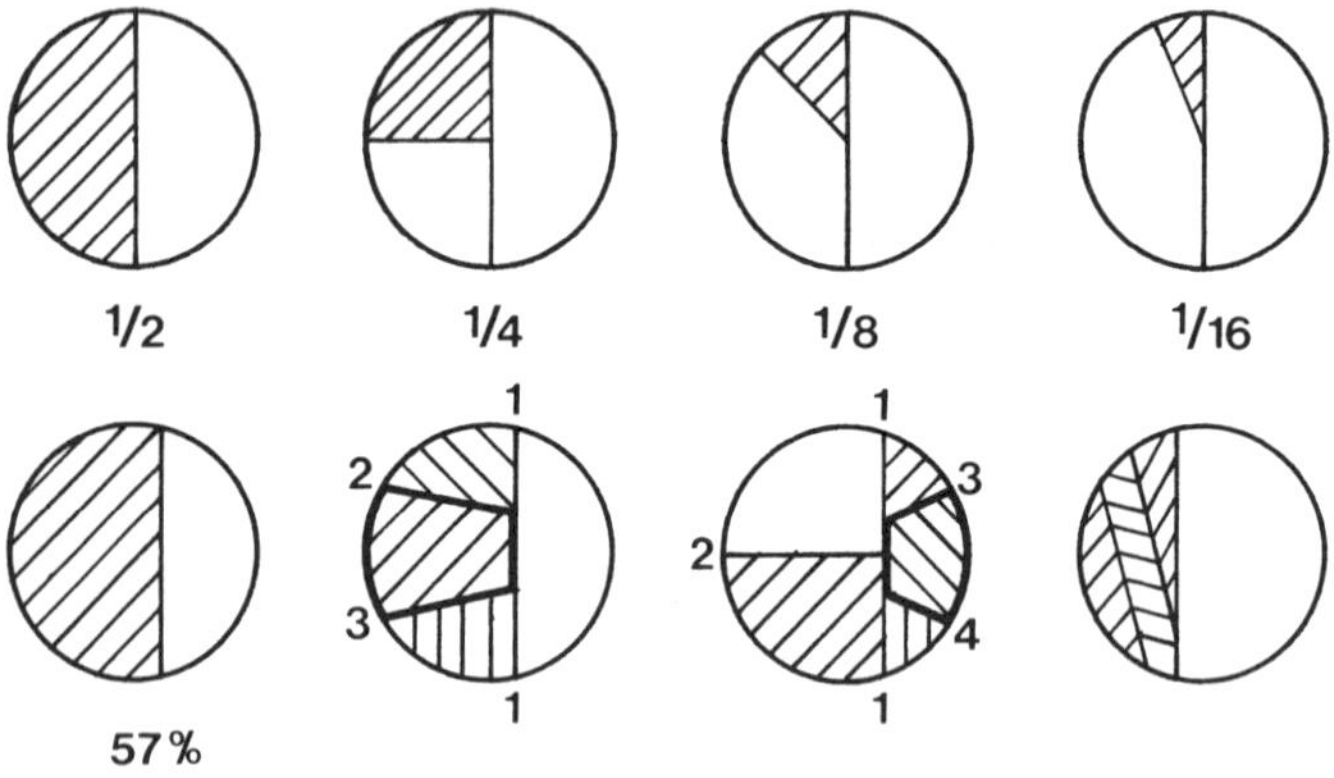

図59●貨幣が切断されるときのパターン。銀貨は銀の地金と同様にあつかわれ、交換に際して重量を調整するためこまかく切断された。(Brita Malmer, "Circulation of monetary silver in the Baltic Area during the Viking Age", *Acta Visbyensia*, 1985, p. 189.)

域で出土する埋蔵宝にふくまれる、こまかく分割された銀（ハックシルバー）は、市場的な取引がおこなわれていた証拠の一つである（口絵5）。

すでにのべたように、標準化された分銅は、九世紀後半というやはい時期に短期間で広範囲に普及したことがわかっている。しかし、スウェーデンの古銭学者B・ホルドの研究によれば、興味ぶかいことに、銀を分割する習慣は、一〇世紀のバルト海北岸地域ではまだ一般的ではなかった[13]。切断・分割された銀や銀製の装飾品が、デンマークやノルウェーの一部の埋蔵宝に確実にみられるようになるのは、一〇世紀前半のことである。スウェーデンのメーラル湖沿岸地域の南では一〇世紀半ばころ、メーラル湖沿岸地域とその北では、イスラム貨の流入がとだえる一〇世紀末である。バルト海南岸になると、銀が分割されるようになるのはさらにおそい時期である。つまり、「銀の細分化」と「規格化された分銅のひろがり」のあいだには相当な「時間的ずれ」がある。このずれが意味しているのは、バルト海沿岸地域にはじめて規格化された分銅がひろい範囲にわたって出現したことが、当該地域にすむひとびとがおなじ時期、すなわち九、一〇世紀に、銀を商業的な支払手段としてつかうようになっていたことをそのまましめすわけではない、ということである。一般的に銀を分割する習慣は、一〇世紀前半の段階では、まだデンマークやスコーネ地方（現スウェーデンの最南部）などのスカンディナヴィア南部にかぎられていたのである。

包括的な検討をおこなっているホルドの研究では、比較的ひろい地域が単位としてあつかわれているが、各地域のなかには、はやくに銀を細分化するつよい傾向をしめしている例外的な場所がある。その一つがビルカである。一九九〇〜九五年にビルカの黒土地区でおこなわれた発掘でえられた遺物に、非常にこまかく切断された銀の鎖がふくまれているが、それは最下層（第一層）から出土したものである。最下層の開始は、現在までの研究では八世紀半ばまたは後半とされている。九世紀前半に比定されている第四層からはイスラム貨がわずかに出土している。しかし、発掘地点は、第一層から第五層までの時期、手工業（鋳造）がおもにおこなわれていた場所であるため、銀の鎖は銀細工の原料にするために切断された可能性もある。九世紀半ばに比定されている第六層になると、鋳造の痕跡は検出されなくなるが、この層と第七、八層からは規格化された分銅と分割された貨幣・銀製品がでている。すくなくともこれらの破片については、支払手段として細分されたものであるといってまちがいないであろう（135頁表2参照）。

黒土地区と都市壁脇の発掘で発見された貨幣群はかなりこまかく分割されている。総計五〇個になるイスラム貨のうち、二六個の切片は〇・三グラムかそれ以下の重さしかない。都市壁の周辺は後代に耕作地となったこともないため、土壌の攪拌によってこなごなになったという可能性はない。黒土地区の発掘で発見された貨幣の約四分の一は、一〇分の一から二〇分の一に分割されている。黒土地区は後代に農地として利用されていたが、耕地化される以前のより下の層においても、一部の貨幣は二〇分の一にまで分割されている（図59）。このように、ビルカの出土貨だけが非常にちいさく切断されていることは、ビルカでは銀の重量をはかる習慣があったことと、その習慣が周辺地域からは独立したきわめて局所的な現象であったことをしめしている。

ビルカに似ている例がゴットランド島のパーヴィーケンである。ここは、既述のように八〜一一世紀、手工業・交易の拠点として機能した場所である。発掘では一一九個のイスラム貨が発見され、それらはこまかく分割されていた。大半は、二分の一、三分の一、四分の一、不規則に切断された周辺と中心部分の断片であった。ゴットランド島のほかの地域で銀の細分化がはじまるのは九四〇年代からであるが、その傾向が本格的になるのは一〇五〇〜一一二四年の時期とかなりおそい。規格化された分銅が、一般的な銀の切断がおこなわれるようになるよりもはやくに普及した（ようにみえる）のは、埋蔵宝と異なって、分銅の出土がビルカなどの集落に集中しているためであろう。

交換システムの移行

規格化された分銅、秤、イスラム貨という高品位の銀があわさることによって、商業に際して十分機能しうる支払手段がバルト海沿岸地域にあらわれることとなった。ヴァイキング時代には、贈与、管理交易など、さまざまな様式の交換と、略奪、貢納など、物が所有者をかえるさまざまな経路があった。しかし、商業において十分機能する支払手段が登場したことによって、贈与など、社会的・政治的に志向された交換にとってかわりうる、商業という「代替物」がスカンディナヴィアにおける歴史上、はじめてあらわれたのである。ヴァイキング時代は、贈与を基礎とするふるい交換システムと、商業というあたらしい交換システムの衝突する時代、または後者が前者にかわって中心的役割をはたすようになる移行期に位置する。銀が切断されるようになった時期にあらわれているように、この根底的な変化はゆるやかに進行し、ほぼヴァイキング時代全体を要した。ビルカやパーヴィーケンといった都市的集落はそうした移行の最先端に位置する、社会内では相当異質な存在だったのである。

ヴァイキング時代、近隣や遠隔地からビルカなどの「商業地」へはこばれた「商品」については比較的よく知られているが、商業的取引がおこなわれた程度と範囲は議論のわかれる問題である。どのような交換原理が実践され、規模はどれくらいであったかとなると、文書史料同様、考古資料も多様な解釈の余地をのこしている。これはスカンディナヴィアのみならず、西ヨーロッパについてもいえることである。(14) 市場取引がしめた位置の評価が困難なヨーロッパ中世と対照的なのが、ヴァイキング時代に相当する時期のイスラム世界である。アッバース朝(七五〇年～)にはじまるこの時代のイスラム世界では、『千夜一夜物語』からイメージされるように、商業がきわめて高度に発達していたことが知られている。当時、商業についてかかれた文献には、商業の長期的戦略や需要と供給が価格に影響するしくみなどがくわしくのべられているほどである。銀をもとめて、植民をおこないながらロシアの水系をはるか東へ南へとむかったスカンディナヴィア人たちが邂逅したのは、そのように繁栄をほこる都市・商業文化であった。

8　「市場経済化」する社会

あたらしいしくみ――「商業」

ヴァイキング時代にはいった直後から、あるいはおそくとも九世紀半ばにはじまった商業化の過程はスカンディナヴィア社会にどのような影響をもたらしたとかんがえられるだろうか。換言すれば、この商業という「あたらしいしくみ」は、贈与などによる「ふるいしくみ」となにが異なっており、前者から後者へと重心が移動するとき、社会にはなにがおこるだろうか。先に贈与行為について論じたとき、両者のちがいの一つは行為が「人格」に関与するかどうかにあることをのべた（168頁表5）。商業は、契約の性質をもった、ものを中心においた交換の形式である。贈与交換、互酬的な分配原則とくらべ、その交換は非人格化されており、両者に関係づけられるのは品物だけであって、ひとに対してではないということである（ひと〜もの）。そうであることによって、関係者間での社会的関係が継続することは否定される。(15) 贈与交換においては、当事者間の社会的・人格的関係と無関係にものが往来することはありえない。まず（ひと〜ひと）という関係があり、ものには焦点があてられないのである。市場的な取引においては、事前に人間関係をもちえない、面識のない買い手と売り手がランダムにであうため、商業地のような中立的な場所へおたがいがでむき、そこで売買がおこなわれたあとにはそれぞれの生産・生活の場へともどっていくことになる。両者とも、相手である売り手・買い手にではなく、もの（商品）だけと関係をもち、その関係を唯一媒介するものは「価格」として、だれにでも公然と表現されることになる。このあたらしい規範が抵抗なく社会に浸透したとは考えにくく、無数の衝突が交換の場において生じたと想像される。人類学者・山内昶によると、そうした「困った事態は、商品経済が未開経済と接触した、ほとんどいたるところの波うちぎわで世界史的に発生した」が、それは「利潤原理と贈与原理が衝突して、後者が前者を混乱させた」ためであった（『経済人類学への招待』ちくま新書）。

このあたらしい行動の様式は、まだそれになじまない社会においては、贈与にともなう友情といった友好関係とはあいいれない敵対的関係として認識される傾向をもつ。商取引にかかわる当事者は、たがいに相手と友好的に協力関係をむすぼうとするのではなく、対立する利害をもとめるからである。市場取引の性格上、当事者は取引による利益を最大化しようとすることになるが、一方の利益は他方の損失を意味する。利益の最大化は交渉と妥協によって追求されるが、この点は市場取引の特徴である。

ポランニーは市場取引が本来的にもつ性質について、このようにいう――「かけひきと折衝はその本質である。そうしなければ当事者は自分が取引によって可能なかぎりの利益をえていることを確実にする方法がほかにないからである。折衝はこの場合、ある人間の短所のあらわれなのではなく、市場メカニズムによって論理的に要求される行動様式なのである」(『人間の経済』岩波書店)。現代社会においても、市場取引が法的なてつづきでありうるための境界線上、または境界線をこえてなされる事例にはことかかない。熱心な交渉・値ぎりと、法の悪用・窃盗のあいだの距離はきわめてちいさい場合もある。社会関係を持続的にむずぶみこみのない相手とのその場かぎりの関係においては、そうした行動がなんらかの不都合をもたらすことはない。こうしたことは、歴史上のさまざまな社会においてと同様に、ヴァイキング時代のスカンディナヴィア社会にもあてはまるであろう。すべては市場における自己の利益追求が必然的にもたらす現象なのである。

対立の可能性と潜在的な危険をはらんでいたのは、個々人が主体となって、自身の属する共同体内でおこなわれる商業においてだけではない。アメリカの文化人類学者M・サーリンズは、さまざまな部族間での、ものを中心においた交換の多様な側面を論じている(『石器時代の経済学』法政大学出版局)。それによると、ある倫理原則がみずからの属する集団内でのさまざまな交換において適用されている一方で、別の原則が別の集団に対しては適用されえたという。原始社会において隣接する共同体間でおこなわれる交易は、互酬性をともなう贈与など、ある種の倫理原則によって特徴づけられる。しかし、おたがいに面識のない集団間でおこなわれる交易においては、それぞれの集団がもつ行動規範が機能せず、別の原則が適用されうるのである。取引をおこなう際の虚偽やごまかしなどは、共同体内あるいは隣接する共同体間では禁止され、制裁の対象となる。しかし、みしらぬ集団との交易においてであれば、自身の利益を最大化するために奸計をめぐらし、詐欺をはたらくことは許容され、ときには評価されるふるまいですらあった。

ヴァイキング活動の性格を考えるとき、こうした人類学上の知見は示唆にとむ。サガにもおなじように理解できる事例がみられるのである。アイスランド人、スカンディナヴィア人は、カレリア、アイルランド、北アメリカへ遠征したとき、商取引をおこなうことと、現地住民と戦争をおこなうことをその時々の状況に応じて自在に選択している（83頁参照）。また、共同体外部の他者と接触をもつとき、もし商業関係をもつことが有利であれば、豪族が利益目的で行動することは不適切ではないとみなされた(16)。

模造貨幣とペッキング

市場的取引では不可避な詐欺の考古学的な痕跡といえるものに模造貨幣がある。メロヴィング時代の西欧では銅貨に金メッキがほどこされ、金貨が偽造されることはめずらしくなかったが、ヴァイキング時代にも同様の現象がみられる。支払手段の偽造・偽装によって取引相手に錯覚をおこさせ、それによって自分の利益をひきだすことは、面識のある相手や、社会関係を創出・維持しようとする相手との非市場的交換においてはありえないことであろう。偽造が露見したときのコストのおおきさ

（はらいもどしの要求や社会関係の断絶）と偽造による一時的利益のバランスがまったくつりあわないからである。

出土している模造貨幣が実際の取引の場において、どのような説明をあたえられ、どうつかわれたのかはもちろんわからない。しかし、その形や外観が約束しているはずの内容、品質からかけはなれているものがすくなくなく、それらが支払手段としてつかわれたという以外の説明はむずかしい。たとえば、一九九〇～九五年のビルカ発掘では、東ヨーロッパ、ハザール帝国で模造されたイスラム貨が発見された。そのうちのいくつかは完全な偽物、つまり銅の合金や、それに銀メッキをほどこしたものである（口絵5）。この時期のイスラム貨は、純度九五パーセント以上という高品位の銀でつくられている。したがって、銀メッキは、その貨幣に実体とは異なる外観をあたえ、取引に際して相手をあざむくためにつくられたと解釈できるだろう。ヘーゼビューの出土物にも類例がある。桟橋の下から、秤と腐蝕してかたまった分銅群、イスラム貨がみつかったが、そのイスラム貨のうち、九個は偽物であった。すべておなじ年代、八〇七／八〇八年の銘をもっている。打刻の型、打刻の位置、重量二・二九グラムもすべておなじである。これは、通常のイスラム貨（ディルハム貨）の重量二・九七グラムよりもかなりかるい。この九個の金属成分は七〇～九〇パーセントが錫、三〇～一〇パーセントが鉛であった。貨幣上の痕跡から、これらは打刻ではなく、鋳造によってつくられたものであることがわかっている。また、通常、一緒に製造された九個もの貨幣が同時にみつかることは、貨幣が一度流通にのってしまうとほとんどありえないから、これらの九個は発見場所のちかくでつくられたのではないかとかんがえられている。さらに別の模造イスラム貨が一個ヘーゼビューで発見されているが、それには鋳造痕、つまり製造途中であることをしめす痕跡がのこっている。鋳造痕はきりおとすか研磨されて消されるはずのものであり、これはまさにヘーゼビューで「偽金づくり」がなされていたことを示唆している。ほかに、イスラム貨模造のための鋳型や、イスラム貨に似せたとおもわれる装飾品は、スウェーデンとフィンランドのあいだにうかぶオーランド諸島や、ロシアでも出土している。

このように偽造されたのはイスラム銀貨だけではなかった。ビルカでは、ディナール貨（イスラム金貨）の模造品すらみつかっている。製造地は西ヨーロッパと推定されており、その成分は金ではなく、金メッキされた銅の合金である。その第一の機能はやはり経済的なもの、つまり詐欺であったと考えられよう。また、偽造は貨幣以外についてもおこなわれた。ヴァイキング時代のスコットランドのある埋蔵宝には、同時に出土した棒状の銀塊とまったくおなじ外観、形状をした錫がふくまれていた。この埋蔵宝をうめた人物は、最後までこの錫を銀と信じていたはずである。ゴットランド島では、ヴァイキング時代の埋蔵宝のなかに銀メッキされた銅製の螺旋状リングがみられ、また墓域から銀でおおわれた銅製の腕輪が出土している。イブン・ファドラーンも、分銅について言及しているのとおなじくだりで、偽造貨幣の存在に言及している（「さて、ホラズムのディルハム貨幣（イスラム銀貨）に

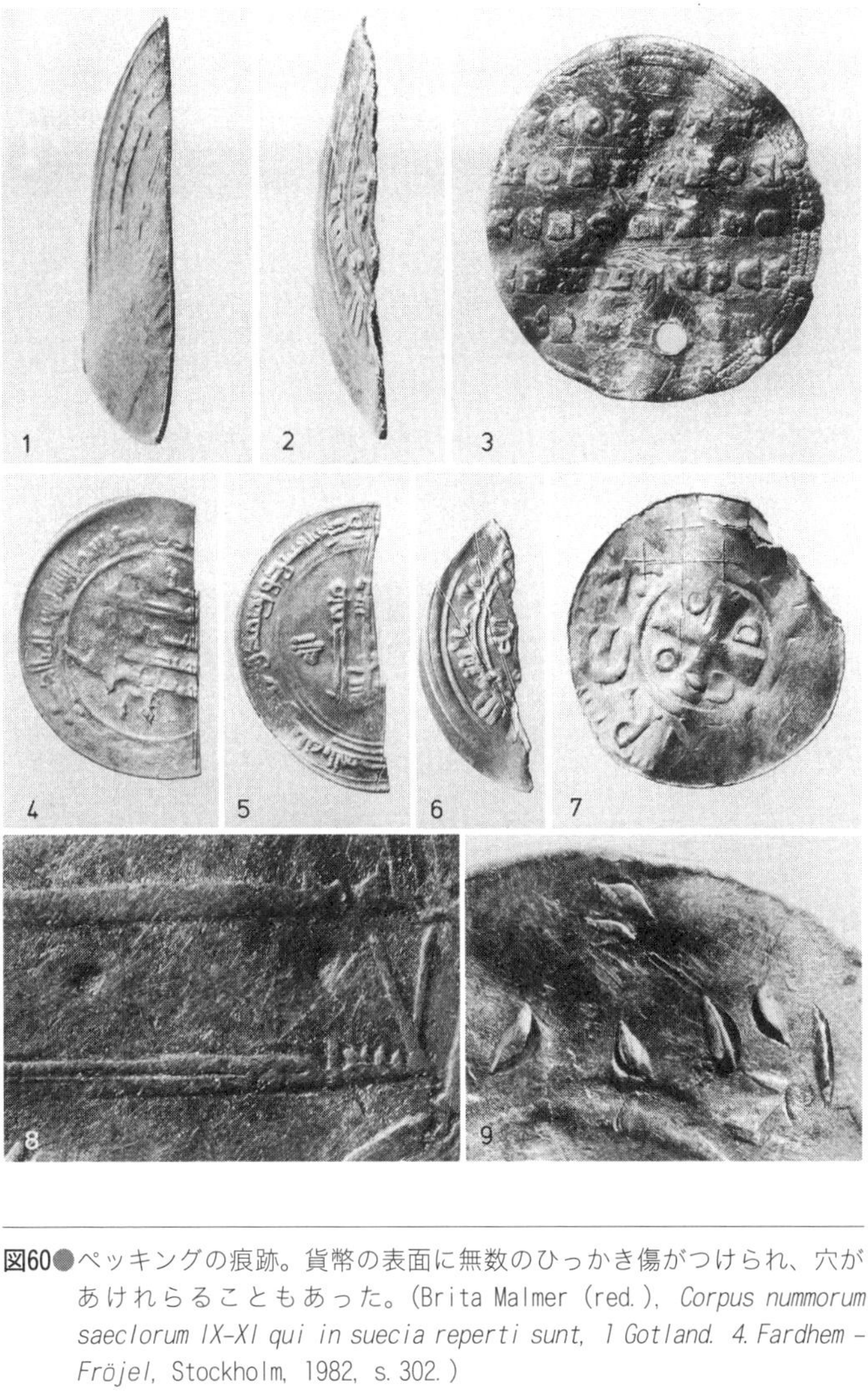

図60●ペッキングの痕跡。貨幣の表面に無数のひっかき傷がつけられ、穴があけれらることもあった。(Brita Malmer (red.), *Corpus nummorum saeclorum IX–XI qui in suecia reperti sunt, 1 Gotland. 4. Fardhem – Fröjel*, Stockholm, 1982, s. 302.)

は、偽造貨、鉛貨、粗悪貨、黄銅貨があることをわたしはしった」)。偽造は、貨幣・貴金属を支払手段とした市場的交換がおこなわれたところではひろくみられた現象であろう。

こうした偽造を別の角度からおしえてくれるのが「ペッキング」とよばれる現象である。ヴァイキング時代の貨幣には、おおくの場合、傷をつけたり穴をあけた痕跡がのこっているが、この行為はペッキングとよばれており、とくに一九八〇年代以降、古銭学者の注目をあつめている(図60)。縁にそってひっかいた跡は東方世界とスカンディナヴィアの両方の出土貨幣にみられる。しかし、ひっかき傷にくわえて穴まであけた跡はスカンディナヴィアで出土するイスラム貨にしかみられない(ペンダントにするためかもしれないが、それは品位の確認もかねていたであろう)。これは、貨幣に傷をつけることによって品質、外観との異同をしらべ、それが模造品ではないことを確認するためにおこなわれたと考えられる。したがって、おおくのひとびとの手から手へわたり、ながく流通したことが知られている種類の貨幣にはおおくの傷がついており、それぞれの貨幣が何回、市場交換に供されたかを数えることすら可能になっている。

貨幣の切断・計量、地金の支払手段としての流通、それらの偽造・模造は、市場経済的な交換がひろまったことをしめしているが、その段階がさらにすすむと、今度は逆に地金の流通、貨幣の切断・偽造はおこなわれなくなっていく(表7)。地域の権力者(おおくは「王」を称する)が支払手段を独自に発行して、その流通管理、つまり「額面」の設定と改鋳による利益確保、偽造やつかわれかたの

	支払手段	切断・秤量	偽造・模造
贈与中心的経済 ⇩ 市場中心的経済	布地、家畜、貴金属など	あり	無
	貴金属（貨幣・地金）	あり	多
	多種の貨幣	あり／なし	多
	単一の貨幣	なし	まれ

贈与物のように、友情や忠誠といった人間関係・社会関係という「線」のうえをたどりながらものが交換あるいは供与されるとき、ものの量が計測・計量される（家畜の頭数、金銀の重量など）。しかし、そのもの自体を偽造したり、相手に錯覚をおこさせ、だますことは基本的におこなわれない。その露見は人間・社会関係をこわすからである。しかし、市場的な原理にのっとって、人間・社会関係への配慮を必要としない不特定多数のひとびとのあいだで交換がおこなわれるようになると、詐欺のための偽造がはじまる。その初期の段階では贈与交換とおなじ物品が支払手段として機能するため、ひきつづき計量や分割がなされる。さまざまな外来貨幣の併用も計量を不可欠とする。やがて、領域的支配を確立しつつある政治権力者によって、独占的に支払手段の供給（＝造幣）がなされるようになると、現代社会同様、支払手段の量は「価格」として「額面」で計算されるようになり、計量・分割をおこなう必要がなくなる。また、偽金は経済的・イデオロギー的に権力者の造幣権を侵害する犯罪としてとりしまられ、一般的でなくなる。

表 7●支払手段にみるヴァイキング社会の諸段階。

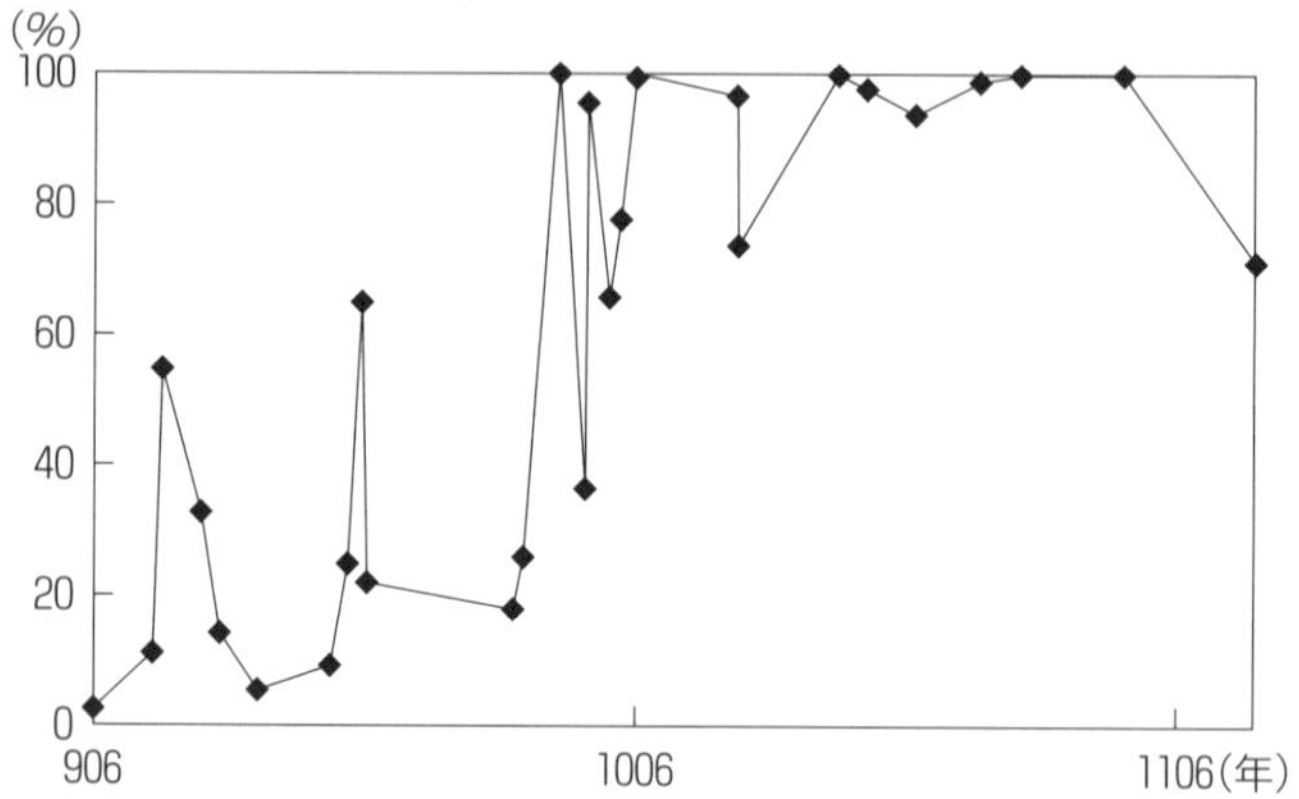

図61●埋蔵宝にしめる貨幣の割合。
スウェーデン南部地方では、1000年ころを境にして埋蔵宝中の貨幣比率が増大する。これは、イスラム貨のかわりにイングランド、ドイツから貨幣が流入しはじめた時期であり、同時期、デンマークのクヌーズ大王（在位1018〜1035年)、スヴェン・エストリズセン王（在位1047〜1074年）によって組織的な造幣も開始された。そのため、この時期にスカンディナヴィア南部地域では、外来の貨幣や切断された銀は、支払手段として通用しなくなりつつあった。11世紀の第2四半世紀は貨幣経済への移行期といえる。(B. Hårdh, *Wikingerzeitliche Depotfunde aus Südschweden*, 1976より作成)

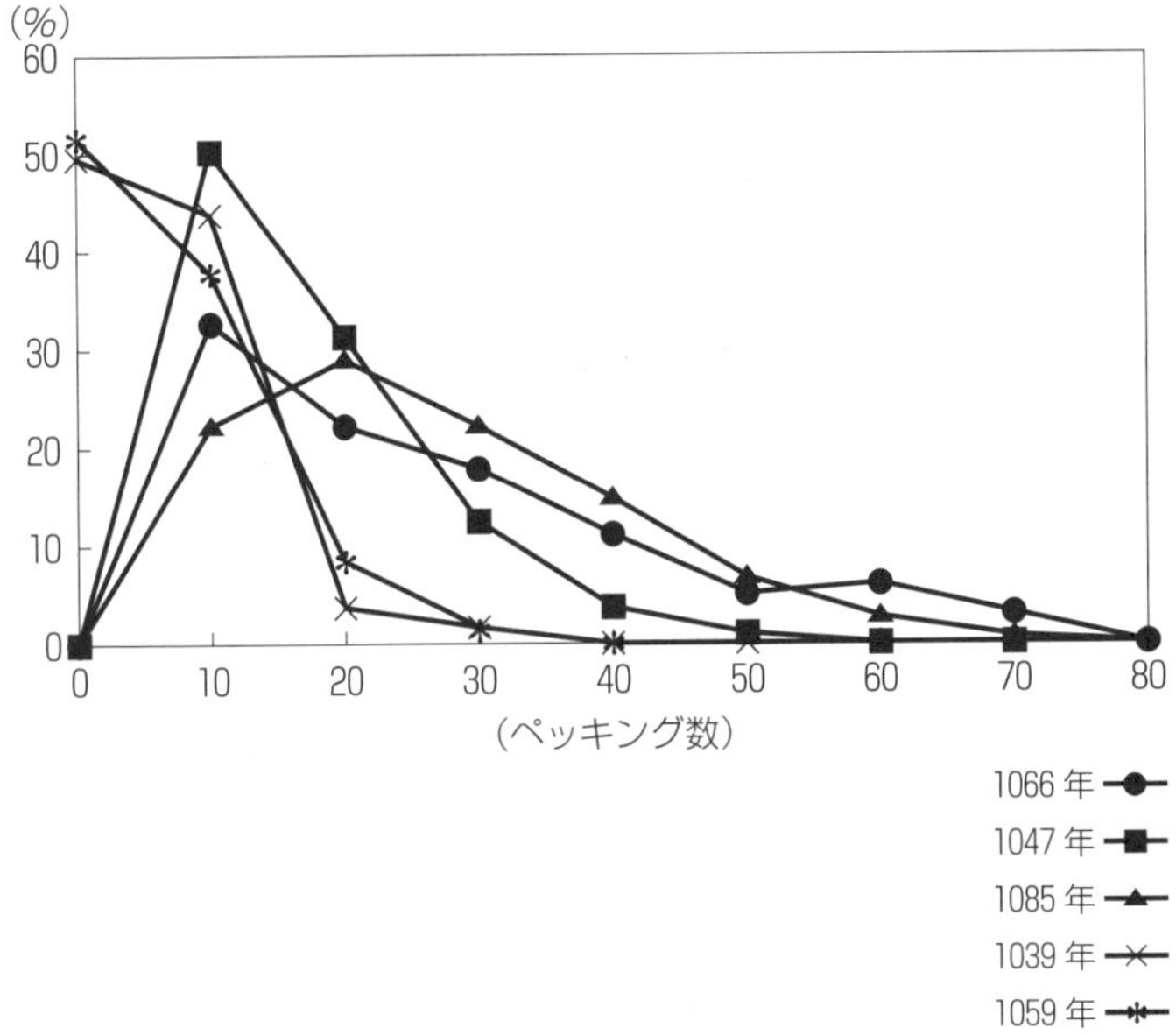

図62●五つの埋蔵宝におけるペッキング数。
ドイツ貨についてペッキング数をしらべたもの。年代は埋蔵宝中の最新の貨幣の年代（t. p. q）をあらわす。スウェーデン・エステルイェートランド地方（1066 年、133 個）／ゴットランド島（1047 年、417 個）／ゴットランド島（1085 年、506 個）／ロシア（1039 年、46 個）（1059 年、292 個）。ペッキングの数がおおいほど、流通度が高いことを意味する。おおいものでは 80 個以上のペッキング痕が確認可能である。ロシア出土貨幣のペッキング数のすくなさがきわだっている。（B. Malmer, *op. cit.*, 1985 より作成）

監視にのりだすからである。

ここまでみてきたように、貨幣、分銅などの遺物からは、ビルカなどの都市的集落は、そこで市場的交換がおこなわれるという、当該社会が標準とする交換様式の転換に際して先駆的な役割をはたしたことがわかる。当初、ビルカが地域共同体のなかでその構成員にあたえたであろう異質感は時間をかけて徐々にうすれていった。その具体的なあらわれが、七五〇年ころのビルカ建設後、一〇〇年以上たった八六〇〜八九〇年ころに出現した「標準分銅システム」であり、さらに時間をかけて普及した「秤量貨幣経済」、つまり銀を分割可能な支払手段としてあつかうしくみのひろがりであった。その最終的な到達点の一つが、次章でみるように、ビルカの属する地域内において、「王」によって独自に貴金属の支払手段が発行されるようになったこと、すなわち造幣の開始である。つぎに問題となるのは、このような異物としての都市的集落が、ヴァイキング時代の幕あけとほぼ同時に、なぜ、どのようにしてスカンディナヴィアに出現したのかということである。

第5章 ヴァイキング時代の王権と都市

1 都市建設の背景

商人や農民が定期的にあつまるようになった場所に市がひらかれ、その発展とともに市が集落へと発展していく――ビルカをはじめとして、かつては、これがヴァイキング時代における都市的集落の形成に関する一般的理解であった。しかし、近年になって墓域だけではなく、密集集落跡の発掘調査がビルカでおこなわれた結果はそうした想像を完全にうらぎるものであった。都市域がひろがっていた区域ではきわめて規則的に、街路と溝による区画設定がなされており、ある時点において、十分

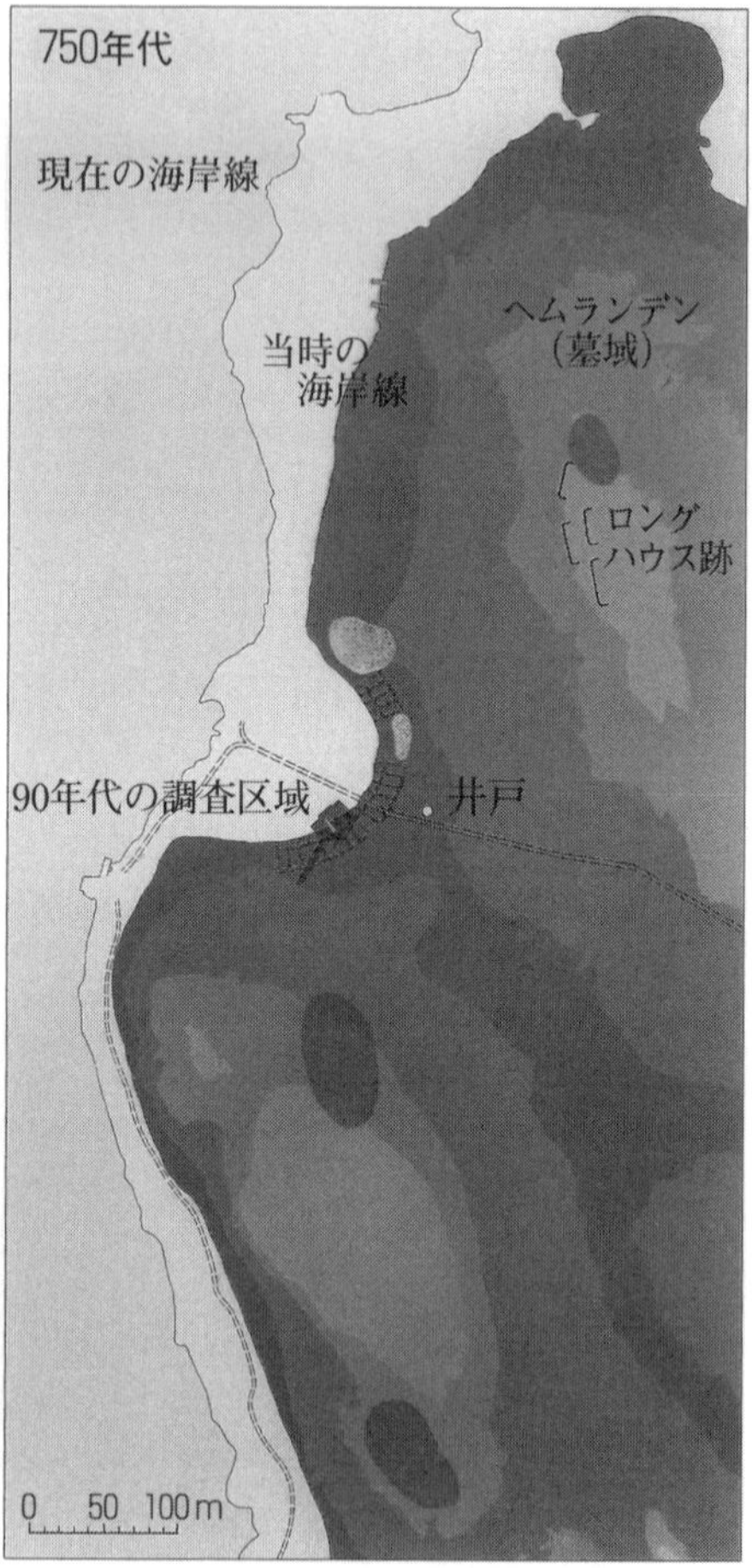

図63●ビルカの発展過程。8世紀後半、入江にそって定住地がひらかれ、その北東にロングハウスが建設された。同時期に墓域の形成もはじまる。9世紀、都市壁（土塁）によってかこまれ、水中に防護柵がつくられる。10世紀、都市域が最大化しあたらしい都市壁と砦が周囲にきずかれる。(Göran Burenhult (red.), *op, cit.* s. 367ff.)

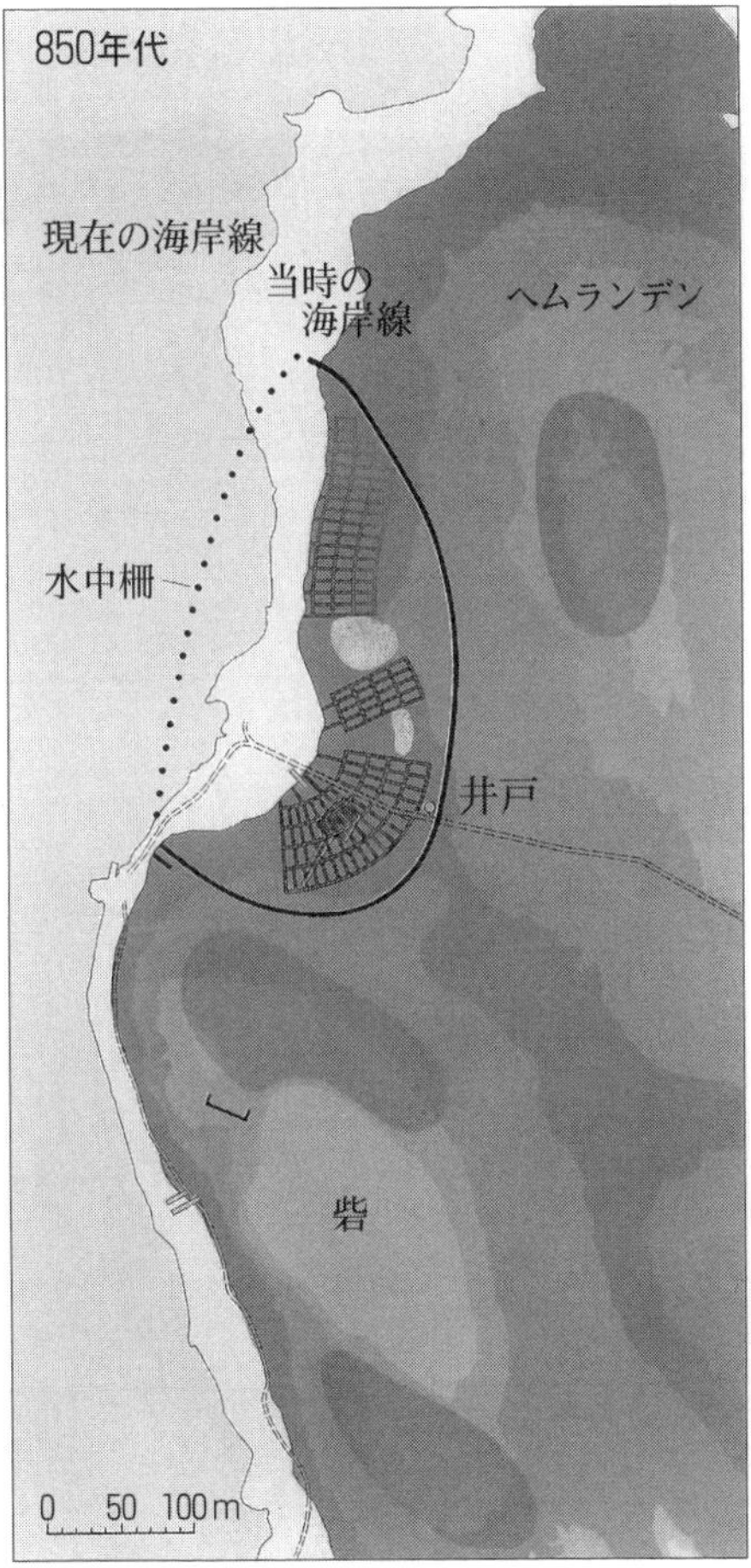
850年代
現在の海岸線
当時の
海岸線
ヘムランデン
水中柵
井戸
砦
0 50 100m

図63●（続）

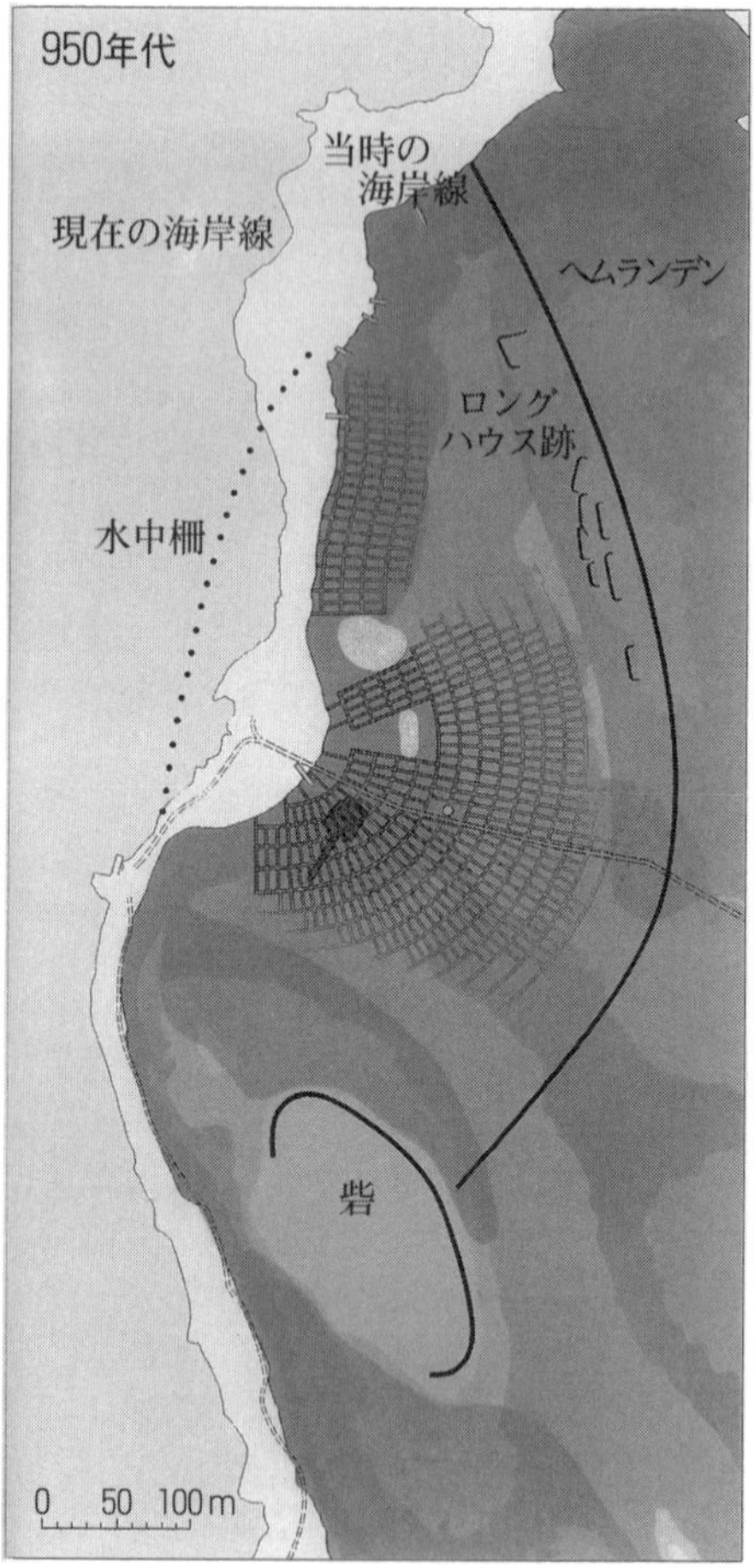

図63●（続）

に計画されたうえで建設されたことが、遺構に明確にあらわれている（図63）。自然発生的に成立した集落ではないということは、その建設を主導した存在があるはずである。

そこでビルカの建設に関して注目されたのが、ビルカの対岸に位置するアーデルスエー島である（アーデルスエー：「貴族の島」の意[1]）。この島のホーヴゴーデン（ホーヴ：宮廷・祭祀場、ゴーデン：農場）とよばれている場所には、アルスネーフース（フース：砦）というかつての王の居館が存在する。まず、この遺跡群について概観しよう。

アーデルスエー島はビョルケー島のすぐ北にあり、ホーヴゴーデンはビルカをのぞむ位置にある。アルスネーフース自体は、ビルカ消滅後の一二七〇年代に建設されたものであるが、その一帯には七、八世紀から中世末にいたる遺構が豊富にのこっている（図64）。建造物のあった台地、いくつかの墳丘墓と「シング（民会）の塚」、その南には後代の教会がある。北西へ数百メートルのところには平均的規模の墳丘をともなう墓域がある。教会と居館のあった台地のあいだは標高が五メートルであり、中世初期にはせまい入江となっていたと考えられるが、その入口には「ルーデンの王の代理トーリル」について言及しているおおきなルーン石碑がある（図65）。碑文では、「ホーコン」という名が王として言及されているため、この石碑は王ホーコン・レーデが支配した一〇七〇年代のものとおもわれる。二〇世紀はじめに発掘された墓域は鉄器時代後期に属し、ここの他ではビルカでしかみつかっていない「フリースラントのみずさし」やヘーゼビューでつくられた貨幣（北欧貨）が出土している

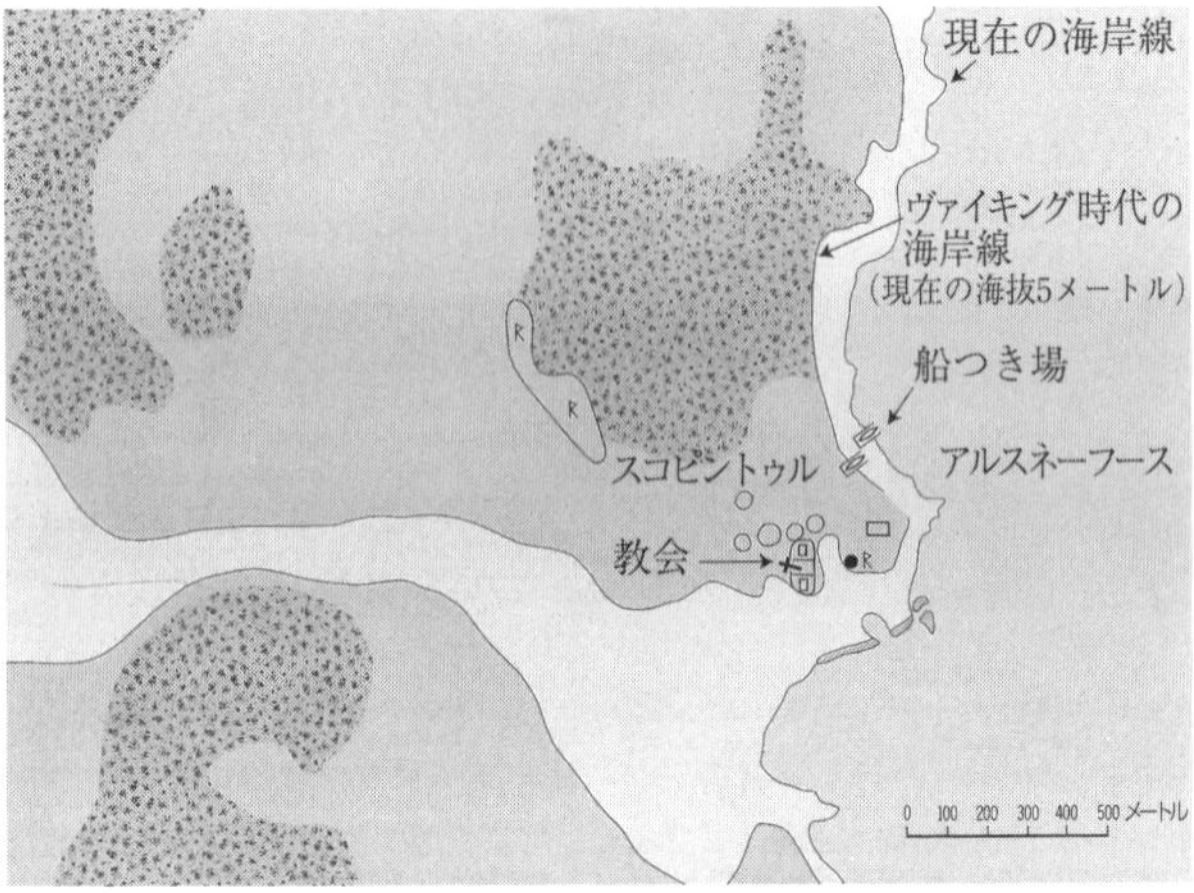

図64● (上) アーデルスエー島の遺跡群。アーデルスエー教会のまわりに600年から1300年ころの遺跡が集中している。海岸線は現在のものとヴァイキング時代当時（現在標高5メートル）のもの。○：墳丘墓。□：現在の建造物。十：教会。▭：船つき場。R：ルーン石碑。(Björn Ambrosiani et al. *Birka, Vikinga Staden, volym 3*, Stockholm, 1992, s. 40.)

図65● (下) 標石（氷河によってはこばれた巨石）に彫刻され、碑文のある面は海側にむけられている。(*Ibid.*)

(図51)。数基ある大墳丘墓は、そのうちスコピントゥル(語義不明)とよばれる塚が発掘されている。この火葬墳丘墓からは約五〇リットルという大量の骨と、船の鉄鋲、鉄釘がおおく発見された。これらは被葬者がその身のまわりの品とともにやかれた痕跡である。円筒形の青銅製容器には、骨のほかにおそらく黒髪の女性のものとおもわれる人毛がおさめられていた。同時代の副葬品に類例はないが、当時ひろくみられた女性の犠牲の代替物らしい。人骨は中年男性のもの一体しか確認されていないが、ガラスやカーネリアン(紅玉髄)製のビーズなど、女性の所有物と考えられる遺物もある。被葬者の男性の副葬品はきわめて豊富で、被葬者は、東方由来のハート形留め金のついたベルトと金糸のおりこまれた衣装をまとっていた。おおくの家畜とすくなくとも一頭の馬が副葬されたが、青銅製の馬具はきわめて精巧にできており、ボッレ様式(九〇〇年ころ)をうみだした職人の手になると考えられる。獣骨のなかには、遺物としては非常にめずらしい愛玩用の小犬や、オオタカ、ワシミミズクがふくまれており、被葬者の社会的地位のたかさ、つまり被葬者が「王」かその息子であったことをしめしている。墓の年代は、馬具以外にも様式の明確な櫛の断片から九〇〇年ころ、すなわちビルカが都市的集落としてあった時代に比定される。一九九〇年代のビルカ発掘開始後、ホーヴゴーデンでもふたたび調査がおこなわれ、ヴァイキング時代の巨大なロングハウスの土台が発見された。そうした大規模な建造物跡もメーラル地域の通常の農場ではまれであるが、ガムラ・ウップサラで類似の遺構が出土している。このように、ホーヴゴーデンは鉄器時代後期において、スカンディナヴィア全域のなかにおいても傑出した性格をもつ場所であったとみられる。そこに拠点をおいた「王」的な存在が、島の目の前で展開したビルカの建設・維持に無関係であったとは考えられず、積極的にかかわっていたことは確実であろう。

ビルカがどの「王」の意図によってどのように建設されたのかをつたえる史料はない。しかし、ビルカと同時代の都市的集落ヘーゼビューについては、その建設の経緯について述べている記録がある。すなわち、フランク人アインハルト（七七〇ころ〜八四〇年）らによって書かれたとされるラテン語作品『フランク王国年代記』である。その八〇八年の項には、カール大帝と対抗関係にあったデーン人の王（rex）、ゴズフレズ（在位八〇〇〜八一〇年ころ）によって、オボドリート人に対しておこなわれた軍事遠征について述べられている。オボドリート人というのは、ヴィスワ川とエルベ川のあいだにいたヴェンド人と総称される西スラヴ人のうち、もっとも西にいた集団である。ゴズフレズは、デーン人のことばでレリクとよばれる海岸ぞいの商業地（エンポリウム）を破壊し、そこから「スリエストルプ」とよばれる港（portus）へ商人たち（negotiator）をうつしたといわれている。「スリエストルプ」というのはヘーゼビューをさしている（『聖アンスガール伝』では「スリアスヴィーク」とよばれている）。レリクの場所はながらく不明であったが、一九九〇年代になってから北ドイツの都市ヴィスマール郊外に位置するグロース・シュトレームケンドルフの遺跡がレリクであることがほぼ確実視されている。(2) ここでえられている遺物は、バルト海沿岸地域に位置するヴァイキング時代初期の都市

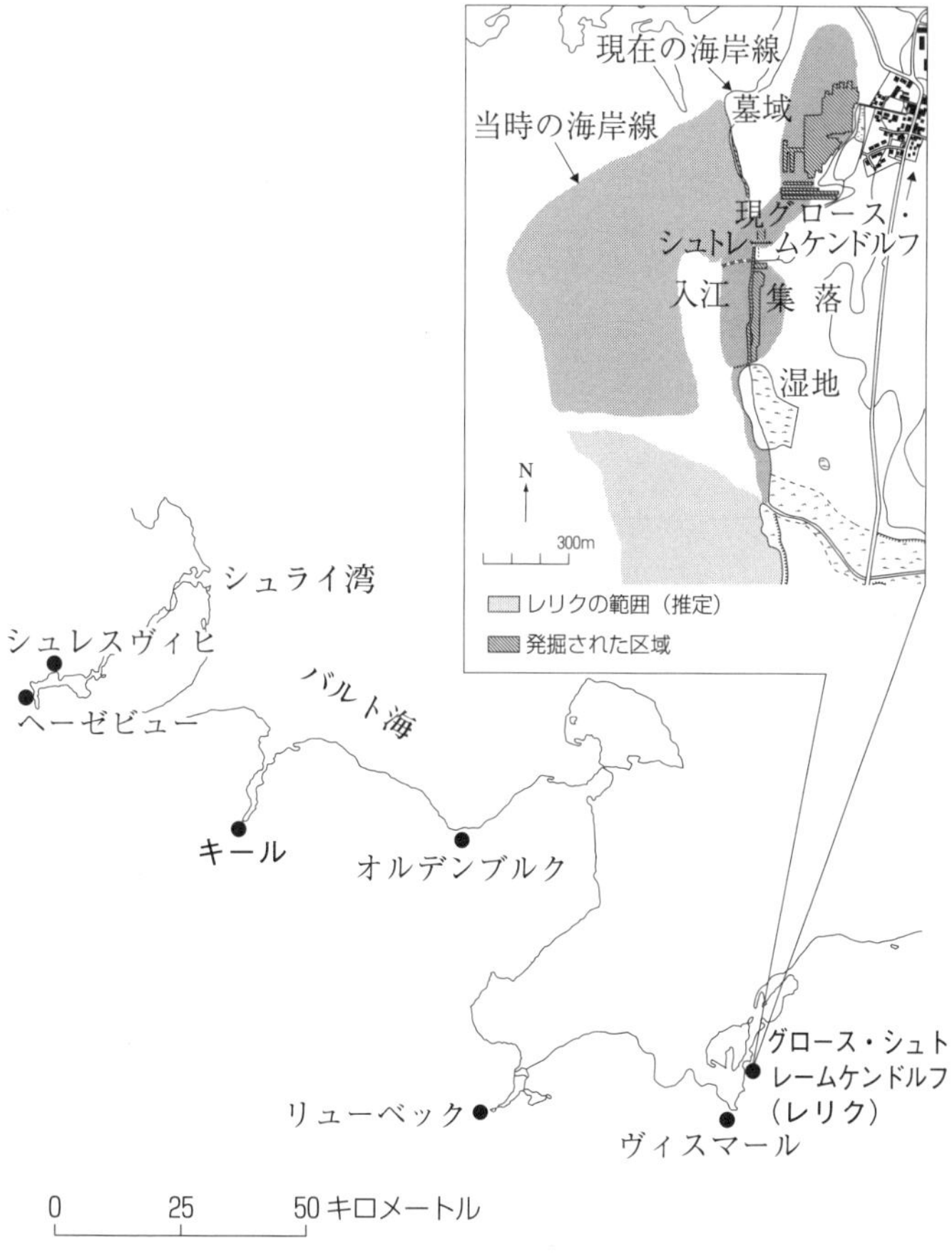

図66●グロース・シュトレームケンドルフ（レリク）。(Astrid Tummuscheit, "Groß Strömkendorf : a market site of the eighth century on the Baltic sea coast", T. Pestell et al. (eds.), *Markets in Early Medieval Europe. Trading and 'productive' sites, 650-850*, p. 209f. を改変)。

的集落とほとんどおなじであり、八世紀スラヴ地域に特徴的なズコー型土器のほか、カロリング時代フランク王国やザクセン、フリースラント産のガラス容器・金属製装飾品・武器、またスカンディナヴィア産の大量の産品、たとえば、ノルウェー産のせっけん石・装飾品、さらにイスラム金貨・銀貨が出土している。七三〇年ごろにはすでに集落の存在が確認され、七六〇年代以降、とくに七七〇〜七九〇年に建造物がふえ、集落が拡大している。したがって、レリクに関する年代記の記録には、同時代史料であることにくわえて、考古資料からも相応の信頼性がみとめられよう。レリク破壊のエピソードには王とよばれる存在が都市的集落の設立・維持を意図している具体的なようすがよくあらわれているとおもわれる。

当時にあっては、商人は自由に広域を移動し、物をはこぶことがなりわいであるから、その活動を王が物理的に強制することはできない。したがって、そこには王が取引・活動の安全を保証する場をしつらえることによって「商人」に保護をあたえ、そのみかえりをうるという合意が両者間にあったと考えられる。王にとっての動機としては、市場管理者であることによる社会的権威などもかんがえられるが、通行税の徴収や、遠隔地交易による奢侈品の優先的入手があげられるだろう。奢侈品は消費のためだけではなく、贈与慣行が人間関係をつくるという社会環境にあっては、王の権威づけ、従士団の維持・扶養には不可避だったはずである。おなじことは、ビルカをはじめとする、バルト海沿岸地域からロシア水系にいたる同時代の都市的集落についてもいえるであろう。

図67●ヘーゼビューの家屋内復元（デンマークのモースゴー博物館）。復元された縦型織機が奥にみえる。おおくの重しがつりさがっている。これは都市的集落における典型的遺物のひとつである。（K. Johannessen, *op. cit.*, s. 113.）

ただし、ゴズフレズがヘーゼビューへひきよせた、ラテン語でネゴーティアートル（商人）と表現されているひとびとは社会的にどのような存在であったかという問題はのこる。スカンディナヴィア、バルト海南岸の西スラヴ地域において、「商業」を専業とし、生計をたてる「商人」という社会的カテゴリーに属する層が成立していたとは、すこし考えにくいからである。たしかに、サガやアングロサクソンの史料にあらわれるスカンディナヴィア人のなかには、農場経営の一環である補助的経済活動として取引・交換をおこなうために、北海・バルト海上の長距離を航海し、都市的集落をおとずれる例がみられる（『北の農民ヴァイキング』平凡社）。こうした短期的な訪問者の集合をさして「商人たち」とよんだのかもしれないが、年代記の記述は定住者をさしているとおもわれ、不整合な印象がのこる。もしかりに限定的であれ、都市的集落に定住する商人階層が形成されていたとするなら、それらのひとびとは社会内のどこから供給されたのかがなぞである。現在のところは、共同体から平和剥奪を宣言された放浪者か、あるいは「王」の家内奴隷であっただろうかといった可能性に想像をめぐらすことしかできない。

図68●分銅が意匠の一部にもちいられている腕輪・とめピン。このような装飾品は、みずからが「商人」であり、「市場的交換」をおこなう者であることを表示する機能を有したのかもしれない。①エーランド島、②ゴットランド島、③ヴァルデー（ノルウェー）出土。（Ingrid Gustin, *Mellan gåva och marknad,* 2004., s. 139, 144.）

2　ヴァイキング時代の「王」

王権の三型態

こうしたビルカの背後にあった「王」はいったいどういう存在だったのであろうか。ビルカが位置した現スウェーデンの中部、メーラル湖周辺地域には、鉄器時代後期にはいってから大墳丘墓や豪華な副葬品をともなう船葬墓がつくられるようになる。こうした遺跡の存在は、財を集中的に所有し、おおきな力を社会的にもったひとびとが出現したことをしめしている。これらの遺跡が「王」の社会的・制度的な位置についてかたることはおおくないが、史料からはいくらかの情報をえることができる。

スカンディナヴィアにおいて王権はいつごろ登場し、それはどのような性格をもっていたかという問題に関して、これまでにおこなわれてきた研究はおおきく三つのながれに分けることができる(3)。

第一は、ローマ人タキトゥス(後五五年ころ〜一二〇年ころ)が『ゲルマニア』(第一部七「統帥と戦争」)にのこした、ゲルマン社会における王権の描写にみられるような「軍隊王権」である。タキトゥスはいう。「彼らは王を立てるにその門地をもってし、将領を選ぶにその勇気をもってする。しかし王にも決して無限の、あるいは、自由な権力はなく、将領もまた権威によるよりは、むしろみずから人の範たることにより、勇敢に衆にぬきんでて第一線に立って戦ってこそ、はじめて人々をして嘆美の念を起こさしめて、皆を率いることができる」[4]。軍隊をひきいて戦争をする王というにとどまらず、戦場におけるふるまいによってのみ王たりうる王のすがたは、タキトゥスがけっして知りえなかったであろう、スカンディナヴィアの叙述・韻文史料にえがかれた王のイメージと酷似しているのである。この軍隊王権論においては、王を中心とした社会統合、国家形成は戦争を契機とするものとして理解されることになるであろう。

第二は、スカンディナヴィアの王のいわば「民主的」な特徴に注目する視点にもとづくものである。すべての自由民によって、推戴・支持されることによって王位につくという「民衆王権」として王がとらえられる。

第三は、土地とひとびとに豊饒をもたらし、主要な犠牲祭において祭司役割をつとめ、「神聖性」に立脚する点を重視する王権論である。この議論においては、王が神々（とくに戦いの神オージン）を祖先にもち、その関係が戦闘における勝利をもたらすという神聖な性格が強調される。これらの類型は相互に矛盾する、王権の異なる様式をあらわすものではなく、スカンディナヴィア（ゲルマン）の王権がもつ多様な側面をそれぞれに描写したものといえよう。

サガのなかの「王」

ヴァイキング時代の王のありようを具体的にしめしてくれる史料はかぎられているが、それらから一定程度は復元が可能である。ビルカの背後にいたとおもわれる王のありように具体的に言及している史料として、ここではアイスランドの豪族スノッリ・ストゥルルソン（一一七八／七九～一二四一年）が、おもにノルウェーの王たちについて編年形式でノルド語によってまとめた『ヘイムスクリングラ』（「世界の環」の意）と、『聖アンスガール伝』をみてみよう。

『ヘイムスクリングラ』の冒頭におかれた「イングリンガサガ」では、冒頭に地理やオージンなどの神々についての言及がある。オージンの死後、「支配者」となった人々の描写がおこなわれる。

「……ニョルズが支配者となり犠牲をささげた。スヴェーア人はかれをかれらの王とよんだ。かれはかれらから貢納をうけとった。かれの時代、非常に平和であり、……収穫がおおかったので、スヴェーア人はニョルズが収穫と人間の繁栄をつかさどっていると信じた」（第九章）。

「……フレイが（権）力をうけついだ。かれはスヴェーア人の王とよばれ、かれらから貢納をうけとった。かれは……ひとびとから好かれ、収穫にめぐまれた。……スヴェーア人はそれをフレイによるとした」（第一〇章）。

ここには平和と豊穣が「支配者」の属性として観念されていたことがうかがわれる。おなじような記述はほかの部分にもおおくみられる。たとえば、フレイの死後、従士たちは遺体を塚にかくし、かれが生きているようによそおう。

「……そこにかれを三年間おいた。しかし貢納のすべてをかれらは塚につぎこんだ……かくして、ゆたかな季節と平和がつづいた」「……かれらはかれをやかず、かれを世界の神とよび、豊作と平和がつづくよう、かれに犠牲をささげた」（第一〇章）。ほかにも「かれ（フョルニル）の治世ではゆたかなみのりがあり、平和がえられた」（第一一章）「かれ（ドーマル）の治世は……ゆたかな季節と平和がいきわたった」（第一六章）「かれ（エヌンド）の時代、よき平和がスヴェーアにいきわたり……」（第三三章）といった内容が「支配者」について述べるとき、頻繁にあらわれる。したがってこのような観念がうらぎられときには、「クニを支配する者」はその責任をおわされることになる。

「かれ（ドマルディ）の時代、スヴェーアでは不作と飢えがおこった。そのときスヴェーア人はウップサラで莫大な犠牲をささげた。最初の秋、かれらは牡牛を犠牲にしたがその季節はよくならなかった。二度目の秋、かれらは人間を犠牲にしたが、その季節は以前とおなじままでいっそうわるくなりすらした。三度目の秋、スヴェーア人は犠牲（祭）のため大挙してウップサラへあつまった。そのとき、豪族たちは合議をおこない、この飢饉はおそらく、かれらの王ドマルディに責任があるということ、かれらはよい季節のためにかれを犠牲にするべきであるということ、かれらはかれをおそってころし、かれの血で祭壇をあかくそめるべきであると合意した。そしてかれらはそうした」（第一五章）。

ドマルディが犠牲となったことは、イングリンガサガとは独立のみじかいラテン語史料『ノルウェー史』（一二世紀中ごろ成立）にも「……豊作のため Cereri（フレイ）神への犠牲として首をつるされた」という記録がある。

第四三章にも同様のエピソードがある。「……非常にわるい季節と飢饉があった。かれらはそのことについて王を非難した。スヴェーア人はかれらの王たちによい季節あるいはわるい季節の責任をおわせるのがつねだったからである。オーラヴ王はすこし犠牲をささげた。スヴェーア人たちは……それがわるい収穫の原因になるとしんじた。かれらは軍隊をあつめ、オーラヴ王をおそった。……かれをやいてオージンにささげ、ゆたかな収穫のために犠牲とした」。

豊穣のため犠牲をささげるという祭祀をおこなう以外に、「王」は貢納をもとめる存在でもあった。「インギャルド王は……すべてのクニを手にいれ、そこに貢納を課した」（第三六章）「ハールヴダン王はヴェルムランド（図69）を手にいれ、かれのいきているあいだ貢納を課し、ヤール（代官）たちをおいた」（第四五章）「……かれらはスヴェーアの王に貢租をしはらった」（第四九章）。「王」は軍隊をひきいてエストニアへわたったエヌンド（第三三章）のように軍事遠征にでかけることもあった。ハールヴダンは「偉大な戦士」であり、「ながくヴァイキング行にでていて富をえた」（第四七章）。

さらに「王」の行動としてあらわれるものに「ヴェイスラ」がある。ヴェイスラとは、権力保持者が従士をつれて臣下のところをくいあるき、自身の農場以外では客として接待されるという自己扶

図69●スウェーデン中部の法域。全国法が成立する以前に適用されていたらしい法典がそれぞれの地域（法域）ごとにのこされている。数はすくないが、ノルウェー、デンマークにも同様の法典がある。

養・統治の一形態である。支配者が移動した先々で接待をうけ、消費をおこなうことがある種の課税(支配、統治)となることは、ヨーロッパの他地域でもみられた。たとえば「(エヌンドは)スヴェーアのおおきな地区ごとに自分のための在所をおいた。そして国中をヴェイスラでまわった」(第三三章)「グランマル王とその婿ヒョルヴァルズ王はシリとよばれる島にヴェイスラをおこなった」(第三九章)「グズレズ王はヴェイスラにでかけた」(第四八章)とある(『北の農民ヴァイキング』)。

これらの「王」と表される存在は同時に複数いたことがうかがわれる。「全スヴェーアには地域の諸王がいた。「道のエヌンド」はティーウンダランド(メーラル湖周辺地域の一部)を支配していた。ウップサラはそこにあった。すべてのスヴェーア人のシング(集会)はそこであった」(第三四章)「ウップサラの王たちは地域の王がたくさんいるスヴェーアでもっとも力があった。……ウップサラにすむ豪族たちは……全スヴェーアの絶対的な支配者だった」(第三六章)などである。そのあいだでは「インギャルド王は一二人の王をころし、それはすべて奸計によってであるといわれた……かれはスヴェーアの大部分の王であった(第三九章)」といった闘争がみられた。「かれらはセルヴィ王を殺し、白足のハールヴダンをとらえた。かれらはかれを自分たちの首領にえらび、王の地位をあたえた……」(第四三章)というように、「王」はえらばれる存在でもあった。

これらをまとめると「イングリンガサガ」にみられる「王」は、つぎのような存在であった。「王」とよばれる地位は基本的に血統をたどってうけつがれるが、「王」の責任とされた豊穣を実現する義務をはたし、それにともなう犠牲（祭）の奉納を十分におこなわなければ、あるいは権力闘争にやぶれれば、追放・殺害されることがあった。権力が維持されているあいだは貢納をうけとり、軍事指導者として行動した。しかし、「王」はスヴェーアという、ウップサラでの祭祀を共有する広域共同体内に、同時に多数存在していた。

聖人伝にみられる「王」

ヴァイキング時代のスヴェーアにおける「王」に、具体的に言及しているもう一つの史料が、ラテン語でかかれた『聖アンスガール伝』（八七五年ころ）である。その第一一章（八二九〜三〇年）以降が、アンスガールのビルカ到着後の状況やスヴェーアの社会についての報告をふくんでいる。

「……ついにかれらはビルカと呼ばれるスヴェーア人の国の港町にやってきた。そこでビョーンという名のかれらの王に喜んでうけいれられ、かれの使者がその外来者たちがいかなる目的でやってきたのかたずねた。王がかれらの任務を知ると、かれはそのことをかれの者たちとはなしあい、その後全員の賛成のもとにそこへとどまってキリストの福音を説くゆるしをかれらにあたえた。……そしておおくの者が熱心に洗礼の恩恵をえたがった。そのなかに、その町の監督者ヘルゲイルがふくまれていた。かれは王の助言者であり、王によっておおいに評価されていた……」（第一一章、口絵2）

ここで言及されるビルカについては前章までにくわしくみたとおりである。アンスガールは一年半の滞在後、スヴェーア王の親書をもって帰郷する。そして、かれがハンブルク大司教になったのち（第一二章）、ガウトベルトという人物が司教の役割をはたすためビルカにおくられる（第一四章）。しかし、かれは任地で襲撃・略奪にあい、追放されてしまう。「そのことは王の命令ではなく、ただひとびとのあいだの謀議によるものであった」（第一七章）。その後、約七年間、ビルカは司祭不在となるが、ヘルゲイルのもとめに応じてアルドガルが派遣され、そのときの「王の命令と許可」によって活動をおこなうことになる（第一九章）。

「……ほぼ同じ頃、自身の国から追放された、アヌンドという名のスヴェーアの王が、追放の身でデンマークにすんでいた。かれは自分の国をふたたび征服したいとおもっており、ビルカの町のことを（デンマークのひとびとに）おしえた。……そこにはゆたかな商人が数おおくおり、あらゆる種類の商品とおおくの貨幣、贅沢品があふれかえっていたからである」。その結果、ビルカは略奪にあったが、それは「スヴェーア人たちの王はたまたま留守にしており、首領たちとひとびとのおおくの招集がまにあわなかった」ためである。アヌンドは解放金を要求し、ひとびとはそれを支払った（第一九章）。ヘルゲイルの死後、アルドガルはスヴェーアをはなれ、ビルカはふたたび司祭不在となったが、アンスガールはスヴェーアへの布教をうながす宗教的幻覚をみたことによって（第二五章）再渡航をきめる。アンスガールはスヴェーアの王ウーロヴへの手紙をもってビルカにおもむき、そこで一時はキリスト教布教への抵抗にあうが、ウーロブから援助をあたえられる。

「……わたし（ウーロヴ）はあなたたちの派遣の目的に賛成する力も勇気もないが、くじによってわれわれの神々にうかがいをたて、ひとびとの意志をたずねたあとでならできる。あなたの使節をつぎの裁判集会にわたしとともに参加させよ。わたしがあなたのため、ひとびとにはなそう」。同時にウーロブは「すべてのおおやけのことは王の力よりもひとびとの一致した意志できめられるのがわれわれの習慣」（第二六章）という説明をしたとされている。王はまず「自分の豪族たち」と相談して、くじで神々の意志をたしかめる。「ビルカの町でひらかれる裁判集会の日がくると、王はかれらの習慣にしたがって、布告者によってアンスガールの使節の目的をひとびとに知らせた」（同章）。集会でアンスガールは活動をみとめられたが、王は「かれの国の別の部分でおこなわれる別の裁判集会でその住人にこのことを問わなければアンスガールに完全な許可はあたえられない」と告げる。その後、「別の集会」でも活動をみとめられることになる（第二七章）。さらに第三〇章ではスヴェーア人がかつて支配していたクール人に対し、ウーロヴ王と人々が無数の軍隊を招集し、遠征にでかけたエピソードがかたられている（第2章参照）。

聖人伝というその目的を念頭におけば、リンベルトによるこの記録は、王や社会の状況について述べられている部分に関しては、同時代史料でなく、神話的要素をふくむ「イングリンガサガ」以上に信頼をおけると考えられる。その内容から重要な点をぬきだしてみよう。

まず、アンスガールらは、スヴェーアにラテン語で「王、王国」（rex / regnum）と表現される存在があると出発前から考えており、ビルカに到着後も、そこに「王」とビルカの「監督者」「王の助言者」がいるとしている。その「王」が政治的に行使しうる権限はちいさく、豪族たちやひとびとの同意が重要であるとされている。実際にひとびとが布教者を追放したときには、「王」の意志は確認されず、そのことに対して制裁があたえられることもなかった。「裁判集会」や「おおやけの集会」は定期的にひらかれており、そこで「おおやけのこと」について「ひとびとの一致した意志」が追求されていた。集会はビョルケー島のビルカでひらかれるものと「王国の別の部分」でひらかれるものの二つがあり、「王」はその両方の参加者であった。また外来者もそこにたちあうことができた（「アルドガルは裁判集会に同席することがあった」第一九章）。また、「王」のなかには追放されたものがいることが述べられ、アンスガールは布教の対象を「王たち」「豪族たち」（reges / principes）と表現している（第二五章）。「王」はひとびとと軍事遠征を組織することもあった。

「イングリンガサガ」で強調されている「豊穣・平和を実現する義務」や「祭祀をおこなう王」の存在をうかがわせる記述は『アンスガール伝』にはみられないが、聖人を顕彰するためのもの、かつキリスト教布教のツールでもある聖人伝という史料の性格からすれば不思議なことではない。登場する「王」が基本的にキリスト教に好意的なものとしてえがかれていることも、「異教」祭祀に関する情報を欠落させた理由とおもわれる。また、ビルカという、きわめてせまい集落に観察と叙述の視点がかぎられており、リンベルトらの関心も国制や支配の形態にはむいていないため、ヴェイスラが言及される可能性もなかったと思われる。それに対し、「王」の社会的位置についての記述は「イングリンガサガ」が述べる内容とよくにている。日常的に、重要な問題に関して、「王」はひとびとの合意をとりつけることを要求されており、場合によっては追放される可能性もある存在であったことはまちがいないとおもわれる。「王」とよばれる存在が複数あったことも同様である。明言はされていないものの、遠征の際や頻繁にあったとおもわれるビルカへの襲撃において「王」は軍事上の中心的役割をになったであろう。

結果責任を負う「王」

これらの史料によるなら、ヴァイキング時代、スカンディナヴィアに「王」的な存在、現代もふくむのちの時代に「王」をさすのと同系のことば（コヌング／konung）で表現されるものがいたことはまちがいない。しかし、そのようすは、のちの時代の王と相当に異なっている。ノルド語（古北欧語）の konungr/dróttinn（「王」）と現代語スカンディナヴィア諸語の konungur / konung / kung / konge（王）、drotning / dronning（女王）は、つづりから明確なように、千年以上たもたれてきた「一つの語」であるが、両者はそれをおなじ日本語に訳すのはまちがいであるといってよいほど、ちがうのである。このちがいは、スカンディナヴィア諸語を自身のことばとする研究者には容易にみのがされてしまう種類のものである。

「王」であることはまず血統によって正当化されるが、その血統は絶対の条件ではない。だれがなったとしても、「王」はつねに追放される可能性をかかえている。義務をはたしているかどうかの実質的な検証をひとびとからうけ、いわば「結果責任」を生命をもって追及されるのである。「十分に努力してがんばったかどうか」はまったく評価の対象にならないが、ひとびとの死活問題である「豊穣・戦勝・平和の義務」をおっている以上、必然的にそうなるであろう。追放されずとも別の「王」位請求者から、物理的に排除またはころされることがありうる。それも不正な異常事態としてではなく。首尾よく「王」にとってかわった者は、「王」の義務をはたしているかぎり、その正統性をとわれることはないのである。こうした現代からみると特異な「王」のありかたは、ヴァイキング時代におけるスカンディナヴィア社会の特徴の一つと考えられる。後代の王は、たとえば日本列島の王である天皇のように、もっぱら血統もしくは血統の観念だけに依存して王でありつづけることができ、その役割が検証されることも、ましてや結果責任を追及されることもありえない。このちがい、断絶はどこで生じたのであろうか。

3 「王」の正統性

ヴァイキング時代の「王」の特性は、ひとえに正統性の担保・証明方法に由来している。これらの「王」の正統性はいかにして証明されたのであろうか。「王」であることを自称することは、国家（王国）が確立していない歴史段階にあっては、だれにでも可能である。しかし、広域の政治的な統一、「顔がみえない」範囲のひとびとの支配を志向すれば、正統性の問題をさけてとおることはできない。あるひとが王となるための即位儀礼が完全に制度化されるのはヴァイキング時代よりのちのことであり、ヴァイキング時代以前に関しては、王の即位について直接につたえる史料はない。しかし、のちの時代の記録である『ヘイムスクリングラ』や、スウェーデンにのこるいくつかの地域法典には王の選出に関連する記述がみられる。法典においては、「王となるためには民衆の集会（民会／シング）での承認を必要とすること」が簡潔にのべられているが、その内容は『ヘイムスクリングラ』やデンマークにのこる諸年代記とも一致している。

モラの石

現在のスウェーデンにあたる地域では、王の即位に「モラの石」がかかわっていたことが知られている[5]（図70）。「モラの石」とは、ウップサラの南東一一キロほどのところ、かつてウップサラからバルト海へとぬける水路ぞいにあった石のことである。モラのシング（民会）で王があたらしく選出・承認されたのちに、その上に王となる人物をもちあげるという習慣があった。ここで選出された最後の王は、おそらくクリスチャン一世（在位一四五七〜六四年）で、その後石は消滅してしまっている。王が選出されると、その証拠として石碑がきざまれ、「モラの石」のちかくにおかれた。現在、現地で八つの石塊が保存されているが、そのうちの二つが王の選出に関連するものである。「モラの石」で最初に選出されたことが記録から知られているのは、一二七五年のマグヌス・ラードゥロース王である。一三二〇年代にかかれた『エーリク年代記』は一二七五年のできごととして「そのときかれらはモラの石でかれの弟であるマグヌス王をえらんだ。かれは温厚で善良だった」と記録し、それがふるい伝統であったことを示唆している。

「イングリンガサガ」で、もっとも力のある王がいるとされたウップランド州は三つの地域（フォルクランド。前出のティーウンダランドはその一つ）からなっている。そのフォルクランド間の境界上に位置するモラのシング（集会）はほかの地域のシングよりも重視されていたと考えられる。「モラの石」についての情報は法のなかにもみられる。スウェーデンにおいては、全国法が導入される以前には、それぞれの地域（法域）固有の法が効力を有していた（231頁図69）。最古のものは「古ヴェストイェータ法」であり、一二八〇年代の写本が現存しているが、断片だけであれば一三世紀前半のもの

図70●「モラの石」(オラウス・マグヌス、前掲書、392ページ)。第8巻「支配者の身分と官吏と軍制」第1章「王の選挙」の挿絵。石のうえにきざまれているのはルーン文字。左にみえる法律書は王の権威の象徴である。

も存在する。一三世紀末にはあたらしい版がつくられ、一三五〇年ころの写本がのこっている（「新ヴェストイェータ法」）。隣接する地域の「エストイェータ法」は一二九〇年ころの編纂であるが、これらはすべて慣習法をある個人が記録したものであった。それに対し、「ウップランド法典」「セーデルマンランド法典」は立法者によって公的に文章化された法であり、立法者の名もつたわっている。その「セーデルマンランド法典」が、モラのシングに言及している最古の文書である。そこではこのように規定されている。

「諸州は王を必要とする。三つのフォルクランド、すなわちティーウンダランド、アットゥンダランド、ファードルンダランド（それぞれ一〇、八、四の意）は全スヴェーアの助言をえて、モラで最初に王をとる。ウップランドのラーグマン（法の宣言者。lag は法の意）はウップサラにおいて、最初にその人を王に指名すべきである。その後、セーデルマンランドのラーグマン、そしてエステルイェートランドのラーグマン、そののちにティーオ・ヘラズの、ヴェステルイェータランドの、ヴェルムランドの、ネルケの、ヴェストマンランドのラーグマンが（王をみとめる）。かれらすべては、かれを王位に指名し、かれは諸州を支配し、クニをおさめ、法に効力をあたえ、平和を維持する。そのとき、かれはウップサラ・エード（王固有の財産）にさだめられる（権利をえる）」。

「もしかれらが王をうしなったなら、スヴェーアの王国に王はえらばれるべきであり、（王位は）相続されるべきではない。以下のように。えらばれたラーグマンたちはそれぞれの法域から、その法域にすんでいるすべてのひとびとの同意のもとに、一二人の賢明で有能なひとびとを選出し、えらばれた日時にモラのシングに王をえらぶためにかれらとやってくるべし。第一声はウップランドのラーグマンとかれとともにえらばれたひとびとがだすべし。その後、それ以前に指名されたように一人ずつのラーグマンが（おこなう）」

最初の全国法がつくられたのは一三五〇年ころであるが、それは王国の全域ですぐ適用されたわけではなく、各地域の法が効力をもちつづけた。「モラの石」での王選出に関する規定とてつづきは、「セーデルマンランド法典」とほぼおなじ文言が全国法にひきつがれている。ひとびとが一人の候補者について合意に達したとき、かれは全国法にしたがって「モラの石」にのぼり、誓いをたてるべしとされているのである。

地域法典においては、王はモラでの選出後、「エーリクの道」とよばれる経路を、きめられた方法にしたがってあるかなければならなかった。「ウップランド法典」では「さてかれはエーリクの道をたどるべし。かれらはかれにしたがい、かれに人質をあたえ、かれらに平和をちかうべし。ウップサラからストレングネースまでかれについていくべし。そこでセーデルマンランドのひとびとはかれをうけいれ、安全な通行と人質をもってスビントゥーナまでかれについていくべし……」とこまかな規定がなされている。この「エーリクの道」をただしく消化し、各地域で王として承認されることによって、王は「スウェーデン」の王となることができたのである。

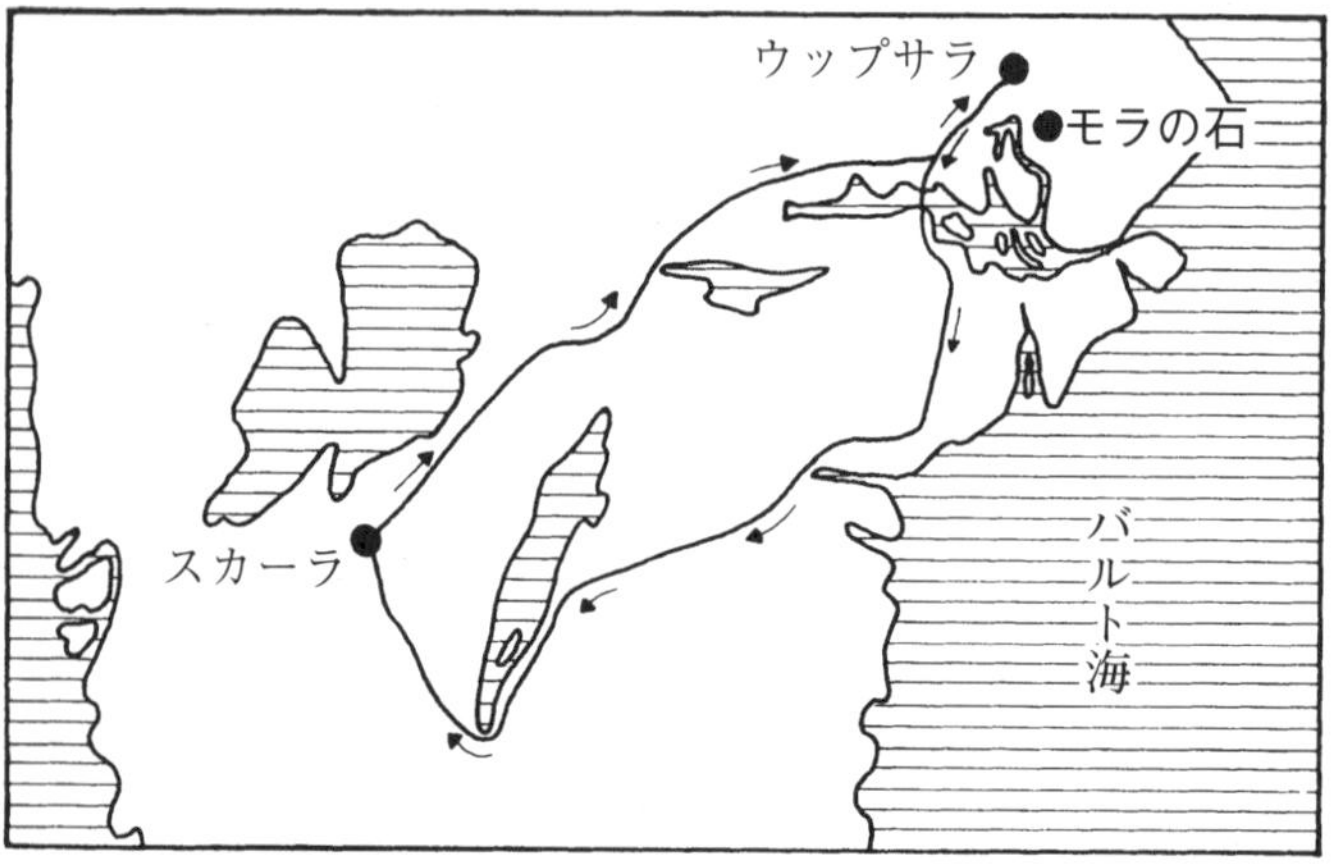

図71● 「エーリクの道」。この呼び名の由来は不明である。1150年代、フィンランドへ十字軍をおこなったという聖エーリクの空想的伝承からとも、ed（宣誓）からきているともいわれる。なかには、寡少な史料や地域法典の史料的価値を完全に否定する立場から、「エーリクの道」と「モラの石」はすべて14世紀に創造された神話にすぎないと主張する法制史家もいる。(Carin Orrling (red.), *Vikingatidens ABC*, Stockholm, 1995, s. 63.)

「王」の選出儀礼

一二〇〇～一五二〇年のスウェーデンは、頻繁な反乱と戦争にみまわれたが、その過程においては、「モラの石」における王の選出がおおきな意味をもつことになった。さだまった王位の継承秩序がない状況下においては、モラのシングで選出されること、その際にモラの石にのぼることは、王としての正統性を強化する効果があったとおもわれる。王は伝説的な聖エーリク王にさかのぼりうる、ふるくからつづく一族より選出されることが前提となっていたが、有力者の家系は相互に姻戚関係にあり、王の候補者は数おおくいた。

主要な豪族集団のなかでは、王を選出する習慣の維持が志向され、「モラのシングで称賛されたもののだけが人気のたかい、成功する王になる」としんじられた。しかし、王の側には別の意図があり、たとえばマグヌス・ラーデュロース（在位一二七五～一二九〇年）、マグヌス・エーリクソン（在位一三一九～一三六四年）は息子を後継者にしようとしたが、反乱にあうこととなった。王位の世襲化にはじめて成功したのはグスタフ・ヴァーサ（在位一五二三～一五六〇年）であったが、そのとき、モラは完全に意味をうしなうことになった。

こうした「モラの石」における王の選出がいつごろまでさかのぼるものかを確定することはできない。しかし、「モラの石」があったと考えられている場所（二カ所ある）は、ともにちかくに鉄器時代の墓域と泉をともなっており、海抜が約一〇メートルのところに位置する。スカンディナヴィア半島は徐々に土地が隆起しており海水面がさがっているため、現在海抜一〇メートルという立地は、ヴァイキング時代の主要な交通路である水路ちかくであったことを意味し、これはおおくのひとびとがあつまるシング開催地の条件でもあった（122頁図43）。また、スノッリ・ストゥルルソン『ヘイムスクリングラ』中の「聖オーラヴ王のサガ」には、モラとおもわれる地名への言及がある。この聖オーラヴ王（在位一〇一五〜二八年）の時代についての長大なサガの第八〇章にはつぎのようにのべられている。

「モラのシング（Múlathing）において、かれらは五人の王を井戸になげいれた。なぜなら、かれらは、あなた（王）がわたしたちに対してみせているのとおなじ傲慢さをもって、尊大になったからである」。

ここでも、王の選出にあたって、あるいは選出されたのちに、王としては不適とされた候補者・王が殺害されたことが直接、王に対してかたられている（ながい演説のなかの一節であり、その点、事実としての信憑性はうすいが、すくなくとも著者スノッリが王権をどう観念していたかはしめされている）。こうした点を考慮にいれるなら、ヴァイキング時代において、すくなくとも地域的な「王」が推戴され、「モラの石」にのぼることによって正統性を獲得するというてつづきがあったと考えたとしても、おかしくはないであろう。ノルウェーでは、石のかわりに塚（墳丘）の頂上におかれた高座がもちいられた。儀式の当初、塚の下にいた候補者が上に配置され、それに武器、挙手によるひとびとの賛意がつづいた。候補者がふさわしくないとされた場合、拒否の行為として、塚の上からおろされたのである。こうしたてつづきはデンマークにもみられた。このてつづきについては、『ヘイムスクリングラ』の「ハーラル美髪王のサガ」（第八章）に興味ぶかいエピソードがみられる。ナウムデーラフュルキの「王」は、高座をともなう塚を建設してその上にのぼり、塚の下までわざところがりおちることで、自身をハーラル美髪王の臣下たるヤールとしたのである。かれは、ころがりおちたあとでハーラルのもとにいき、自身の「王国」をかれにわたした。たたかいによる敗北をさけることをえらんだ「王」が、「拒否の儀礼」を模倣することによって自身を「王」でなくし、その領域をハーラルにわたせる条件（ハーラルの臣下になりえる条件）をつくったのである。

あとでみるように、ヴァイキング時代以降にスカンディナヴィアのキリスト教化が進行し、王の選出・王への正統性の付与にキリスト教会が関与するようになった過渡期には、教会における即位儀礼とモラ、さらには「エーリクの道」における承認が並存することになった。集会でうけいれられたあと、王は平和をまもるちかいをたてるが、同様のてつづきはすべての主要な集会においてなされなければならなかった。

「戴冠」がおこなわれたかどうか、あるいは兜、剣、楯といったレガリア（本来的に王権に帰属するものとして観念され、その所有によっても王権の正統性をうらづけられるもの）が存在したことをしめす史料は知られていない。しかし、もし存在したとすれば叙述史料や法典において言及されないことは考えにくく、存在しなかったとみるのが妥当であろう。それは史料で唯一とられている表現が、「そしてかれは王とされた」であることにもあらわれている。

ある石や高座上に、ひとびとの同意をえたうえで支配者となるべき人物をおくこと。王の素質、王権が付与され、正統な王となるにはそれで十分であった。たとえば、『エッダ』においては、フレイはオージンの椅子にすわったとたん、世界をみわたせるようになったというエピソードがある。この場合、着席だけによってオージンと同等の能力を獲得しており、なんらかの儀礼がおこなわれたわけではない。「王のサガ」のなかには、王が兜など、金の武器をもっていたという記述もみられる。しかし、それは一部の王にかぎられ、また金の武器は王の英雄的資質を象徴するものであって、中世の王冠に比肩しうる、正統性にかかわる意味と機能をもっていたわけではない。王権に付属する象徴物は、社会の外に由来する権威（たとえば神）を象徴したものであるが、ヴァイキング時代の王の権威はそのような共同体の「外部」ではなく、当該社会自体によって付与される権威であった。

境界上に位置する「王」

基本的に、王の血統に属するひとびとが、集会によって王とされ、石（高座）のうえにおかれることによって、社会を体現する存在、「社会外との仲介者となりうる権能」を獲得した。外敵・飢饉・自然災害など、人間にはコントロールが困難な、外的な力との関係をひとびとに有利なように調整し、平和と社会秩序をまもることができる存在になりうるとかんがえられたのである。しかし、王は自身の地位そのものにかんして権力をもつことはなかった。たとえば、他者に地位を禅譲することはできず、王としての役割を十分にはたすことができていないと判断されれば、追放、殺害の対象、犠牲祭の供物とされる可能性もあったのは前述のとおりである。これは、いわばある社会内部のひとりの人物が、社会の外部からくると考えられたさまざまな「脅威」に対処し、その合理的な解釈を可能とするために、防波堤のようなものとして内部と外部の境界上におかれたものと考えられよう。たとえば、飢饉が連続しておこるようなことがあれば、それは王が十分に責任をはたしておらず、適切でない人物が王位についているからであり、たたかいにやぶれるといった結果もすべて王に帰されたのである。こうした社会において、王（権）は社会を安定的に維持・再生産し、社会の構成員に納得をあたえるためのひとつの道具・手段であり、あくまで目的は「社会」にあったとみることができよう。正統性の確保は、その目的にそったかたちでおこなわれたのである。

しかし、ヴァイキング時代を経過したのち、そのような王のありかたは徐々に変容をこうむることになる。西欧の影響下で、自律的かつ他律的に中世キリスト教文明の一部と化していく過程において、換言すれば、到来した文明とその結果成立した国家によって、根本的な変化が生じたのである。そこでは王権と社会の関係が一八〇度逆転する。王の権威と正統性の根拠は、到来したキリスト教という「外部」にもとめられるようになった。それを象徴するのが「rex Dei gratia」というキリスト教世界の観念、つまり全面的に「キリスト教の神に依存する王」である。ここでは、国家・王家・王権の維持それ自体が目的となって、いってみれば社会のがわが手段に転化している。「王権」という社会制度は、ヴァイキング時代から「連続して」存在しつづけたが、さきにみたように、両者のあいだには根本的な部分において断絶が存在するのである。教会における戴冠式など、キリスト教という外来的要素、社会外部の介在が正統性獲得のための不可欠な要素となった社会と、ひとびとが「えらび、すわらせ、賛同すること」によって王とする社会。両者をつないだのが文明化という過程であった。

4 小都市シクトゥーナの革新

「王」と表現される存在によって建設され、維持されたビルカは一〇世紀末に放棄され、それまでの機能をうしなう。そして、しばらく間をおいたのちに、メーラル湖沿岸地域であらたに建設されたのがシクトゥーナというあたらしい都市である（116頁図39）。現在も当時の雰囲気をよくのこしているこの小都市は、規模がちいさいこともあって、土木工事や建造物のたてかえのたび、確実に発掘がおこなわれており、ビルカ以上にくわしくヴァイキング時代の状況がわかっている。(6) シクトゥーナが建設されたのは九七〇年代であり、この時代はエーリク勝利王（一〇世紀後半）の時代に相当する。

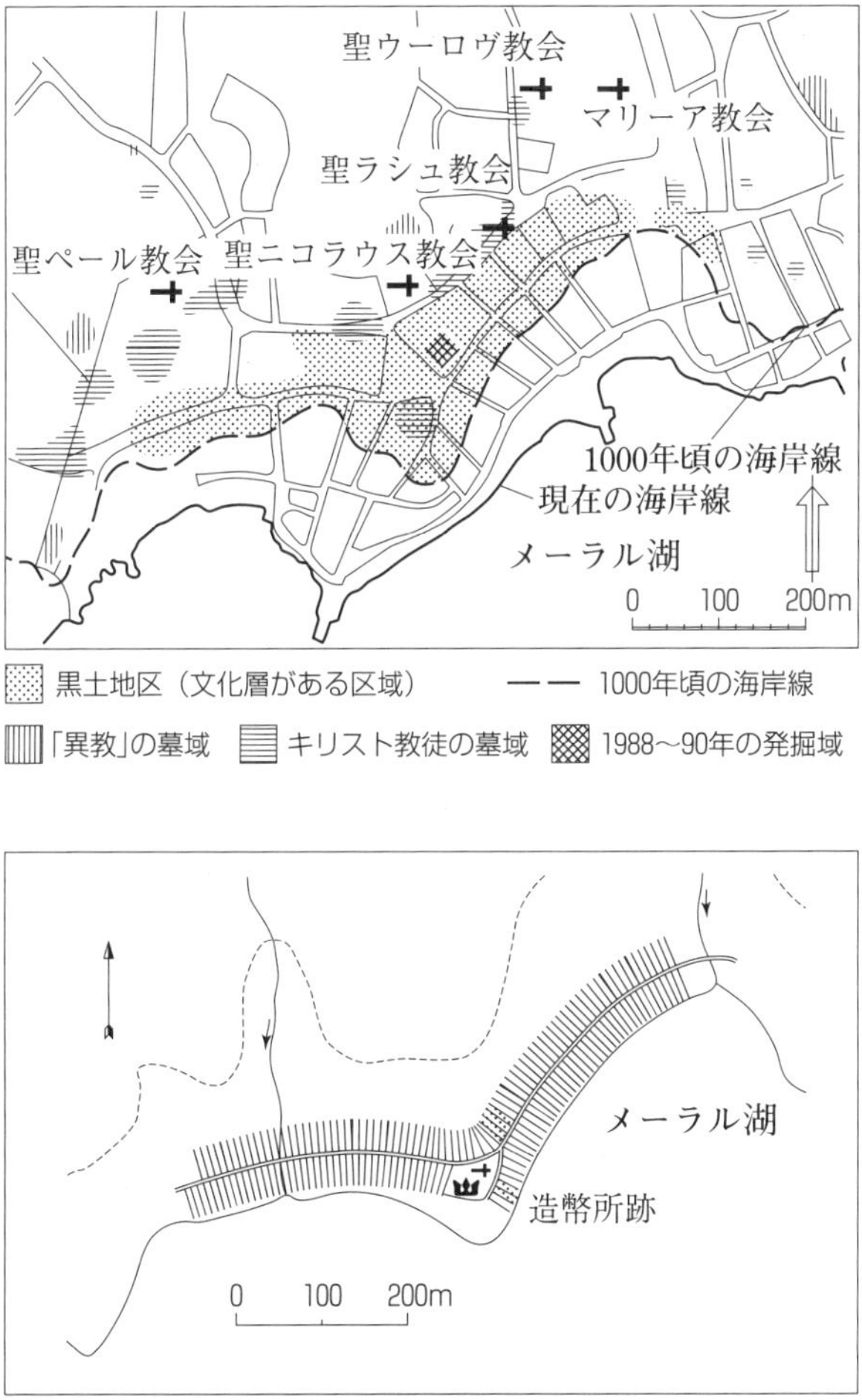

図72●シクトゥーナの遺跡分布（上）と1000年ごろの区画（下）。
（Sten Tesch (red.), *Sigtuna Anno 1000*, Sigtuna, 1992, s. 18.）

エーリク勝利王は、「統一されたスヴェーア王国」の最初の王とされるのがつねであるが、その内実はよくわからない。シクトゥーナも、ビルカなどとまったくおなじように、それまでなにもなかった場所に、まえもって綿密に計画されたうえで建設されたことがあきらかになっている。中心となる大通りの両側にながぼそい区画が、短辺を通りにむけるようにしてならんでいる（図72）。区画間の境界はもとの地表をほりさげた溝によってわかるようになっている。計画的に区画わりされたエリアの中央あたり、すこしたかくなったところに、一カ所だけ、溝でくぎられたおおきな区画がある。ここが「王」のための場所であったとおもわれる。この区画には、エーリク勝利王の子ウーロヴ（在位九九五〜一〇二二年ころ）の時代、建造物が散在しており、そのなかにはおそらく木造の小教会もあった。シクトゥーナが一〇七〇年ころ、司教座教会のおかれる都市となったとき、この王の敷地は教会へ寄贈され、石造の教会がたてられた。もともとシクトゥーナが設計・建設されたときには、ほぼ均等な長方形をした約一三〇から一四〇の区画があったと考えられている。区画をまたぐことなくたてられたほとんどの家屋には、床の中央か、屋内の一角に炉床があり、居住機能を有していた。考古学的に確認可能な家畜小屋はまったく発掘されていない。当時の家政経済にしめる家畜の重要性を考えると、この点は注目される。したがって、シクトゥーナに定住民があったとしても、その生計維持に必要な物資は区画を使用・所有したひとびとが都市へとはこびこんでいたのである。一〇〇〇年ころには、それぞれの区画には、基本的に長辺にそって四つの家屋がたてられ、それぞれ固有の機能をもっていた。とくに通りに面した家屋には生活の痕跡がみられず、店舗として機能したのではないかとみられている。かりに、一区画に五〜一〇人がくらしていたとすれば、シクトゥーナの人口は最大で一〇〇〇人程度となり、中世においては大都市の部類にはいる。シクトゥーナとおなじように計画的に建設された都市には、同時代のトロンハイム、オスロ（ノルウェー）、ヨーク（イングランド）、ダブリン（アイルランド）という類例があるが、そのいくつかと同様に、最初期のシクトゥーナは非常に特別な環境下にあった。基本的に自給自足によってなりたつ農場からなる社会に、忽然とすがたをあらわしたのがシクトゥーナだったのである。

かつて、メーラル湖沿岸地域における商業と手工業の中心地という役割は、ヘリエーからビルカへ、ビルカからシクトゥーナへと順に発展的にひきつがれていったと考えられていた。しかし、交易や手工業といった機能がシクトゥーナで考古学上の遺物としてみえるようになるのは、一一世紀半ば、つまりエーリク勝利王の子ウーロヴ王の時代よりも、さらにのちのことである。したがって、シクトゥーナ建設の背景にあるのは、この地を、ゆたかなメーラル湖沿岸地域を支配下におくための拠点にするという意図であったとおもわれる。この支配はもっぱら軍事的強制に依存するものではなく、ひとびととの「人格的関係」をつうじてであった。一二世紀の層からみつかった骨には、「この王はもっとも気前がよい。かれはもっともたくさんあたえ、かれはすかれている」とルーン文字できざまれていた（163頁図54）。贈与が権力維持にはたした機能が考古資料にあらわれている稀有な事例である。

『ヘイムスクリングラ』の「聖オーラヴのサガ」(第五三章)は、聖オーラヴ王(在位一〇一五〜二八年)によるトロンハイムの再建に関連して、王が都市の区画を農場として分けさせ、それらを農民や商人、かれが好意をもち、トロンハイムの建設に参加してほしいとのぞむひとびとにあたえたことを述べている。もしおなじことがシクトゥーナにおいてもおこなわれたとすれば、区画がメーラル湖沿岸地域の豪族・農民たちや、王の従士団にはいったひとびとにあたえられることによって、王への忠誠心・従属を強化する手段になったであろう。ヴァイキング時代には、国家らしきものがあったとすれば、それは王と有力者、ひとびとのあいだでむすばれた同盟と忠誠のネットワークによって構成されていたのであり、現代のように空間的・物理的に境界をさだめられた領域からなっていたのではなかった。したがって、交易や滞在が可能な区画をひとびとに分配することは、そうした社会関係を恒常的にふかめ、可視化することを可能にしたのではないかとも考えられる。

さらにシクトゥーナが歴史上しめる位置をよくしめしているのが貨幣である。一九九〇年に、中世に都市の中心部であった区画で発掘がおこなわれた際、ウーロヴ・エーリクソン王(在位九九五〜一〇二二年ころ)による造幣所のあとが発見されたのである。(7) 九九〇年代半ばから一〇三〇年頃にかけて断続的に貨幣が鍛造されていたことをしめす貨幣や鍛造の道具、試作物などが出土している。造幣がその場でおこなわれていたことを直接しめすのは、刻印のためしうちをした鉛の小片だけであった(図73)。それらの銀貨はウーロヴ・エーリクソンの名をふくむラテン語と十字の銘「スヴェーア人の

図73●ウーロヴ貨幣（右）。打刻の試行跡がのこった鉛の断片（左）。（Brita Malmer et al., *Kung Olofs mynthus i kvarteret Urmakaren,* Sigtuna, 1991, omslag.）

王ウーロヴ（＋OLAV REX SVEVORUM／＋OVLAVA REX SVEN など）」「シクトゥーナの王ウーロヴ（＋OLAF RX AON STUNE／＋OLAV RX AN ATNETEI）」をもつ。また、銘からは「シクトゥーナの貨幣職人ゴドヴィン（GODWINE MO SIHT）」のように、鍛造者の名が六名知られている。そのうち五名はイングランドの都市でも造幣に従事していたことが記録から判明している。かれらはイングランドからシクトゥーナへ造幣のために北海をわたってきていたのである。遺物からは、イングランドの職人が短期間でいなくなり、その後、ローマ字の知識をもたないスヴェーア人によって造幣がなされるようになったことがうかがわれる。一〇〇〇～一〇二〇年ころにつくられた模造貨のほとんどすべての銘にまちがいがみられるようになるのである。

イングランドから造幣職人をよびよせてまで貨幣発行をこころみたウーロヴは、イングランドや西欧ゲルマン諸国の王がおこなっていた支配様式としての貨幣政策を模倣しようとこころみた。しかし、第4章でくわしくみたように、埋蔵銀の研究によれば、大陸によりちかいスウェーデン南部でも、一〇〇〇年ころまでは貨幣が「少額化」のために切断されるなど、地金としてあつかわれる傾向がたかく、埋蔵宝がほとんどすべて貨幣だけでしめられるようになるのは一一世紀半ばである。つまり、ウーロヴのこころみは成功にはほどとおかったといえる。また、ラテン語をよむことのできる人口は実質皆無にちかかったこと、造幣量は外来貨幣にくらべるときわめてわずかであることも考えるなら、ウーロヴの造幣が社会的にもった影響はきわめてちいさい。しかし、一〇世紀末という時点で「王」がキ

図74●シクトゥーナでつくられた貨幣（右二列）とその手本になったイングランド、ビザンツ貨（左二列）。ウーロヴ貨幣のほとんどは同時代のイングランド王エセルレッド２世（在位 978-1016 年）発行の貨幣を模したものである。ビザンツ貨はバシレイオス２世（在位 976-1025 年）とコンスタンティノス８世（在位 1025-1028 年）発行のもの（最下列）。両皇帝の名と称号（ギリシア語)、胸像、十字架の刻印がみえる。（*Ibid.*，s. 15.）

リスト教を核とする西ヨーロッパ王権の支配様式の採用をはっきりと意図し、それを造幣という行為によって表明していることは、ヴァイキング時代の社会がある一線をこえつつあったことを意味している。これはウーロヴが正統性の確保をそれまでとは異なったやりかたでおこなおうとしたことでもある。そうしたかれの行動は別の側面にもあらわれている。かれは北西スラヴ、オボドリートの王女と結婚し、ヴェンド人の首長の娘を妾とした。ウーロヴの娘インゲイェルドはキエフ／ノヴゴロドのヤロスラフ公と結婚し、その娘たちはそれぞれフランク、ハンガリー、ノルウェーの王妃となった。もちろんこうした結婚はキリスト教を介しておこなわれたはずであるが、かれが拠点としたシクトゥーナにおける教会の位置づけのたかさは、ここが司教座となったこと、はやい時期に規模のおおきい石造教会が複数建設されていることにあらわれている（251頁図72）。シクトゥーナは王の都市というだけではなく、文字どおり、ウーロヴ貨の銘にあるように「神のシクトゥーナ（SIDEI／Situne Dei）」でもあった。

5 スカンディナヴィアの文明化

神聖ローマ皇帝ハインリヒ四世を屈服させた叙任権闘争で知られる教皇グレゴリウス七世は、世俗権力と宗教権力の関係をみなおし、世俗の王権が教皇権へ従属すべきことを主張した。その一環として、スカンディナヴィアの諸王とも直接接触し、ローマ教会の影響力をおよぼそうとした。たとえば、一〇八〇／八一年にはインゲ王（在位一一世紀末～一二世紀はじめ）に書簡がおくられている。そのなかで、教皇は、正統な王権（regnum）の条件として、ローマにしたがい、教会の自由をまもること、平和と正義を領域内にひろげるべきこと、具体的には教会組織の発展、十分の一税、貧者への喜捨についてのべ、王位の世襲をすすめている。(8) しかし、他方でキリスト教が抵抗にあっていることにもふれている。ここには、スカンディナヴィアの「王」がそれまでとは異なる原理によって正統性を獲得できるようにするため、ローマ教会と積極的にかかわりはじめたようすをみることができる。シクトゥーナが司教座として最後に言及されているのが一一三四年、スヴェーアの中心であるウップサラの司教名の史料初出が一一四二／四三年であり、一一六四年に教皇アレクサンデル三世からウップサラ大司教座設置の文書がだされている。その後、スヴェーア地方は内乱の時代にはいり、おそらく一二一〇年にエーリク・クヌートソンがはじめて王として聖別（ungere）されている。一二世紀にはスカンディナヴィア全体で戴冠式が政治的重要性をもつようになり、「神の恩恵によって（Dei gratia）」王となることが定式化されると、それまで「王」の実質的な選出主体であった人々の同意（集会）は形骸化されていくことになる。「モラの石」にはじまる「エーリクの道」は何世代もの時間をかけて、徐々にその意味をうしなっていく。王の正統性の根拠は、社会の内部（ひとびとの合意）ではなく、

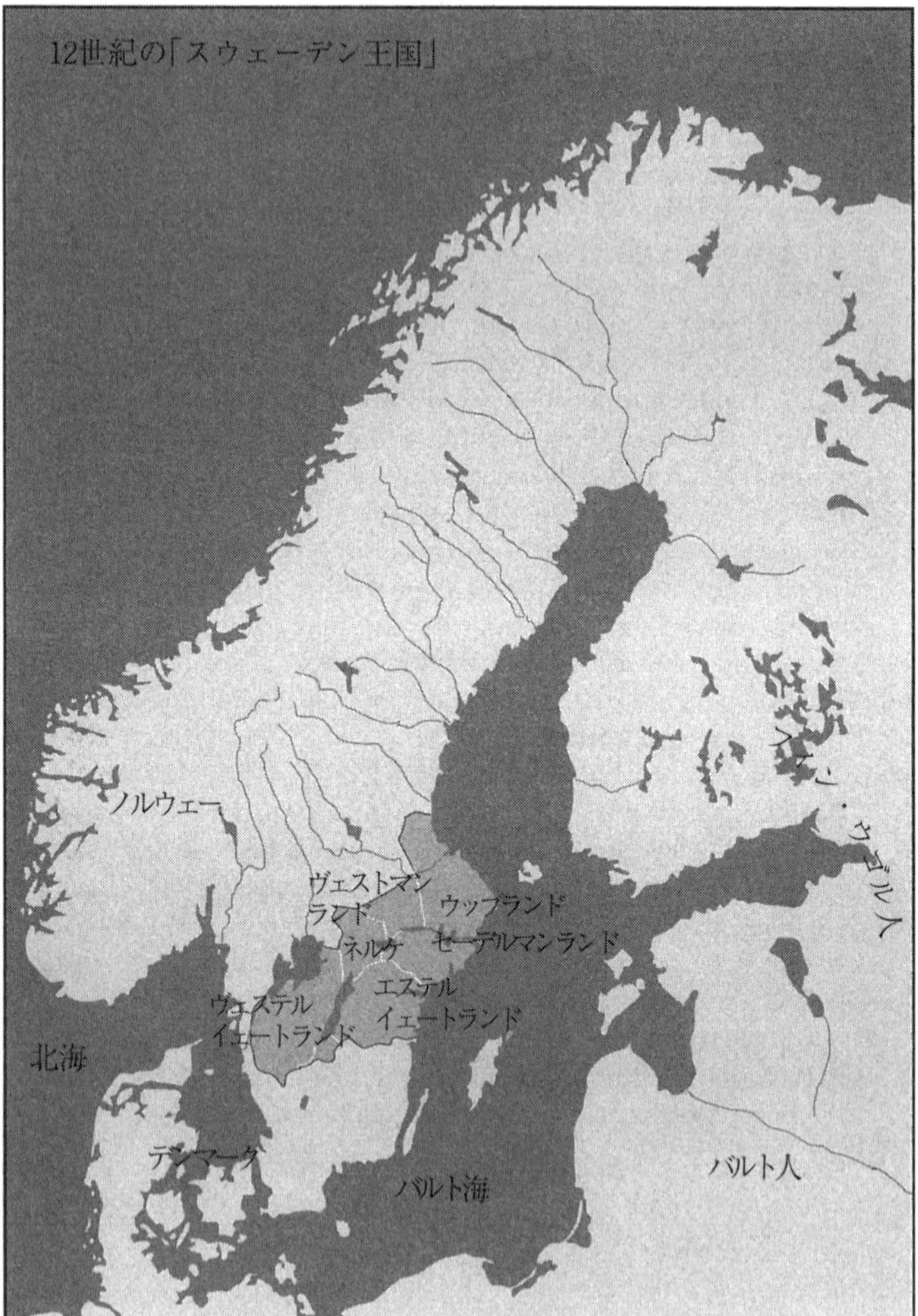

図75● 「スウェーデン王国」の領域。(Dick Harrison, *Jarlens sekel. En berättelse om 1200-talets Sverige*, Stockholm, 2002, s. 582f.)

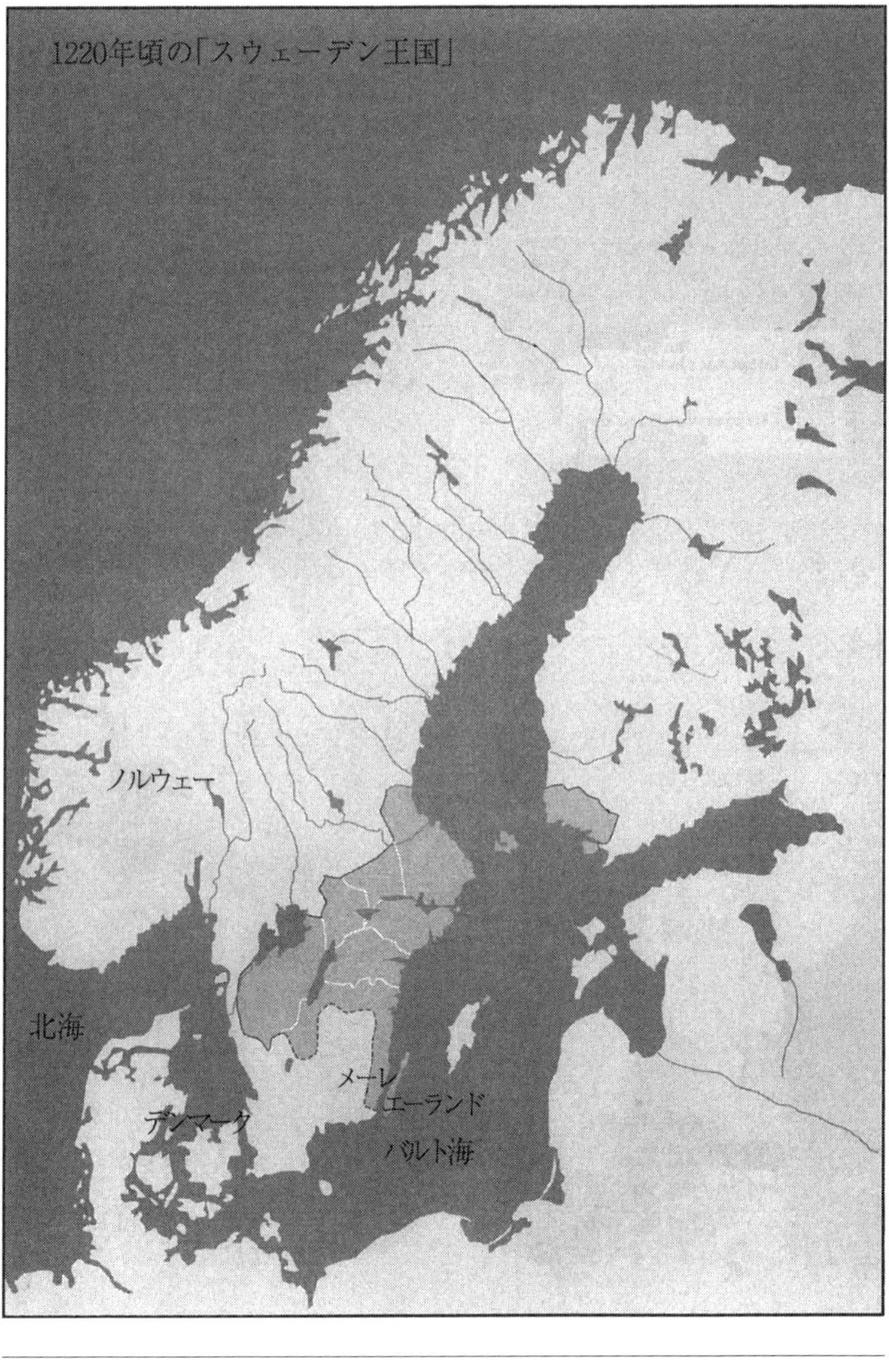
1220年頃の「スウェーデン王国」
ノルウェー
北海
メーレ
エーランド
デンマーク
バルト海

図75●（続）

外部であるローマ=カトリック教会が供給するイデオロギーによって調達されるようになっていったのである。

こうした支配者の正統性を保証するしくみの変化は独立しておこったのではない。ヴァイキング時代にその端緒がひらかれた社会変動の一つの要素としてであった。スカンディナヴィアの自然条件によって規定された生活・生産の様式に適合する社会構造やイデオロギー、世界観がヴァイキング活動や都市的集落をうみだし、そのヴァイキング活動によってスカンディナヴィアは大陸の先行文明圏へとつながる環バルト海世界の一部となった。そして、そのこと自体がスカンディナヴィア社会をそれまでとおなじでありえなくしたのである。スカンディナヴィアへ大量の銀がもたらされ、そのことによって従来とは異なる社会関係のむすびかたが可能となったが、それは不可逆に旧来の社会的諸関係を変化させるものでもあった。同時に、銀がながれるのとおなじネットワーク上をとおってスカンディナヴィアにはいったキリスト教が、王権の社会からの自立をうながすことになったのである。こうした多重的な社会変動には、ほかにもおおくの変数、環バルト海世界に共通のものから、小地域共同体にかぎられるものまで、大小さまざまな変数がひそんでいるはずである。それがすこしずつあきらかにされることによって、ヴァイキングとは、ヴァイキング時代とはなにか、という本書の問いもより興味ぶかいものになっていくだろう。

〔注〕

第1章

（1）P. Foote, D. M. Wilson, *The Viking Achievement : A Survey of the Society and Culture of Early Medieval Scandinavia*, New York / London, 1970 / 1980.
（2）植木武編著『国家の形成』三一書房、一九九六年。
（3）トリッガー『初期文明の比較考古学』同成社、二〇〇一年。
（4）Fredrik Svanberg, *Decolonizing the Viking Age 1*, Acta Archaeologica Lundensia in 8^0 No 43, Stockholm, 2003.
（5）Carl Olof Cederlund, *Nationalism eller vetenskap? Svensk marinarkeologi i ideologisk belysning*, Stockholm, 1997.
（6）Terje Østigård, *Norge uten nordmenn. En antinasjonalistisk arkeologi*, Oslo, 2001.

第2章

（1）熊野聰『北の農民ヴァイキング』平凡社、一九八三年、三二－三四ページ。

(2) Kolbjørn Skaare, *Coins and coinage in the Viking Age Norway*, Oslo, 1976.

(3) Birger Nermann, *Grobin-Seeburg, Ausgrabungen und Funde*, Stockholm, 1958 ; Ingmar Jansson, "Skandinavien, Baltikum och Rus' under vikingatiden", Kåre Tønnesson (red.), *Norden og Baltikum*, Oslo, 1994.

(4) *Ibid.*

(5) スターラヤ・ラドガについては、Ingmar Jansson, *op. cit.* 1994 ; Wladyslaw Duczko, *Viking Rus. Studies on the Presence of Scandinavians in Eastern Europe*, Leiden, 2004 ; Johan Callmer, "The archaeolgy of Rus' c. A. D. 500–900", *Medieval Scandinavia* 13, 2000 ; Anatol N. Kirpičnikov, "Staraja Ladoga / Alt-Ladoga und seine überregionalen Beziehungen im 8.–10. Jahrhundert. Anmerkungen zur Verbreitung und Verwendung von Dirhems im eurasischen Handel", *Bericht der Römisch-Germanischen Kommission*, 69, 1988, S. 307–337 ;

(6) リュリコヴォ・ゴロジシチェについては、Wladyslaw Duczko, *op. cit.* 2004 ; Evgenij Nosov, "Rjurikovo Gorodišče et Novgorod", M. Kazanski et al (réds.), *Les centre proto-urbains russe entre Scandinavie, Byzance et Orient, Paris*, 2000, pp. 142–172.

(7) グニョズドヴォについては、Eduard Mühle, "Gnezdovo—das alte Smolensk ? Zur Deutung eines Siedlungskomplexes des ausgehenden 9. bis beginnenden 11. Jahrhunderts", *Bericht der Römisch-Germanischen Kommission*, 69, 1988, S. 358–410 ; Wladyslaw Duczko, *op. cit.* 2004 ; T. Puškina, "La trouvailles monétaires de Gnezdovo : un marqueur des relations commerciales", M. Kazanski et al. (réds.), *op. cit.*, pp. 215–224.

(8) Fedir Androščuk, "Černigov et Šestovica, Birka et Hovgården : le modèle urbain scandinave vu de l'est", M. Kazanski et al. (réds.), *op. cit.*, pp. 257–266.

(9) Ingmar Jansson, *Ovala spännbucklor. En studie av vikingatida standardsmycken med utgångspunkt från Björkö-fynden*, Uppsala, 1985 ; Ingmar Jansson, *op. cit.*, 1994 ; Ingmar Jansson, "Communications between Scandinavia and Eastern Europe in the Viking Age. The

archaeological evidence", K. Düwel et al. (hrsg.), *Unterzuchungen zu Handel und Verkehr der vor- und frühgeschichtlichen Zeit in Mittel- und Nordeuropa. Teil IV. Der Handel der Karolinger- und Wikingerzeit,* Göttingen, 1987, S. 773–807 ; Ingmar Jansson, "Wikingerzeitlicher orientalischer Import in Skandinavien", *Bericht der Römisch-Germanischen Kommission*, 69, 1988, S. 564–647.

(10) Valerij Sedyh, "Timerevo-un centre proto-urbain sur la grande voie de la Volga", M. Kazanski et al. (réds.), *op. cit*, pp. 173–197 ; Ingmar Jansson, *op. cit.*, 1987.

(11) Johan Callmer, *op. cit.*

第3章

(1) ビルカの概要については、Björn Ambrosiani, "What is Birka ?", *Investigations in the Black Earth, Birka Studies 1*, Stockholm, 1992 ; Bente Magnus, *Birka*, Stockholm, 1998 ; Björn Ambrosiani, Bo G. Erikson, *Birka. Vikinga Staden volym1*, Stockholm, 1992 など。

(2) H. Arbman, *Birka I, Die Gräber, Text und Tafelband*, 1940 / 1943 ; G. Arwidsson (ed.), *Birka II, Systematische Analysen der Gräberfunde*, 1984–89 ; A. -S. Gräslund, *Birka IV, The Burial Customs*, 1980, Stockholm.

(3) H・クラーク他『ヴァイキングと都市』東海大学出版会、二〇〇一年、一八五〜八六ページ。

(4) Bente Magnus, *op. cit.*, p. 12.

(5) Björn Ambrosiani, Birgir Arrhenius et al. *Birka. Svarta jordens hamnområde. Arkeologisk undersökning 1970–1971*, Stockholm, 1973 ; Lena Holmquist Olausson, *Aspects on Birka. Investigations and surveys 1976–1989*, Stockholm, 1993.

(6) Adolf Schück, *Studier rörande det svenska stadsväsendets uppkomst och äldsta utveckling*, Uppsala, 1926, s. 38–53.

(7) Holger Arbman, *Schweden und das karolingische Reich. Studien zu den Handelsverbindungen des 9. Jahrhunderts*, Stockholm, 1937, S. 16.

(8) Wilhelm Holmqvist, *Swedish Vikings on Helgö and Birka*, Stockholm, 1979, p. 139.

(9) Wilhelm Holmqvist et al. (eds.), *Excavations at Helgö I*, Stockholm, 1961.

(10) Sture Bolin, "Muhammed, Karl den Store och Rurik", *Scandia*, 1939 : 2, s. 155–184 ; Sture Bolin, "Muhammed, Charlemagne and Rurik", *The Scandinavian Economic History Review*, 1-1, 1953, pp. 5–39 ; H・ピレンヌ他（佐々木克巳編訳）『古代から中世へ　ピレンヌ学説とその検討』創文社、一九七五年。

(11) H・ピレンヌ他、前掲書に収録。アンリ・ピレンヌ（中村宏・佐々木克巳訳）『ヨーロッパ世界の誕生〜マホメットとシャルルマーニュ〜』創文社、一九六〇年。

(12) Pierre Barthélemy, *Les Vikings*, Paris, 1988 より作成。

(13) Björn Ambrosiani, "Osten und Westen im Ostseehandel zur Wikingerzeit", Klaus Brandt et al. (hrsg.), *Haithabu und die frühe Stadtentwicklung im nördlichen Europa*, Neumünster, 2002, S. 339–348.

(14) Ingrid Gustin, "Means of payment and the use of coins in the Viking Age Town of Birka in Sweden. Preliminary results", *Current Swedish Archaeology*, 1998 ; id., "Islamic coins and Eastern Contacts", *Eastern Connections Part Two : Numismatics and Metrology, Birka Studies 6*, Stockholm, 1998.

(15) Andersson, L., B. -B., Margareta, *Jarlabankeättens gravplats vid Broby bro. Arkeologisk delundersökning av gravplats med tre skelettgravar vid Broby bro, Täby socken och kommun, Uppland*, Stockholms Läns Museum, Stockholm, 1999.

(16) A. -S. Gräslund, *op. cit.*

(17) T. Noonan, "The Vikings in the East : Coins and Commerce", *Birka Studies 3*, Stockholm, 1994, p. 224.

第4章

(1) たとえば、Knut Helle (ed.), *The Cambridge history of Scandinavia. Volume 1. Prehistory to 1520*, Cambridge, 2003.

(2) Ingrid Gustin, *Mellan gåva och marknad. Handel, tillit och materiel kultur under vikingatid*, Stockholm, 2004, s. 28f.

(3) Richard Hodges, *Dark Age Economics. The origins of towns and trade A. D. 600–1000*, 2nd. ed., London, 1982/1989, p. 50ff.

(4) *Den eldre Gulatingslova*, Oslo, 1994, s. 101f.

(5) A. Ya. Gurevich, "Space and Time in the *Weltmodell* of the Old Scandinavian Peoples", *Medieval Scandinavia*, 2, 1969, pp. 42–53.

(6) A・Я・グレヴィチ「初期中世のスカンディナヴィア人たちのもとにおける富と贈与―前封建的社会の社会的構造の若干の未解決の問題」(福冨正実編訳)『初期封建制度論争』創樹社、一九八二年、二三六－二六四ページ。Aaron Gurevich, *Historical anthropology of the middle ages*, Cambridge, 1992.

(7) Gert Hatz, *Handel und Verkehr zwischen dem deutschen Reich und Schweden in der späten Wikingerzeit*, Lund, 1974 ; Jörn Staecker, "Brutal Vikings and Gentle Traders", *Lund Archaeological Review*, 1997, pp. 89–104.

(8) Majvor Östergren, *Mellan stengrund och stenhus. Gotlands vikingatida silverskatter som boplatsindikation*, Stockholm, 1989, s. 55ff.

(9) Staecker, *op. cit.*

(10) Ola Kyhlberg, *Vikt och värde. Arkeologiska studier i värdemätning, betalningsmedel och metrologi under yngre järnålder. I. Helgö. II. Birka*, Stockholm, 1980 ; Heiko Steuer, "Gewichtsgeldwirtschaften im frühgeschichtlichen Europa—Feinwagen und Gewichte als Quellen zur Währungsgeschichte-", K. Düwel et al. (hrsg.), *op. cit.*, S. 405–527 ; Ingrid Gustin, *op. cit.*, 2004.

(11) Erik Sperber, *Balances, Weights and Weighing in Ancient and Early Medieval Sweden*, Stockholm, 1996.

(12) Peter Sawyer, "Coins and commerce", Kenneth Jonsson, Brita Malmer (eds.), *Sigtuna papers : proceedings of the Sigtuna Symposium on Viking-Age Coinage 1–4 june 1989*, Stockholm, 1990, pp. 283–288.

（13） Birgitta Hårdh, *Silver in the Viking Age. A regional-economic study*, Lund, 1996.

（14） Phillip Grierson, "Commerce in tne Dark Ages. A Critique of the Evidence", *Transactions of the Royal Historical Society*, 9, 1959, pp. 123–140.

（15） William Ian Miller, "Gift, Sale, Payment, Raid," *Speculum*, 61, 1986, pp. 18–50.

（16） H. Þorláksson, "Social ideals and the concept of profit in thirteenth century Iceland", Gísli Pálsson（ed.）, *From Sagas to Society. Comparative Approaches to Early Iceland*, Enfield Lock, 1992, pp. 231–245.

第5章

（1） Ambrosiani, B., Erikson B. G., *Birka. Vikinga Staden, Volym 3*, Stockholm, 1993.

（2） Astrid Tummuscheit, "Groß Strömkendorf : a market site of the eighth century on the Baltic sea coast", T. Pestell et al.（eds.）, *Markets in Early Medieval Europe. Trading and 'productive' sites, 650–850*, pp. 208–220.

（3） Elisabeth Vestergaard, "A note on Viking Age Inaugurations", Jáns M. Bak, *Coronations. Medieval and Early Modern Monarchic Ritual*, Berkeley, 1990, pp. 119–151.

（4） 泉井久之助訳註、岩波文庫、一九七九年。

（5） Riksantikvarieämbetet, *Mora sten och Mora stenar. En vägledning till ett märkligt nationalmonument*, Stockholm, 1993.

（6） Sten Tesch（red.）, *Sigtuna Anno 1000 : ett ideseminarium kring ett nytt historiskt arkeologiskt museum i kv. Trädgårdsmästaren, Sigtuna, den 28–29 maj 1991*, Sigtuna,1992 ; Sten Tesch（red.）, *Makt och människor i kungens Sigtuna : Sigtunautgrävningen 1988–90 : 28 artiklar om de preliminära resultaten från den arkeologiska undersökningen i kv. Trädgårdsmästaren 9 och 10, Sigtuna*, Sigtuna,1990 ; Jonas Ros, *Sigtuna : staden, kyrkorna och den kyrkliga organisationen*, Uppsala, 2001.

（7） Brita Malmer, Jonas Ros, Sten Tesch, *Kung Olofs Mynthus i kvarteret Urmakaren, Sigtuna*, Sigtuna museers skriftserie 3, Stockholm, 1991.

（8） Carl Fredrik Hallencreutz, *När Sverige blev europeiskt. Till frågan om Sveriges kristnande*, Stockholm, 1993.

あとがき

筆者がヴァイキングという歴史上の存在、中世初期のスカンディナヴィア史についての勉強をはじめたのは一五年ほどまえのことである。学部二回生の冬、過去・現在ともにきわめて魅惑的でありながら、邪悪さからも目をそむけがたい「ヨーロッパとよばれるもの」のなりたちに関心をもって、西洋中世史を専攻することにした。そののち、西洋中世のあちらこちらに顔をだすにもかかわらず、実体が不明なようにおもわれた「ヴァイキング活動」という現象をみることによって、「ヨーロッパ」をふわけするための、なにがしかの契機がえられるのではと考えた。しかし、テーマのおもしろさとは対照的に、「ヴァイキング」の「ちかづきにくさ」はまったく想像をこえていた。かれらがいったい何を考えて生きたひとびとなのか、ヴァイキング時代とはいかなる時代なのか、すくなくともわたしにはとらえどころがなかった。また、インターネットのなかった当時、存在を確認できてもアクセスできない史料・文献がおおく、図書館のカード棚のまえで徒労にためいきをつくのが日常であった。入手できたとしても、その利用に必要な多言語の壁はたかく、それはいまも壁としてある。その後、二〇世紀末の留学中、存在すら知らなかったさまざまな研究があるのをかの地に発見してめまいをおぼえることになったが、はじめて研究の出発点にたった気がしたのもそのときである。さらに、「ヴァイキング」や「中世スカンディナヴィア社会」の「イメージが頭のなかにあるような感覚」がもてるようになったのは、やっと最近のことである。本書はそのイメージをことばにしたものであるが、いまは、それがすこしでも読者の中世北欧への科学的関心を喚起することができればと祈るばかりである。

さいごに、学術選書「諸文明の起源」シリーズでの執筆機会をあたえてくださった前川和也先生（京都大学名誉教授）と、編集に際してこまやかにお世話いただいた小野利家氏（京都大学学術出版会）、草稿にあったあやまりを指摘していただいた今村栄一氏（名古屋大学大学院）には心からお礼もうしあげます。また、私的なことがらではあるが、筆者が本書のもとになった勉強をつづけてこられたのは、ひとえに、大学院入学以来、熊野聰先生（豊田工業大学教授）を師とあおぐ幸運にめぐまれたことによる。この一点に言及することを、不肖の弟子として躊躇しつつも、おゆるしいただきたい。

二〇〇六年一月末

角谷英則

ヴァイキング時代をより深く知るための文献案内

日本語で読める単行本に限定してある。絶版・品切れのものもおおいが、大学・公共図書館、オンライン古書店などで容易に入手できる。雑誌に掲載された論文や翻訳、各種言語で書かれた専門的な文献の案内は研究書・概説書の2、3、13、15、16でえられる。

ここにあげた以外にも「ヴァイキング」と題する本はおおいが、内容は玉石混淆であり、注意が必要である。もっとも基本的なものは、概説書・研究書のうち、2、4、5、14である。大判の14はうつくしい図版が豊富で、説明もくわしい。4、5は第一線の考古学者らの手になり、情報量がおおく有用である。ただし、内容の一部はふるい。ヴァイキング時代の遺跡については、15と16で網羅的に知ることができる。「社会史シリーズ」の1冊である2はヴァイキング社会の特性をうきぼりにしており、たのしくよめる。サガなどの翻訳は残念ながら概して高価で、絶版書もおおい。翻訳の細部は各訳者がもつ中世北欧の社会像に依存しているので、概説書・研究書の2、17などと併読するのがのぞましいとおもわれる。

研究書・概説書

1 A・グーレヴィチ（中山一郎訳）『バイキング遠征誌』大陸書房、一九七一年
2 熊野聰『北の農民ヴァイキング』平凡社、一九八三年
3 熊野聰『北欧初期社会の研究』未来社、一九八六年
4 ヨハネス・ブレンステッズ（荒川明久他訳）『ヴァイキング』人文書院、一九八八年
5 B・アルムグレン編（蔵持不三也訳）『図説ヴァイキングの歴史』原書房、一九九〇年
6 ステブリン＝カメンスキイ（菅原邦城訳）『サガのこころ 中世北欧の世界へ』平凡社、一九九〇年
7 A・Я・グレーヴィチ（栗生沢猛夫他訳）『歴史学の革新 「アナール学派との対話」』平凡社、一九九〇年
8 J・L・バイヨック（柴田忠作訳）『サガの社会史 中世アイスランドの自由国家』東海大学出版会、一九九一年
9 A・グレーヴィチ（川端香男里他訳）『中世文化のカテゴリー』岩波書店、一九九二年
10 熊野聰『サガから歴史へ 社会形成とその物語』東海大学出版会、一九九四年
11 J・L・バイヨック（柴田忠作訳）『アイスランド・サガ 血讐の記号論』東海大学出版会、一九九七年
12 伏島正義『中世スウェーデン社会の研究』刀水書房、一九九七年
13 百瀬宏、熊野聰、村井誠人編『新版世界各国史二一 北欧史』山川出版社、一九九八年

14　G・キャンベル編（熊野聰監訳）『図説世界文化地理大百科　ヴァイキングの世界』朝倉書店、一九九九年
15　ヒースマン姿子『ヴァイキングの考古学』同成社、二〇〇〇年
16　B・アンブロシアーニ、H・クラーク（熊野聰監修・角谷英則訳）『ヴァイキングと都市』東海大学出版会、二〇〇一年
17　熊野聰『ヴァイキングの経済学』山川出版社、二〇〇三年

サガなど

1　谷口幸男訳『エッダ　古代北欧歌謡集』新潮社、一九七三年
2　菅原邦城訳『ゲルマン北欧の英雄伝説　ヴォルスンガ・サガ』東海大学出版会、一九七九年
3　谷口幸男訳『アイスランドサガ』新潮社、一九七九年
4　大塚光子訳『スールの子ギースリの物語』三省堂、一九八七年
5　オラウス・マグヌス（谷口幸男訳）『北方民族文化誌』上・下、渓水社、一九九一／九二年
6　日本アイスランド学会編訳『サガ選集』東海大学出版会、一九九一年
7　サクソ・グラマティクス（谷口幸男訳）『デンマーク人の事績』東海大学出版会、一九九三年

8　S・ノルダル（菅原邦城訳）『巫女の予言　エッダ詩校訂本』東海大学出版会、一九九三年
9　H・パウルソン（大塚光子他訳）『オージンのいる風景　オージン教とエッダ』東海大学出版会、一九九五年
10　K・ハストロプ編（菅原邦城他訳）『北欧社会の基層と構造1〜3』東海大学出版会、一九九五／九六年
11　菅原邦城、早野勝巳、清水育男訳『アイスランドのサガ　中篇集』東海大学出版会、二〇〇一年

索　引

地名・事項索引

人名索引

角谷　英則（かどや　ひでのり）

津山工業高等専門学校講師。専門は中世初期北欧史。

1970年生まれ。1993年、京都大学文学部史学科西洋史学専攻卒業。

1997–1999年、ウップサラ大学歴史研究所に留学し、叙述史料・法典・考古資料などをひろくもちいてヴァイキング社会の再構成にとりくむ。2001年、名古屋大学大学院人間情報学研究科博士後期課程満期退学。同年より現職。

論文：「スウェーデンにおける国家形成」前川和也他編『国家形成の比較研究』学生社、2005年ほか。訳書：B・アンブロシアーニ他『ヴァイキングと都市』東海大学出版会、2001年ほか。

http://www.tsuyama-ct.ac.jp/kadoya/

学術選書

シリーズ：諸文明の起源 9
ヴァイキング時代
学術選書 009

平成 18(2006)年 3 月 15 日　初版第 1 刷発行

著　　者…………角谷　英則
発 行 人…………本山　美彦
発 行 所…………京都大学学術出版会
京都市左京区吉田河原町 15-9
京大会館内（〒 606-8305）
電話（075）761-6182
FAX（075）761-6190
振替 01000-8-64677
HomePage http://www.kyoto-up.gr.jp

印刷・製本…………㈱太洋社

カバー写真…………ビルカの復元模型（ビョルケー島ビルカ博物館）
B. Ambrosiani et al., *Birka : vikingastaden, volym 5*, Stockholm, 1996, omslag.

装　　幀…………鷺草デザイン事務所

ISBN 4-87698-809-9

定価はカバーに表示してあります
Printed in Japan